한일관계, 과거와 현재

한일문화강좌 ⑤

한일관계, 과거와 현재

한일문화교류기금 편

景仁文化社

"일본 바로알기의 도움 되기를"

한국과 일본 양국민간의 상호 이해를 높이는 사업을 전개해온 (재)한일
문화교류기금은 지난 30년 동안 일반 대중을 대상으로 하는 문화강좌를
99회 실시해왔습니다. 그리고 그 강좌에서 발표된 논문을 모아 책으로 엮
어 보급해왔습니다.

이번에 출간하는 〈일본을 말하다〉와 〈한일관계, 과거와 현재〉는 앞서
출간한 〈되돌아본 한일관계사〉, 〈일본의 정치, 경제, 사회〉, 〈한국사람,
일본사람의 생각과 삶〉에 이어 2005년 이후에 실시한 문화강좌 발표논문
27편을 묶은 책들입니다.

강좌 발표문들은 내용에 따라 일본문화 자체를 이해하는 주제들을 〈일
본을 말하다〉로 묶고 한국과 일본간의 관계사에 관한 주제들을 〈한일관
계, 과거와 현재〉로 묶었습니다.

한국인과 일본인은 이웃에서 수천년 동안 서로 왕래하면서 살아왔기 때
문에 양국 문화에는 많은 공통점이 있습니다. 그래서 양국민들은 서로의
문화가 다르다는 것을 깊이 인식하고 있지 않습니다. 그러나 겉에 나타난
문화양식의 유사성에도 불구하고 심층으로 들어가면 놀라우리만큼 서로
다른 점이 많습니다. 이 차이를 바로 이해해야만 진정한 상호 이해가 가능
해집니다.

이번에 출간하는 두 책에 실린 글들은 다양한 주제들을 다루고 있지만

모두 일본을 이해하는데 많은 도움을 주는 내용들입니다. 아무쪼록 이 책들이 우리 국민들이 일본을 바로 이해하는데 도움이 되기를 바랍니다.

이 책은 강원대의 손승철 교수가 많은 시간과 노력을 들여 편집하여 만들었습니다. 손 교수에게 심심한 감사의 뜻을 표합니다. 그리고 이 책의 중요성을 인식하고 흔쾌히 출판해주신 경인문화사 한정희 대표님께도 감사의 뜻을 전합니다.

2014년 10월
(재)한일문화교류기금
이사장 이 상 우

목 차

I. 한일관계, 비교의 역사

2. 한일관계, 침략과 교류

3. 한일관계의 현재

한일관계,
비교의 역사

1

동아시아에서의 한일 고대도시의 전개

|

사토 마코토(佐藤 信, 동경대학대학원 교수)

Ⅰ. 머리말 -동(東)아시아 고대 도시의 도시성(都市性)-

동아시아에서 고대 도시, 그 중에서도 일본의 고대 도시에 대해서는 일찍이 그 왕후·귀족의 숙영지적인 성격 때문에 도시로서의 미성숙성이 일본 고대사 연구 속에서 강조되었다. 유럽에서의 그리스의 폴리스, 고대 로마나 중세 도시 등과는 달리, 도시가 독자적인 경제적 기반이나 자립적 도시민을 가지지 않았다는 점, 위로부터 정치적으로 설정된 한계 등이 강하게 지적되어 고대 일본의 도시는 「도시 개념에 들어가지 않는다.」는 말조차 있었다.

그러나 1960년대부터 본격적으로 진행된 고대 수도, 특히 나라[奈良]문화재 연구소 등이 진행한 헤이조큐[平城宮]·헤이조쿄[平城京] 유적 발굴 조사 성과에 따라 일본 고대의 도시사회에 대한 실상이 밝혀졌다. 세계의 고대 도시가운데서도 8세기 헤이조쿄 만큼 정밀한 발굴 조사에 의해 그 실태가 구체적으로 알려진 경우는 사례는 드물다하겠다.

헤이조쿄에는 대량의 인구(약10만 명)와 부(富)가 집중되었고, 사회적으로 여러 계층이 존재해 사회적 분업도 전개되었으며 더욱이 유통이 진전돼 많은 도시 민중의 생활이 영위되고 있었다. 이에 따라 책상위에서 도시 개념을 조작하는 것은 어렵게 되었다. 유럽의 도시 개념을 아시아 도시에 적용시키려고 하는 논의나, 도시인가 아닌가 하는 무모한 논의에서 벗어나 형상으로서 일본과 동아시아 고대도시의 실상을 구체적으로 파악하고, 거기에 다양한 도시성(도시적 요소)이 어떻게 보이는 가하는 실태에 입각한 입장에 서야 한다고 생각한다(佐藤信·吉田伸之편,『都市 社會史』新体系日本史6, 山川出版社, 2001년). 독자적인 경제 기반이 없어, 수공업자·상인이 정치·종교로부터 자립하지 못한 동아시아 고대도시에 대한 미숙성의 지적은 당연하지만 그것을 세계사적인 의미에서 고대도시의 동아시아적인 특징이라고 볼 수도 있지 않을까 생각한다.

또 동아시아의 고대 도시를 생각할 때, 중국에서 일찍부터 발달한 도성(都城)의 영향으로 한반도 여러 나라의 도성이나 일본의 궁도(宮都, 도성) 등의 고대 도시가 전개했다고 보이지만, 한일(韓日) 고대 도시는, 중국 도성을 그대로 모방해 만들어진 것인가, 아니면 각각 독자성을 인정할 것인가, 공통점·차이점을 인식한 뒤에 동아시아 고대 도시 전개의 양상을 확인할 필요가 있다.

이상과 같은 시점에서 동아시아의 고대 도시, 즉 중국·한반도·일본 열도에 존재했던 고대의 도성, 궁도에 대해, 그 사회=공간 구조의 특질이나 조형적 전통, 그리고 구체적인 구성에서의 공통점과 차이점을 찾아보고 싶다. 그리고 「동아시아 고대 도시론」이라고 하는 시각이 가능한지 가능하다면, 그 전제하에서 어떠한 도시성의 특질을 생각할 수 있는지 검토해보고 싶다.

II. 동아시아 고대 도시

1. 중국의 도성

유교의 고전인『주례(周禮)』고공기(考工記)에는 중국 도성의 이상형을
다음과 같이 기술하고 있다.

> 왕성은 사방 구리(九里)이고, 각 면에 문을 세 개 만든다. 왕성 안은 종
> 횡으로 각각 9개의 대로(大路)를 만든다. 세로 대로는 도폭을 9차선으로
> 한다. 왕궁의 왼쪽에 종묘, 오른쪽에 사직을 만든다. 왕궁의 남쪽에 조정
> (朝廷)을 두고, 북측에 시장(市場)을 둔다. 시장과 조정과는 각각 사방
> 백보의 넓이로 한다.

즉 왕성은 네모난 방형으로 성벽을 쌓고, 그 중앙에 왕궁(궁궐)이 위치
하고, 성내에는 사방으로 훌륭한 도로를 만들고, 천자(天子)의 조상신을
모시는 종묘와 토지·생산의 신을 모시는 사직이 왕궁의 동서에 있고, 천
자가 남면(南面)하는 왕궁의 남쪽으로 조정(광장)이 있고, 국가적인 교역
의 장소인 시장(광장)을 왕궁의 북쪽에 두는 것 등이 도성의 기본적인 구
성요소로서 생각되었다.

일본에서 고대 궁도(宮都), 등원경(藤原京)·평성경(平城京)과 동시대
중국의 도성으로는 당(唐)왕조(618~907년)의 장안(長安)과 낙양(洛陽)의
두 도성을 들 수가 있다. 당의 장안성(長安城)은『주례』고공기의 전통에
얽매이지 않는 타입의 도성으로 이보다 앞선 북위(北魏)의 낙양성(洛陽城)
등과 같이 궁궐[王宮]인 궁성[太極宮]이 도성의 북변 중앙[北京極]에 위치
하는 형태를 취하고 있고, 시장(市場)은 당연히 궁궐의 남쪽에 위치하고
있다. 이것은 북방민족의 영향을 받은 도시 구성이라고 하는데 중국에서
『주례』고공기 타입의 전형적인 도성은 좀처럼 실현되지 않은 것으로 보
인다. 또한 당에서는 도성을 복수로 갖는 복도제(複都制)를 취하고 있다.

이와 같이 전통적인 중앙궁궐형(中央宮闕型)이던가 새로운 북궐형(北闕型)이던가 도성역(都城域)이 방형(方形)이던가 장방형(長方形)이던가 하는 것 등으로 중국 역대 도성플랜의 타입을 나누어 생각해 왔다(岸俊男, 『日本の古代宮都』, 岩波書店, 1993년 등). 다만 도성을 둘러싼 나성(羅城)이나 동서·남북으로 달리는 도시 내 도로, 종묘·사직의 존재 등은 중국 도성의 공통적인 특질이라고 할 수 있다.

2. 한반도 제국(諸國)의 도성

한반도 고대의 고구려·백제·신라, 삼국의 도성은 삼국이 치열한 싸움을 펼친 적이 있어, 큰 강에 접한 왕성(王城)과 산성(山城)이 일체가 되는 방어색이 강한 도성인 것이 그 특징이다.

1) 고구려의 도성

고구려는 중국 동북부에서 한(漢)의 세력을 몰아내고 한반도로 진출해, 중국 요녕성(遼寧省)의 오녀산성(五女山城) 부근에서 압록강 중류에 접한 국내성(國內城, 중국 길림성 집안)으로 도읍을 옮겼고, 후에 대동강에 접한 평양성으로 천도해 갔다. 427년까지의 국내성은 돌담의 성벽으로 둘러싸인 방형(方形)플랜의 도성으로, 중앙부에는 왕궁이 있었다고 추정되며, 북쪽의 환도산성(丸都山城)의 산성과 세트가 되어 있다. 도성 주변에는 왕릉 등의 고분군이 조영되었고, 광개토왕비나 세계 유산에 등록된 벽화 고분군이 위치하고 있다. 국내성(國內城)의 방형(方形) 플랜이 『주례』 고공기 도성의 이념과 어떻게 관계되는지 성내(城內)의 왕궁(王宮)·가로(街路)등의 검토가 필요하다.

평양성(平壤城, 북한 평양시)은 압록강 중류의 국내성으로부터 427년에 천도한 대동강가의 도성인데 586년에 근처의 장안성(長安城, 평양시)으로 천도하여 668년 멸망했다. 이 평양성과 장안성은 모두 근접한 땅에 있고,

평양성·안학궁(安鶴宮)·대성산성(大城山城)·청암리토성(淸岩里土城) 등의 유적형태에 따라 여러 학설로 나뉘어지고 있다. 세끼노다다시[關野貞]설(說)에 의하면, 586년부터의 장안성은 오늘의 평양시에 위치하는 산성의 왕성과 남쪽의 조방제(條坊制)를 가진 도시역(都市域)으로 이루어진 도성이며, 나성에 의해 둘러싸였다고 한다. 또 안학궁(安鶴宮)의 경우도 그 북쪽의 대성산성과 세트로 존재한다는 점이 특징이다. 북쪽으로 산성(山城, 왕궁)이 있고, 남쪽으로 왕궁·도시역이 위치하는 관계는 중국의 북궐형(北闕型) 타입의 도성에 가깝다.

고구려는 598년 이후 4차례에 걸친 수(隋)나라의 공격을 산성에서 버티면서 격퇴해 수의 멸망에 영향을 미쳤고, 또 당에 대해서도 끈질긴 싸움을 펼쳤는데 그 배경에는 도성과 산성이 세트가 되어 대군(大軍)에게 포위되어도 산성을 이용해 장기전을 할 수 있고, 또 포위군의 병참을 소모시키거나 겨울을 이용하여 격퇴한다고 하는 전법을 채용 할 수 있었던 것이다.

2) 백제의 도성

백제는 4세기 무렵에 왕국을 형성해 처음에는 한성[서울시]을 도읍(都邑)으로 했지만 고구려의 세력 남하에 따라 475년에 남쪽의 금강에 면한 공주(公州, 웅진, 충청남도 공주시)에 천도했다가 538년에는 금강 하류의 부여(夫餘, 사비, 충청남도 부여군 부여읍)로 천도하여 660년에 멸망 한다. 한성시대의 백제 왕도의 유적은 한강의 남안 쪽에서 토성이나 해자에 둘러싸인 풍납토성·몽촌토성(토성과 목책 등의 방어 시설에 둘러싸인 도시)이나 왕묘군이 알려있지만 도성의 전체상은 향후의 조사·검토 등을 기다려야 하지 않을까?

한성으로부터 120㎞ 남쪽의 금강 중류에 면한 공주에서는 금강 남쪽기슭의 공산성(公山城)을 중심으로 한 도시역을 둘러싼 나성(羅城)의 존재를 지적하는 설도 있어, 서쪽의 송산리(宋山里) 고분군 중 무녕(武寧)왕릉의 발굴 조사 성과는 유명하다. 그러나 나성의 존재는 확인되지 않았고, 공산성 안이나 그 남쪽으로 추측되는 왕궁과 도성의 유적에 대해서는 공산성 내에 건물유구나 연못유구가 발견되기도 하고, 통일신라시대의 당간지주가 묻힌 대통사적(大通寺跡)이 도시역으로 추정되기는 하지만, 도성 전체의 구성은 앞으로 조금 더 조사해야 밝혀질 수 있을 것이다.

백제의 도성 구성이 가장 잘 알려진 부여에서는 금강에 면한 산성인 부소산성(扶蘇山城)이 구축되고 그 남쪽으로 왕궁 내지 관개시설이 있는 것으로 추정되고 있으며(官北里 유적), 더욱이 그 남쪽에 위치하는 도시지역을 둘러싼 나성이 동쪽 부분에서 확인되고 있다. 도시역 안에는 중심부에 백제시대의 석탑(平百濟塔)이 현존 하는 정림사적(定林寺跡)이 있고, 그 밖에도 군수리 폐사(軍守里 廢寺) 등이 위치한다. 도성역(都城域)의 동쪽에는 왕릉 고분군이 위치하는 능산리 사원 유적 앞에 나성이 남북으로 이어지고 있는 것이 확인되고 도성역의 남쪽에는 『삼국사기(三國史記)』에 기록되어 있는 「궁남지(宮南池)」의 터가 추정되고 있다(현 「궁남지」의 하층에는 주거유구가 있으나 고대 「궁남지」의 위치는 알 수 없다). 부여는 금강에 면해 북쪽으로 부소산성을 배치해 왕궁ㆍ도시역과 산성이 세트이며, 나성도 도시역의 동쪽을 둘러싸 나성과 금강으로 도시역을 둘러싸고 있었다고 추측할 수도 있다. 도성의 구성은 중국에서 말하는 북궐형(北闕型) 타입에 가깝다.

3) 신라의 도성

신라의 경주는 4세기 초 무렵부터 935년에 멸망 할 때까지의 유적이 많은 왕도(王都)이다. 삼국시대~통일신라시대에는 왕성인 월성(月城)을 중심으로 경주 분지에 넓게 조방제가 부설되고 아름다운 연못을 가진 별궁 안압지나 거대한 황룡사 등의 사원군(寺院群)이 그 가운데에 위치했다. 복수(複數)의 규격성을 지닌 조방(條坊)이 지역적으로 병존하고 있어 경주의 조방제는 시대와 함께 점차 영역을 확대하면서 중층화(重層化)해 갔던 것이다. 왕성인 월성이 도시역의 중심부에 위치하므로, 중국에서 말하는 북궐형(北闕型) 타입이라기보다는 중앙 궁궐형 타입에 가까운 구성이라고 할 수 있다. 그리고 나성이 없는 도시지역을 둘러싸듯이 남산신성(南山新城) 등의 산성군이 사방의 산들에 배치되어 방위를 담당하고 있다. 오늘날 고분 공원으로서 사적이 정비되어 있는 왕릉을 포함한 고분군이 도성의 중심부에 위치하는 점이 중국이나 일본의 도성·궁도와는 다른 점이다.

한반도의 7~8세기의 고대 도성은 큰 강에 접해있고, 왕성(王城)과 산성이 일체화해 세트로 구성되어 있는 것이 도성의 특징이라고 할 수 있다. 도시역의 전체·일부가 나성에 둘러싸이는 예도 있지만 산성의 존재가 나성을 대신하는 기능을 수행했다고도 볼 수가 있는 것은 아닐까. 왕성과 산성의 일체화라고 하는 점에서 도시의 전체 플랜이 방형·장방형과 같은 사각형이 되지 않는 것도 그 특징이라고 할 수 있다. 산성과 세트로 일체화하고 있다고 하는 점이나 평양의 나성이나 부여의 동면나성(東面羅城)과 같은 나성의 존재는 일본의 고대궁도(古代宮都)와는 다른 특징이다. 또 풍수설에 의해 도성의 땅을 골랐던 점을 지적할 수 있다.

3. 발해의 도성

오늘날 중국·북한·러시아의 영역에 걸치는 발해에서는 상경용천부(上京龍泉府, 중국 흑룡강성 寧安縣 東京城)를 중심으로 「오경(五京)」-중경(中京) 현덕부(顯德府, 西古城)·동경(東京) 용천부(龍泉府, 八連城)·남경(南京) 남해부(南海府, 함경남도 北青?)·서경(西京) 압록부(鴨綠府) 임강(臨江)-이 있었다.

상경용천부(동경성)는 사각형 플랜의 토성 나성과 바깥쪽 해자를 사방에 설치했고, 도성의 북변 중앙에 궁궐을 배치하는 당(唐)의 장안과 같은 도시계획이 이루어졌다. 궁궐 내에는 남쪽으로 광장을 가진 주요 궁전전사(宮殿殿舍)가 남북으로 중층(重層)되어 있고, 궁(宮)에는 연못이나 도성 내의 사원이 존재하는 것 외에 칠공교(七孔橋)가 놓인 강을 건너 북쪽에 왕릉의 고분군이 발굴되고 있다. 도성의 구성 가운데 사각형의 평면 플랜을 취하는 점은 한반도의 도성과는 다른 성격이며, 사방에 나성을 쌓은 점은 후술 하는 일본의 궁도와는 다른 성격이라고 지적 할 수 있다.

최근 이노우에 가즈토[井上和시 씨는 위성사진에 의한 지형도의 정밀한 계측에 따라, 발해 상경 용천부의 사각형 평면 플랜이 일본 평성경의 평면 플랜과 기준 척도를 참고로 하였다는 점을 지적하였다. 장안·낙양 등 당의 도성으로부터의 영향을 위시하여 상경 용천부의 자세한 조사와 더 정밀한 당(唐)·일(日) 고대 도시와의 비교가 필요하다고 생각하며 고대 동아시아 제국의 고대 도시간의 상호 교류 관계에 대해 중국에서 주변 제국으로 일방통행의 영향만을 생각해서는 안 되고, 다원적인 교류와 각각의 지역적 전통을 시야에 넣을 필요가 있다는 점이 향후의 연구에 있어 중요한 과제·시각이 된다는 점을 재차 확인해 두고 싶다.

4. 일본의 궁도

1) 등원경(藤原京)

중국의 도성에서 배운 일본에서의 첫 본격적인 궁도는 덴무[天武]천황(재위 672~686)이 축조를 시작해 지토[持統]천황(재위 686~697)의 시대에 완성한 등원경(694~710년)이었다. 6세기말로부터 아스카[飛島]지방에서 대대로 만들어진 대왕궁(大王宮)이나 왜(倭)왕권의 관사군(官司群)의 존재방식과 다른 등원경의 역사적 특징은 다음과 같이 정리할 수 있다.

  ① 등원경의 주위에 바둑판모양으로 도로가 동서·남북으로 달리는 조방제가 시행된 광대한 등원경이 설치되어 그 경역(京域)에는, 그때까지의 대왕궁(大王宮)과는 별도로 독자적인 궁이나 저택을 영위하고 있던 유력 황족이나 유력 중앙 호족들의 택지가 배급되고, 그들이 천황 아래에 모여 사는 체제가 되었다.

② 천황(대왕)의 대가 바뀔 때마다 천도(遷都)하지 않고 지토[持統]·덴무[文武]·겐메이[元明] 천황의 3대에 걸쳐 계속된 도읍지가 되었다.
③ 정무·의식의 중심적인 장소인 대극전(大極殿)·조당원(朝堂院)의 궁전건축에 그때까지의 일본 전통적인 홋타테바시라[掘建柱] 건물의 기법이 아닌 기와를 올린 초석(礎石) 건물이라고 하는 대륙풍의 건축기법을 도입했다.

이렇게 "대왕궁(大王宮)에서 궁도로" 이행된 등원경은 672년의 임신(壬申)의 난으로 근강(近江)조정을 무너트리고 즉위해, 유력 중앙호족의 세력 실추 후로 카리스마성(性)을 획득하고 전제적인 권위와 권력을 수중에 넣은 덴무천황 시대에 축조를 시작하였다. 덴무천황은 봉사하는 씨족[大伴氏]의 입장에서

(덴무)천황은 신으로 있기 때문에 붉은 말이 배를 사용해 밭을 갈지 않으면 안될 정도의 (열악한) 밭을 (훌륭한) 도시로 만들었습니다.

라고 노래한 것처럼(『만엽집』권19, 4260번) 대왕·천황이 신격시 되기 시작했다. 일찍이 대왕릉(大王陵) 급의 대고분(大古墳)이 "낮에는 사람이 만들고, 밤에는 신이 만들었다"(『일본서기』)고 하는 것처럼 이 시대에는 거대 고분을 대신해 장대한 궁도를 만드는 것으로 천황의 권위를 확립하려고 했다. "천황"의 칭호는 현재 가장 오래되고 확실한 "천황" 기록이 7세기 후기의 덴무천황 시대의 아스카 연못유적에서 출토된 목간(木簡)에 보이는 것처럼 덴무천황 시대부터 라고 생각할 수 있다. 천황이 유력 왕족·유력 중앙 호족들을 초월 하는 지위를 획득해 천황제가 확립하는 것도 이 시대로 보인다. 중국의 선진적인 통치 기술체계인 율령(律令)의 본격적 편찬을 개시했던 것도 이 시대로 이러한 율령 국가를 향한 여러 제도의 형성과 함께 궁도 등원경도 형성되었다. 대규모 궁도의 조영 자체가 관료제적인 국가 조직의 형성이나 지방 민중을 노동력으로 해서 징발 하는 중앙

집권적 체제의 형성 없이는 실현될 수 없었으며, 반대로 대규모 조영을 계기로 관료제나 노동력 징발 체제가 만들어졌다고 할 수 있다. 궁도는 중앙 집권적인 율령 국가 형성의 일익을 담당한 지배 시스템의 하나로서 도입되었던 것이다.

등원경의 형태는 발굴 조사 성과에 의해 등원경이 대화삼산(大和三山)을 안쪽에 품은 방형의 대규모 플랜이었던 것이 판명되었다. 이에 따라『주례』고공기와 똑같은 방형의 경역을 가진 중앙 궁궐형의 플랜을 가지고 있었다는 사실이 밝혀졌다.

중앙 궁궐형 플랜의 등원경 조영은 663년의 백촌강(白村江)의 패전 후 일본으로부터 견당사를 30년 정도 당에 파견하지 않았던 기간에 실현되었다. 701년에야 오랜만에 견당사가 파견된 후에는 당도(唐都) 장안을 모방했다고 하는 북궐형(北闕型) 플랜의 평성경이 새롭게 만들어져 710년에 천도한다. 다만 7세기 전반 왜(倭)로부터의 견수사·견당사들은 이미 당의 수도인 장안·낙양을 잘 알고 귀국했을 것이고, 7세기말 당과의 직접 국교가 끊어진 약 30년간의 시기에도 신라를 거쳐 대륙과의 사이에 밀접한 교류가 존재했던 것은 틀림없기 때문에 덴무·지토천황의 시대에 의식적으로『주례』고공기에 따른 중앙궁궐형(中央宮闕型)의 도시 플랜을 추구하였다고 볼 수 있다.

중국에서는 유교적 이념에 의한『주례』고공기에 따른 중앙 궁궐형의 도성이 별로 조성되지 않았고 일찍부터 북궐형(北闕型)의 도성이 된 것에 비해, 7세기 후반 일본 열도의 등원경에서 본격적인 중앙 궁궐형이 실현되고 있는 것은 동아시아의 고대 도시의 역사에서 중요한 의미를 가지는 것이 아닐까? 중국보다 시대가 늦었던 변경(邊境)의 일본 열도에서 유교가 이상으로 하는 도시 플랜이 영위되었다고 하는 것은 반드시 중국의 「중화(中華)」가 솔선하여 유교의 이상을 실현해 "이적(夷狄)"에게 모범을 보여주는 것과 같은 전개였다고는 할 수 없다. 이러한 고대 도시 교류의 방식에서 보이듯이 동아시아제국은 중국·한반도·일본 열도 여러 나라가

「두 나라간의 일방통행」이 아니라 다국 간의 다원적인 쌍방향의 교류 속
에서 역사를 전개하고 있었다고 할 수 있지 않을까?

다만 등원경에서는 경역을 구획하는 나성은 조성되지 않았다. 대외적인
방위에 대한 위기감이 희박하였기 때문이다. 또한 등원경이나 다음의 평
성경을 조영함에 있어서 경역 내에 이미 존재했던 고분군은 원칙적으로
제사 뒤에 파내어 평탄화 하였으며, 더욱이 일본 율령에 의해 궁도 내에서
는 매장을 금지하고 도시의 청정성 확보를 시도하고 있다.

2) 평성경(平城京)

평성경(710~784년)은 더욱 중앙집권적인 관료제에 근거하는 율령 국가
의 내실을 목표로 하여 전통적인 중앙 유력 호족의 본거지에 가까웠던 등
원경으로부터 천도한 궁도이다.

평성경은 등원경과 같이 ①천황의 거주 공간인 다이리[內裏]와, ② 정
무·의식·향연 등 국가적인 의례의 장소가 되는 대극전(大極殿)·조당원
(朝堂院)을 중심으로 하여, ③ 태정관(太政官) 이하의 관료제 국가 기구의
여러 관청이 줄지어 나란히 서있는 공간이라고 하는 세 가지 요소로 구성
되어 있다.

한편 평성경의 도시 구성에는 율령에 근거하는 계층제(階層制)의 영향
이 강하게 반영되고 있다. 예를 들면 귀족[五位](이상의 위계를 가진)의 저
택분포는 평성경에 가까운 오조(五條) 이북에 많은 것에 비해 평성경의
관청에 근무하는 하급 관리들의 택지는 8조(條)·9조(條) 등의 궁으로부터
먼 지역에 위치했다. 또 귀족 저택은 대부분 조방(條坊)의 기본단위(대로
에 둘러싸인 구획을 다시 16분의 1의 소로로 구획한 단위)인 1평(坪, 약
1. 5만㎡) 정도의 광대한 면적을 차지했다. 특히 8세기 초 좌대신(左大臣)
나가야노 오오키미(長屋王)의 저택은 4평분(坪分, 약 6만㎡)의 택지 안에
많은 훌륭한 건물군이 정연하게 늘어서 있었다. 이에 비해 하급 관리들의
택지는 64분의 1평이나 32분의 1평 면적에 2~3동의 소규모의 건물과 우물

로 구성되어 있었던 것이 판명되었다.

평성경에서 도시 생활이 본격화함에 따라서 천황이나 귀족들이 일본 열도의 다양한 해안선이나 「백사청송(白砂靑松)」의 자연을 그대로 옮겨놓은 것 같은 연못이 있는 정원을 만들게 된 것도 도시화의 영향으로 지적할 수 있다. 또한 평성경에서도 경역 남쪽의 정문인 나성문(羅城門)의 동서 양측의 일부를 제외하고 나성은 쌓지 않았다. 남쪽 전역에 나성을 추정하는 설[이노우에 가즈토(井上和人說)]도 있지만, 경역 남쪽의 문은 나성문 밖에 확인되지 않는다.

Ⅲ. 동아시아 고대 도시의 특질

이상의 검토를 통해 동아시아 고대 도시의 도시역(도시적 요소)의 특질을 밝히는데 필요한 여러 과제에 대해 일본 고대 궁도의 사례를 들어 제시해 보고자 한다.

1. 왕권과 수도

동아시아 고대 도시로서의 도성·궁도는 세계사적으로도 동시대의 도시 가운데 발군의 규모를 자랑하는 중국의 도성을 포함하여 왕후(王侯)의 숙영지적 성격이 강조되어 위로부터 설정된 정치적 도시로서 자리매김 되고 있다. 중앙집권적인 국가 지배와 동시에 황제·천황·국왕의 주거지인 수도로서 귀족·호족의 거성(居城)·거관(居館)과는 훨씬 다른 규모로 도성·궁도가 조성되었다. 도성은 중앙집권적인 지배 시스템으로서의 기능을 수행했다.

2. 도시의 방어

이민족이나 주변 타국과의 충돌 가능성 하에 동아시아의 고대 도시는 중국 도성의 나성이나 한반도 제국의 도성과 산성의 세트관계에서 볼 수 있듯이 도시의 방어를 꾀할 필요가 있었다. 그러나 일본 열도의 고대 궁도는 이국에 대한 방위적 위기감이 희박하여 본격적인 나성은 조성되지 않았다.

3. 도시의 장엄(莊嚴)

이처럼 왕권의 권위를 국내외에 과시하기 위한 장치로서 도성·궁도는 훌륭하게 장엄성을 지닌 것이 아니면 안 되었다. 왕궁의 궁전 건축이나 경내(京內)의 국가적 사원의 대가람에서 볼 수 있듯이 건축 규모의 크기나 기술적인 멋을 추구해야 할 필요가 있었다. 또 왕궁에 어울리는 연못을 중심으로 한 정원을 만든 것도 자연 환경을 왕권이 통제하에 넣을 수 있다는 것을 상징하는 의미라고 할 수 있다. 이러한 정원에서 진수(珍獸)·기수(奇獸)를 사육하거나 진귀한 수목·약초 등을 심어 왕권의 장엄을 나타냈다.

4. 도성과 의례

왕권을 장식하는 지배 장치로서의 도성은 국내의 어느 귀족·호족의 거성(居城)·거관(居館)보다 현격히 멋지게 만들어야했다. 또 지방 호족·변경의 백성·도래인이나 외국 사절에 대해서도 국가의 위엄을 보여주고, 황제·천황·국왕의 은덕이 깊고 넓다는 것을 나타내기 위해서 도시로서의 장엄이 시각적으로 필요하게 되었다. 또 도성은 국가적인 의례의 장소로서의 역할을 수행했다. 외국 사절을 맞이하는 의례나 지방 호족들의 「

복속의례」에 기원 하는 것 같은 지방관(郡司) 임명과 관계되는 의례 등도 도성이나 왕궁에서 행해졌다. 도성은 국내적·국제적 양쪽 모두에게 의의가 있는 의례의 장소였다.

5. 도시의 대칭성

중국 도성의 이상형을 나타낸 『주례』 고공기의 이념은 「천원지방(天圓地方)」의 천·지의 중심에 서있는 왕·황제가 동·서·남·북의 사방(東夷·西戎·南蠻·北狄)을 지배한다고 하는 관념에서 도성에는 사방 대칭성이 요구되었다. 등원경(694~710년)은 『주례』 고공기의 이념에 따른 구조를 갖고, 네모진 경역의 중심에 왕궁이 존재하며 사방 대칭성을 유지했다. 중국에서 북궐형(北闕型)의 도성이 조성되면서 도성의 구성 원리는 사방 대칭성에서 좌우 대칭성으로 이행되어 간다. 일본에서는 등원경이 사방 대칭성을 가진 것에 비해 평성경은 주작대로(朱雀大路, 폭 76미터)를 도시의 중심축으로 해 경역을 좌경(左京)·우경(右京)으로 양분하는 좌우 대칭성으로 이행해 갔다. 후에 평안경(平安京, 794년~)에서는 저습지에 위치한 우경(右京)이 일찍부터 황폐해져 주민이 살지 않게 되고, 좌경(左京)이나 그 동쪽외곽이 도시역이 되어가면서 도시사회의 자율적 전개에 대응하여 이념적인 좌우 대칭성은 무너져 갔다.

6. 도시와 종교

도시의 장엄함을 위해서 7~8세기에는 국가적인 사원이 대규모로 조성되었다. 중국의 고대 도시를 모방한 일본의 고대 궁도에서는 국가적 사원이 장엄하지 않을 수 없었다. 사원의 가람은 국가적·종교적 권위를 과시하기 위해 그 장대한 규모를 자랑했다. 불교는 국제적인 종교로서의 성격에 따라 국내의 지역 신앙을 통합하는 역할을 함과 동시에 국가·국왕을 수호하기 위한 국가적인 종교(국가 불교)로서의 역할을 수행했다.

7. 도시의 청정성

일본의 고대 궁도에서는 도시에 질역(疾疫)·사기(邪氣)가 침입하는 것을 막기 위한 경계 제사[境界 祭祀, 사각사경제·도향제(四角四境祭·道饗祭)]가 국가 주도로 이루어졌다. 도시문제로서 역병 대책의 의미가 있다. 율령에 따라 경내(京內)에는 매장이 금지되어 경내에는 분묘를 만들 수 없었다. 또 쓰레기 문제에 대한 가로청소 등도 자주 지시를 받았으며 이러한 시책에 의해 도시의 청정성을 유지하도록 했다.

8. 도시의 계층성

도성에는 대량의 인구가 집중했으므로 황제·왕·천황으로부터 귀족, 관리, 승려, 도시민, 상인 그리고 노비(노예)에 이르기까지 사회적인 여러 계층이 존재하였고, 그에 따라 사회적 분업도 전개되었다. 일본의 궁도에는 택지배급(宅地配給)의 계층성(고위자에게 넓은 택지가 주어진다)에서 알 수 있듯이 계층제원리(階層制原理)가 강하게 적용되었는데 예를 들면 대로변에 접해 문을 낼 수 있는 것은 일부의 상급 귀족에게만 한정되어 있었다. 평안경에서 알 수 있는 택지배급에서는 상급 귀족에게는 대규모 면적의 택지가 평성경에서 가까운 경역에 주어졌던 것에 비해 압도적 다수의 하급 관리들에게는 소규모의 택지가 궁으로부터 먼 경내(京內)의 변경부(邊境部)에 주어졌던 것이다.

9. 도시와 유통 경제

대량의 인구와 부가 집중해 "거대한 소비"를 떠맡게 된 고대 도시는 그 존재·유지 때문에도 도시를 지탱하는 유통 경제를 필요로 했다. 위로부터 설정된 정치적 도시라고 해도 그것을 지탱하기 위해서는 지방으로부터 조세·공물을 도시로 징발했고, 도시 근교를 포함해 스스로 유통 경제를 전개했으며, 그런 경제 원리는 국가도 통제할 수 없는 성격을 가졌다. 일본의 고대 궁도의 국설시장(國設市場)에서는 율령에 의한 가격통제의 제도가 있었지만, 실제로는 물가 변동을 국가가 모두 컨트롤 할 수 있었던 것은 아니었다. 예를 들면 평성경의 동시(東市)·서시(西市) 사이에서 동시사(東市司)·서시사(西市司)가 교역을 감독해 가격통제까지 실시하는 제도가 있었지만 실제로는 동시·서시 간에 가격차가 생겼고, 장물이 시장(市場)에 나돌거나 또 열악한 품질의 상품을 사서 손해를 보는 사람들도 많았다(『萬葉集』, 「日本靈異記」). 더욱이 평안경에서는 서시(西市)가 쇄잔 해지고 동시(東市)가 번창하는 자립적인 경제변동이 일어났다. 이렇게 국가가 통제할 수 없는 도시 독자적인 유통 경제의 전개 등에 따라 고대적인 도시는 중세 도시로 변질해 갔다.

10. 도시민의 형성

유통 경제가 발전하는 가운데 귀족들이 도시 귀족화하는 것과 함께 도시 나름대로 많은 도시 민중이 생활을 영위했다. 도시에는 사회적인 약자도 모였다. 그들은 공동체 성원으로서의 성격을 가지지 않는 점에서 농촌의 민중과는 약간 다른 도시 의존적인 위상을 가졌다. 이러한 도시민을 대상으로 하여 종교 활동을 하는 종교인도 나왔다. 일본의 평성경에서 처음에는 국가로부터 탄압을 받으면서 행기(行基)가 사회사업에 애쓰면서 도시 주민을 대상으로 불교의 포교 활동을 전개해 많은 지지를 얻었던 것도 도시민의 형성을 상징하고 있다.

IV. 맺음말

이상에서 중국, 한반도, 발해, 일본 등에 있었던 고대 도시의 구성을 살펴보았다. 왕궁과 조방가로(條坊街路)를 가진 도시역의 존재와 같은 중국의 도성에 연원하는 도시 구성의 공통성을 확인할 수 있음과 동시에 한반도에서의 산성과 도시역의 병존이나 일본에서의 나성의 결여라고 하는 지역적 특징도 알 수 있었다. 거기서는 각 지역의 고대 도시가 각 지역의 독자성을 가지면서 각각 다원적 · 다각적인 교류를 하는 가운데 서로 영향을 주고받으면서 전개해 갔다고 할 수 있다. 동아시아 각 지역의 고대 도시가 반드시 시대적으로 거슬러 올라가 중국의 도성을 일방적으로 모방하는 관계에 있었던 것은 아니고, 유교적 이념에 근거하는 도성의 이상형이 중국에서는 실현되지 않는 채 「변경(邊境)」이라고도 볼 수 있는 일본 열도의 등원경에서 실현된 적도 있었다. 고대 도시의 플랜이나 구성을 보면서 다원적인 지역 간의 교류 양상과 전개를 간파할 수가 있는 것은 아닐까.

이와 같이 동아시아의 고대 도시에 대한 공통점 · 차이점을 고려한 다음 다원적인 다방향의 교류 관계 속에서 도시성(도시적 요소)을 비교 검토해 가면서 그 사회=공간 구조나 역사적 특질을 명확히 할 필요가 있다고 생각한다. 그리고 향후 동아시아 고대 도시의 도시역을, 나아가서는 남아시아 · 서아시아 · 유럽 · 아프리카 · 미국 등 세계사의 여러 지역에 있어서의 고대 도시 · 전통 도시와 비교 연구하는 시각도 필요할 것이다.

제73회 발표, 2005년 10월 7일

한국과 일본의
전통주택공간(傳統住宅空間)

분절(分節)과 분할(分割), 길과 마당, 공(公)과 사(私)

김광현(서울대학교 교수)

왜 새삼스럽게 지금 한국전통주택과 일본전통주택의 공간을 비교하는가? 이것은 단순히 우리의 전통이 무엇이며 그것을 어떻게 오늘에 응용할까를 발견하기 위해 곧잘 이웃 일본의 문화를 비추어 보았다. 우리는 이런데, 저쪽은 그렇지 않다는 구별을 위해 일본은 곧잘 인용되었다. 그러나 이제 두 문화는 더 이상 우열을 위한 구별의 대상이 아니며, 이러한 흑백의 논리는 차이를 발견하는데 가치를 두는 현대문화에 별다른 영향을 미치지 못한다. 오히려 서로 다른 질서와 규칙이 각각의 문화에 존재하고 그것이 두 나라의 인간 생활에 여러 가지 장치로 간섭해 가는 모습을 주의 깊게 살펴가는 것이 오늘날 필요하다.

두 나라의 전통주택에 대해서는 제각기 충분히 논의되어 왔다. 더욱이 건축공간에 대해서는 한국은 이런데 일본은 그렇지 않다는 식으로 따로 따로 강조해 왔다. 그러나 이것은 어디까지나 공간 그 자체의 순수 미학에 의존한 것이다. 그렇지만 주택공간이 생활에 근거할 때 논의는 흥미로워진다. 두 문화의 생활공간이 외부에 대한 서로 다른 원리를 품고 있기 때문이다. 이러한 관점에서 여기에서는 두 문화의 주택공간의 특징을 거장 미스 반 데어 로에와 루이스 칸에 비교해 보았다. 물론 타당하지 않은 비교일 것이다. 그러나 이러한 보편적 비교를 통해 건축이라는 틀 안에서 서로 대립적인 가치를 갖는다는 점을 강조하고 싶었다.

Ⅰ. 벽과 바닥

요른 웃존은 일본건축의 공간적 특징을 바닥과 지붕으로만 이루어진 것으로 묘사한 바 있다. 그만큼 바닥은 일본 건축의 특징이다. 내부공간은 수평으로 전개한다. 안쪽 깊은 방에서도 칸막이를 다 젖히면 바깥 정원이 보이는 것이 일본 주택의 공간적 특징이다. 서양과 같이 입식이 아니라 좌식 생활하는 일본인의 생활 특징 때문이다.

일본의 가옥은 내부에서는 거의 칸막이가 되지 않는다. 그러나 외부와는 확연히 구별되는 공간으로 정의한다. 방과 방을 나누는 것은 벽이 아니라 옆으로 열거나 밀수도 있고 떼어낼 수도 있는 칸막이다.

축조(軸組)와 조작(造作)이 있다. 축조는 기둥, 토대, 보, 도리 등으로 구성된 골조(framework)이며, 조사쿠[造作]는 축조에 부설되는 바닥, 천장, 창 등의 구성부분(fixture)이다. 축조 단계에서는 결정적인 방의 성립을 알 수는 없지만 조사쿠는 불확정적인 공간의 방향을 결정한다.

이때 방을 구별하는 것은 바닥이다. 바닥의 종류로 방을 구별한다. 입구의 방, 부엌의 일부는 같은 높이다. 토간(土間, 지면의 방)은 지면이 그대로 방이 되지만 다른 방은 널판을 깐 방, 다다미를 깐 방 등 지면과 구별된다. 그리고 돌을 밟고 지면보다 높은 바닥으로 오를 때는 신발을 벗는다. 전통적으로 일본의 방은 독립적이지 않다. 독립하려는 정신적 욕구가 적고, 물리적으로 불가능하며 개인성이 약하다.

한국의 주택도 마찬가지로 구조와 칸막이로 되어 있다. 그렇지만 일본과 같이 밀거나 떼어낼 수 있는 칸막이를 잘 사용하지 않는다. 칸막이는 벽이 많고 문은 열거나 닫는 문 안에 방한을 위해 창호지 문이 더 붙어 있기도 하다. 따라서 한국주택은 일본처럼 불확정한 공간을 만들기 어렵다. 공간의 단위는 기둥 네 개가 이루는 단위와 일치한다. 문을 밀어 한 공간으로 써도 바닥까지 완전히 젖히는 경우는 거의 없다. 일본과 마찬가지로 바닥을 중시하지만 하나의 바닥으로 환원되지 않는다. 가변성에서는 일본의 주택이 뛰어나지만 그 대신 개인의 프라이버시가 비교적 낮다.

한국의 전통주택 공간은 기둥과 보에 의해 구획되는 공간단위를 병렬적으로 증식시킴으로써 성립한다. 이러한 특징은 유사한 목구조의 가구법으로 되어 있는 중국과 일본의 주택과 크게 다른 점이다. 한국주택을 그런 까닭에 방의 깊이가 얕고, 방의 단위가 분명하다. 방은 외기에 모두 면해 있고 방들이 모두 밝다. 일본주택의 방이 가변적이고 공간을 확장해서 사용하는 반면, 한국 주택은 공간을 한정해서 사용한다. 그 대신 거의 모든 방은 직접 마당이라는 외부공간에 면한다. 외기에 면하는 창문은 비교적 작고, 벽과 프레임과 함께 외관을 구성한다.

한국과 일본 주택의 공간구성방식을 근대건축과 관련하여 표현하자면 한국주택은 기능별 프로그램을 비대칭적으로 연결하는 방식이라면, 일본주택은 단일의 블록 안에 여러 가지 기능을 넣는 방식이다. 전자는 기능과 형태를 1대1로 대응시켜서 그것을 집합하여 배열하는 방식이라면, 후자는 하나의 커다란 형식 안에 여러 가지 기능을 넣는 방식이다.

이 두 차이는 다소 무리이기는 하지만 미스 반 데어 로에와 루이스 칸의 건축공간구성 방식과 비교될 수도 있겠다. 미스의 공간구성이 '벽의 공간'을 해체하고 수평 바닥 공간의 균질성을 얻으려 하였다면, 칸은 기둥을 중시하여 공간의 단위를 회복하려고 하였다. 미스의 공간은 흔히 '균질공간'이라 하는데 이는 투명 유리를 통해 공간의 확장을 시도한 것으로, '벽의 공간'에서 '수평 바닥의 공간'으로 변한 것이라면, 칸의 건축은 균질한 수평 슬래브의 공간을 분절하고 기둥이 균등하게 놓이거나 공간의 끝에 놓인 기둥을 칸은 공간을 분절하는 도구로 사용하였다.

따라서 두 나라 주택의 전통적 공간의 특성은 한 마디로 '분할'과 '분절'이다. '분할'은 커다란 전체가 있고 그 안에서 나누어 쓰기 위한 것이라면, '분절'은 단위에서 출발하여 이것이 덧붙여지고 이어져서 더 커다란 전체를 이루는 것을 말한다. 물론 한국과 일본의 주택공간은 비슷한 구축방식을 가지고 있고, 그 재료도 유사하게 보이지만 가장 커다란 차이는 바로 이 '분할'과 '분절'이다.

분할은 매스가 크고 지붕을 높게 만들며 정글짐과 같은 골조 프레임을 만들어내면서 그 안을 적절히 나누어 사용한다. 그 대신 가운데가 빛이 잘 안 들어가고 방 안에서 불을 사용하는 경우 환기에 문제를 가지며 공간을 가변적으로 활용하기를 원한다. 공간은 분절하면 방의 크기가 그다지 크지 않으나 외기에 직접 면하여 방이 밝고 외부공간에 모두 면할 수 있다. 지붕의 크기가 낮아지고 방의 연결이 쉽지 않으며 단위를 증식하여 그 자체로 외부공간을 감싸기도 한다. 채로 독립하면서도 변화 있는 지형에 대응하기 쉽다. 그런 까닭에 한국의 주택은 이 단위의 자유로운 증식으로 다양한 마당을 만들어낸다.

II. 표층(表層)

주거의 구성을 가족의 영역과 공동체의 영역이 접하는 경계의 방식으로 본다. 접객은 접객에 대응하는 불연속적인 점을 갖는다. 이러한 공간적 장치를 필요로 하는 것은 가족이 하나의 내부 질서를 갖는 집단이면서 사회의 일부를 구성하고 가족이 존속하기 위해서는 사회와의 교섭이 불가결하다는 두 가지 서로 다른 이유가 있다. 주택의 표층은 공적 영역과 가족 영역 사이에 놓이고 접객 등 사회 활동을 조종하는 역할을 한다.

무가주택(武家住宅)의 배치구성은 주옥(主屋) 주변에 정원과 서비스 야 드 등으로 외부공간이 둘러싸고, 다시 울타리가 둘러싼다. 따라서 표층을 구성하는 요소는 폐쇄적인 울타리, 정원, 때로는 주옥(主屋)의 지붕이나 벽이다. 문은 울타리가 끊긴 곳이며, 전정(前庭), 주옥(主屋)으로 들어가는 입구인 현관이다.

이 문-전정-현관(門-前庭-玄關)이라는 공간은 무가주택(武家住宅)의 주 택을 넓게 보이기 위한 것이지만, 단지 출입구가 아니라 중요한 접객의 장 이다. 마중과 배웅의 복잡한 방식이 규정되어 있다. 방문자의 격식, 신분 에 따라 문-전정-현관(門-前庭-玄關)이라는 공간의 여러 가지 이음매가 이 에 대응한다. 접객은 입구에서 시작하는 것이며 방어라는 소극적인 의미 이상으로 주거의 주인과 손님의 사회적 관계를 표현하는 적극적인 의미를 가지고 있다.

마치야[町家]는 점포 병용 주택이므로 가능한 한 많은 손님이 들어오게 길에 접하여 대지의 폭 전체로 접하게 한다. 이웃집과도 접하여 세워진다. 그러나 양쪽, 배후에 접하는 이웃집에서 오는 화재, 이웃집이나 길에서의 시선과 차음 등이라는 모순이 잘 나타나는 공간적 장치를 만들어냈다.

'도오리니와'라는 봉당[土間]이 겉에서 속까지 이어지고, 출입구도 이곳 에 만들어진다. 이 '토마'를 따라 최소 일렬 이상의 방이 늘어선다. 이 방 들 중에서 길에 면하는 방은 상점을 하다가 그만 둔 방인데도 '미세'라든 지 '미세노마'로 부르는 경우가 많다. '미세도오리'의 공간 중에서 가게에 면하는 부분과 그 안쪽 부분 사이에는 약간 어긋나게 하고 사잇문을 넣는 다. 이 공간에는 천장 높이까지 트여서 전면과 후면의 구성상의 차이도 보 여준다. 바깥쪽과 안쪽의 형태적인 분절은 접객의 위계와 관계가 있다. 사 잇문 안쪽은 가족의 영역이다. 가족에게 중요한 공간은 바깥 공간 안쪽에 둔다. 일종의 '두꺼운 벽'이 존재한다. 격자는 통풍을 위한 것이지만 안에 서 밖을 볼 때는 잘 보이지만 밖에서 안은 잘 안 보인다. 밖에서 안으로의 단계적 이행이 있다.

무가주택(武家住宅)의 정원은 건물을 둘러싸는 정원이다. '우라나가야' [裏長屋]의 정원은 인공적인 공간이며 건물로 둘러싸여 있다. 쵸우카[町家] 의 '도마'도 통로이며 인공적 공간이다. 결국 자연으로 둘러싸이든가 흙을 바닥으로 사용하는 두 방식의 차이이다. 그러나 이 방식은 정원 속의 집인 가, 집 속의 정원인가 하는 문제와 결부된다.

이에 비하면 한국주택은 양반 주택인 경우, 바깥마당과 행랑을 두어 접 객을 격리한다. 일종의 무가주택과 비슷한 형태이다. 따라서 마당을 두 단 계 이상 두는 것이 상례다. 한국 주택은 가족의 생활을 채로 나누기 때문 에 일본처럼 앞뒤의 관계를 두기보다는 좌우의 관계로 공간을 나눈다. 이 앞뒤의 관계에 각각 마당을 두면 지체 높은 양반집이 되고, 하나의 집에 하나의 마당에 면하게 되면 집의 좌우를 나누지만 이보다도 여유가 없을 때는 주택 안에 방을 나누어 쓰게 된다.

따라서 한국주택은 '마당'이라는 열린 공간에 독립된 주택이 어떻게 대 응하는가가 중요하다면 일본주택은 대문에서 집에 이르는 '길'을 중시한 다. 채로 나뉜 마당은 그 자체가 외부공간이고, 집의 표층이며 이행공간이 다. 작업도 이 마당에서 이루어진다. 집 밖의 길에 달려있는 세포와 같은 것이 한국주택이라면 일본주택을 큰 길에 대하여 또 다른 길을 만들어 그 길에 붙어 있는 좁고 긴 주택을 형성한다.

한국주택은 마당을 두던 두지 않던 집은 남쪽을 향해 길게 놓는다. 도 시 속에서도 이와 같은 전면을 가능한 한 길게 면하는 주택형식을 그대로 취한다. 다시 말해 길이 마당을 대신하는 것이다. 그리고 마당을 대신하는 길에 주택의 외벽이 직접 면하고 그 안에 안마당을 두어 외부공간을 마련 한다.

한 방향으로 증식된 구조단위가 병렬로 이루어지면 결과적으로 개방적 이면서 동시에 에워싸인 안마당이라는 외부공간을 형성한다. 완전한 ㅁ자 형 주택에서도 공간은 누마루나 태청, 사랑방을 통하여 개방된다. 이와 같 은 비개방적인 중정은 단지 관상용으로서의 외부공간이 아니라 주택 내부와 직접 연결되는 매개공간의 성격을 가지며, 건물의 깊은 추녀와 툇마루와 함께 공동생활의 기능을 수용한 적극적인 활동의 장소로 쓰인다.

　일본주택은 길로 이어지고 길을 내부에 품는 방식으로 도시에 적응하는 주택으로 발전하였다. 그러나 한국주택은 길에 면하더라도 내부에 길을 만들지 않고, 계속 에워싸고 마당을 만드는 방식으로 도시에 적응하였다. 먼 산을 자신의 마을의 것으로 받아들일 때도 그 시선 축은 길을 만드는 요인이 되었다. 그러나 한국의 마을은 길을 만들기 위해서가 아니라 자신의 주택과 방에서 웅대하는 산이 제각기 달랐고, 공간의 영역을 확장하기 위한 방법으로 그 안대라는 산을 이용하였다.

Ⅲ. 운동(運動)의 시각화

　그러나 일본주택은 방들이 겹으로 이루어져 있고, 칸막이가 이동하기 때문에 방을 통하거나 복도를 통해 이동한다. 무가주택(武家住宅)의 경우 복잡한 방이 미로처럼 이어져 있고, 그 사이에 복도가 이 방들을 잇는다. 채가 떨어진 경우에도 콜로네이드나 연결통로로 이어지는 경우가 많다. 방을 증식하여 전체를 연결한다는 생각이 있다. 운동의 경로가 명확하게 드러나 있다.

　한국주택은 채로 분화하여 중간에 다른 요소를 두지 않는다. 복도나 연결통로, 현관 같은 것이 존재하지 않는다. 방에서 방으로 이동할 때는 직접갈 수 없는 경우에는 바깥쪽 툇마루를 지나지만 대부분의 경우는 마당에 내려와 방이나 채로 이동한다. 건물과 건물을 잇는 복도 개념은 간혹 궁궐에는 있지만 일반 주택에는 보이지 않는다. 운동의 경로가 마당 안에서 지워져 버린다. 한국주택은 이동의 통로에 돌을 늘어놓아 경로를 시각화하지 않는다. 그러나 이에 비해 일본주택은 비석(飛石)으로 경로를 시각화하며 현관이라는 입구가 발달한다. 그러나 한국주택에는 현관이라는 개

넘이 없으며, 마당에 길을 표시하지 않는다.

일본의 정원 중 회유식 정원(廻遊式 庭園)은 회유하면서 풍경을 즐기기 위한 계획이다. 공간 연출 안에 사람의 보행을 의식시키기 위해서 만든 것이다. '로지'[路-치]는 '미치[道]스가라'(길 가는 도중에)이다. 그것은 다실(茶室)에 이르는 길을 나타내며 사람이 그곳을 걷는 것을 전제로 한 것이다. 주택과 정원의 '미에가쿠레'는 일본적 공간연출 방식이다. 그것은 속에 있는 것에 마음이 끌리는 것으로 그윽하고 고상함의 표현이며 대상을 넓고 크게 보이는 방식이다.

그러나 한국주택에는 일부 복잡한 사찰을 제외하고는 이와 같은 '미에가쿠레'가 없다. '미에가쿠레'는 공간의 종적 전개를 말하지만, 한국공간에서는 사람은 종적으로 운동해도 공간은 횡적으로 전개한다. 횡적으로 전개하는 여러 장면이 때로는 건물을 나타내기도 하고 드러내기도 하지만 본질적으로는 드러내기 위함이다. 일본 주택이 사람이 공간이 이동한다는 사실에 주목한 것이라면 한국주택은 사람이 이동함에 따라 공간이 드러나고 건물이 드러나는 것을 말한다.

IV. 바깥과 속

'오쿠[奧]'란 사물의 안쪽의 깊은 곳에 있는 부분이다. 비밀스러운 것, 알기 어려운 것, 마음 속, 미래를 의미한다. 실내공간에서도 주부, 가족이 거주하는 뒤쪽 등의 의미하는 깊이 방향을 나타낸다. '오쿠'가 건축공간의 결정적인 요인임을 말한 사람은 건축가 마키 후미히코이다. 결국 주택이나 도시공간에서 동일한 원리가 작용하는데 소중한 것은 시선에서 숨기고, 무수한 돌아가는 길을 돌아야 그곳에 도달하는 것임을 의미한다. 이와 같은 '오쿠'를 향해 공간을 감싸는 것은 그 자체가 경계를 설정하는 것이고, 다른 곳으로 이행하는 것을 말한다. '오쿠'는 진행과 우회이며 도중에 많은 중간영역을 만들어낸다.

한국건축과 주택의 공간에는 진행은 하지만 우회하지 않는다. 중요한 것은 가리지만 담장으로 가리지 뒤편에 두지 않는다. 좌우에 대한 관념은 강해도 전후에 대한 관념은 주택에서 그다지 크게 사용한 것으로 보이지 않는다. 뒷마당은 뒷마당 나름의 생활공간이고 뒤를 향한 환경의 일부이지 깊은 것도 아니고 소중한 것도 아니다. 소중한 것은 앞에 있고 운동은 진행과정에 퍼져 있으며 마당이라는 외부 공간 전체로 흡수된다. 때문에 돌아가거나 지나거나 중간영역을 발생시키거나 하지 않는다.

모든 일본적 공간은 바깥과 속이라는 대립항을 바탕에 깔고 있으며 바깥과 속에 대한 일본문화 특유의 현상을 나타낸다. 노트르담 대성당은 앞과 후진(後陣), 오스만 식 건물은 정면과 중정, 판테온은 정면, 공영주택단지는 전후좌우가 없다지만 일본 공간에는 바깥과 속의 구분이 뚜렷하다. 공간을 상징적, 기술적 조직화하는 방식으로 바깥과 속은 정신적, 심리적으로 '하레'(명시성, 公性, 정식) 와 '게'(일상, 상용, 비공식, 私性)로 이어진다.

주택 안의 활동이 증대한 것을 의미한다. 이는 집안사람만이 아니라 손님에 대한 대응을 포함한다. 손님의 방문은 본래 옥외에서 이루어졌으나 점차 집 안에서 이루어졌다. 이렇게 해서 특별한 것, 과시하는 것에서 일상생활을 보호하기 위해 만들어진 것이다. 주택공간을 1/4로 나눈다. 네 가지 공간구성, '하레'는 남동, 북동, 남서, 북서 순으로 줄어든다. 그렇지만 한국주택은 앞과 뒤, 앞마당과 뒷마당이지, 바깥마당, 속 마당이 아니다.

반개방적인 중정과 구조단위의 병렬적인 증식으로 향(向)에 대해 융통성이 있으며 시각적으로는 폐쇄되어 있으나 지각적으로는 연속성을 불러일으킨다. 이는 계속 공간을 차단하고 영역을 겹치게 하여 배후를 은폐하는 일본 주택과는 다르다. 일본주택의 공간 전개는 대각선상의 놓인 오모테[表]와 오쿠로 구별하여 전개를 개방에서 은폐된 부분으로 바꾸고 있다.

그러나 한국의 주택에서는 겹으로 둘러싸인 담과 대문 또는 행랑마당을 지나면서 더욱 넓은 공간으로 이어지고 다시 개방된 대청과 그 후정으로 확산한다.

이와 같은 개방으로 전개하는 것은 상당과 별당과 함께 사는 사람의 주거감(住居感)을 더해 주는 요소가 된다. 안채의 옆이나 뒤에 다른 건물과 완전히 분리하여 지어진 별당은 주인과 손님이 소요자적(逍遙自適)의 정취를 위해 만들어진 것이지만 결과적으로는 주택의 영역감을 더해 주는 것이다. 사당 역시 주택과 후원을 심적으로 연결하는 일정의 건축적인 장(場)을 확대한 것이다.

매우 개괄적인 요점이지만, 한국주택은 마당과 같이 둘러싸인 외부공간을 주거 가운데 둔다. 무언가 움푹 들어간 빈 공간을 안고 살기를 좋아한다. 마당이나 방에서도 공간은 동심원적으로 둘러싼다. 이때 내 방은 중심에 선 빈 공간이다. 그 주변에 방과 구조와 자연이 둘러싼다. 이에 비하면 일본주택은 선적이다. 선을 따라 공과 사가 분리되고 이곳에서 저곳으로 깊어진다. 선을 따라 걷기를 좋아하고 이동하는 경로 속에서 공간이 양파 껍질처럼 전개되기를 좋아한다. 그 결과 일본 주택은 앞이 좁지만 깊은 집에 만족하지만 한국 사람은 앞을 향해 긴 변을 드러내며 살기를 좋아하는 것이라고 생각한다.

제74회 발표, 2005년 12월 1일

근세 조·일 양국의 무기와 전술

임진왜란을 중심으로

|

박재광(전쟁기념관 학예연구관)

전통시대에 있어서 무기체계의 발달은 군대의 편제 장비로서의 구성상의 변화를 보이게 되며 이의 영향을 받아 전투 수행상 새로운 전술이 등장하게 되어 전쟁의 양상이 뒤바뀌게 된다. 임진왜란은 조·명·일 삼국이 자신들이 보유하고 있던 무기체계를 총동원하여 벌인 동아시아 최초의 대규모 국제 전쟁이라 할 수 있다. 이 전쟁에서 삼국이 장비한 무기체계는 개개의 전투는 물론 전체 전쟁의 승패를 가름하는 데 중요한 역할을 하였다고 할 수 있다.

임진왜란 이전까지의 조·명·일 삼국 가운데 있어서 무기체계의 발달에 있어서는 명나라에 버금가는 상황이라고 자처해 오던 조선은 전쟁의 발발과 함께 비로소 무기 후진국임을 깨닫게 되었다. 이는 임진왜란 초기 전투에서 연속적으로 패함으로써 여실히 증명되었다.

I. 조·일 양국의 무기체계

1592년 4월 14일, 조선을 침입한 일본군의 무기체계를 조선군과 비교해 보면 전투에서의 승패를 예견할 수 있었다. 이를 단적으로 보여주는 기록화가 1760년에 변박(卞璞)에 의해 그려진 〈부산진순절도〉와 〈동래부순절도〉이다. 이를 통해서 당시 조선군과 일본군의 무기체계의 특징과 전술을 파악할 수 있다고 하겠다. 그림을 살펴보면 조선군의 주무기는 궁시이며 보조무기로 기창, 환도, 장창을 사용하고 있다. 반면 일본군은 주무기로 조총과 장검을 사용하고 있고, 보조 무기로 장창과 성문 파괴용의 큰 도끼가 사용되었다.

당시 조·일 양국의 무기체계에 대해 좀 더 세부적으로 들어가 우열을 살펴보도록 하겠다. 먼저 도검의 경우, 일본군의 도검은 태도(太刀)와 도(刀)라 하여 길고 짧은 두 가지의 칼을 사용하였다. 일본군이 사용한 태도는 조선군의 환도(環刀)에 비해서 칼이 길었으며 칼날도 예리하였다. 이는 유성룡이 ≪징비록≫에서 '일본군이 돌격하고 좌우로 휘둘러 치면 인마가 모두 쓰러지고, 감히 그 칼끝을 당하는 자가 없었다.'고 한데서 익히 알 수 있었다.

반면 조선 시대의 전투용 도검 중에서 가장 대표적인 환도는 평상시의 호신용 기능이 강조되고, 휴대의 간편성과 위급 시의 방호용에 초점을 맞추다 보니 자연히 길이가 짧아졌다. 결국 도검은 전투 무기로서의 위치에서 밀려나 궁시의 보조 병기로서 개개 병사의 호신용으로만 사용되었다. 검술이 무과시험과 시취 과목에 포함되어 있지 않았다는 점은 이를 반증하는 것이며 따라서 임진왜란 때까지 도검의 발달은 기대할 수 없는 상황이었다.

이를 두고 임진왜란 당시 일본군과 함께 참전했던 서구의 선교사들은 "보통 조선인들이 사용하는 칼은 길이도 매우 짧고 가늘었다."고 평가하였다. 또한 유성룡도 "우리나라의 군사는 다만 활과 화살만을 가지고 다른 기술은 익히지 않았다."라고 한탄하기도 하였던 것이다. 결국, 단병기를 이용한 근접전투(백병전)에 있어서 조선군은 일본군에 밀릴 수밖에 없는 실정이었던 것이다.

또 하나의 근접 전투용 무기인 창에 있어서도 일본군은 자루가 9척 내지 1장 8척에 달하고, 창끝은 6촌 5분 내지 7촌으로 조선군의 창에 비해서 매우 길었다. 반면 조선의 창은 초기에 있어서는 무과나 무사의 선발 과목에도 기창이 포함되어 있어 전투 무기로서 손색이 없었으나 장기간의 승평(昇平)으로 점차 무기 개량에 대한 관심이 떨어져 길이가 짧아지게 되었다.

이를 두고 1587년에 조선에 왔던 대마도 사신 다찌바나 야스히로[橘康廣]가 "너희들 가진 창이 자루가 몹시 짧구나."라고 비아냥거리기도 하였던 것이다. 그렇지만 창술만은 비록 궁술에 비해 비중이 떨어지기는 하였지만 무과시험과 일반 병사의 시취(試取)에 포함되어 있어서 지속적으로 발달했었던 것 같다. 이는 임진왜란 당시 참전했던 선교사들이 〈1592년 일본 연례보고서 부록〉에 "꼬라이 병사들은 미늘창도 아주 능숙하게 사용하기 때문에 중국 사람들도 그들에게 두려움을 가지고 있다"라고 기술하고 있는 데서 짐작할 수 있다.

한편 원거리 무기였던 궁시에 있어서는 조선이 일본에 비해 월등하였다. 성능 면에 있어서도 조선의 궁시는 일본군의 궁시보다 그 위력이 컸다. 일본의 궁시는 윤근수가 "적병이 처음에는 목궁으로 화살을 쏘았는데 시력(矢力)이 강하지 못했다."라고 하였듯이 단일궁으로 된 목궁으로 조선의 각궁에 비해 성능이 떨어졌다.

또 선조가 "왜적은 활을 두려워하고 창을 든 군대와 방패를 든 군대는 가볍게 보기 때문에 지금까지 패전했다는 것을 장수들에게 깨우쳐 주도록 하라."라고 하여 당시 조선이 일본군을 압도할 수 있었던 재래식 병기는 궁시뿐이라는 점을 밝히고 있는 것을 알 수 있다. 이 점은 서구의 선교사들의 눈에도 그대로 전해졌다. 루이스 데 구스만이 자신의 저서 ≪선교사

들의 이야기≫에서 조선인들이 활과 화살을 아주 잘 사용한다고 평가하였
고, 루이스 프로이스 신부도 조선인에 대해 "매우 힘이 좋고 활과 화살을
아주 잘 사용하며 그들의 활은 터키 활과 같이 조그마하다."고 하였다.

이렇듯 궁시가 월등한 성능을 보일 수 있었던 것은 우리나라가 예로부
터 전통적으로 궁술을 중요시하였기 때문이다. 궁술의 중요성은 화약 무
기가 등장한 이후에도 상당기간 동안 강조되었다. 그 이유는 화약 무기의
보급이 광범위하게 이루어지지 못하였기 때문이기도 하지만 궁시가 화약
무기의 여러 가지 결함을 보완시켜 줄 수 있는 장점을 지니고 있었기 때
문이다. 특히 조선은 사대부의 소양 가운데 하나로 활쏘기를 권장하였고,
활쏘기가 덕을 함양하는 하나의 수단으로 널리 활용되었던 것이다. 따라
서 무과에서 궁시는 가장 기본적이고 대표적인 과목으로 채택되었다.

조선의 궁시 중에서 가장 대표적인 것은 각궁(角弓)과 편전(片箭)이다.
각궁은 맥궁(貊弓)에 기원을 두고 있는데 우리나라만의 독특한 기술로 만
들어져 그 탄력성이 외국의 활을 능가하였다. 이러한 점은 1488년(성종
19)에 조선에 왔던 명나라 사신 동월(董越)이 "조선이 사용하는 화피(樺
皮)의 궁은 중국의 제도에 비해서 약간 짧으나 화살이 날아가는 힘은 심
히 강하다."라고 평할 정도였다. 여기서의 화피궁은 바로 각궁을 일컫는
다.

또 편전은 화살이 작아 일명 '애기살'이라고 하는데, 화살이 작아 가벼
운 대신 가속도가 커서 관통력이 컸기 때문에 보병전은 물론이고 기병전
에서도 크게 활용되었다. 특히 편전은 천 보 이상을 날아간다고 할 정도로
사거리가 길기 때문에 조선의 가장 중요한 비밀병기로 활용되었다. 이런
점 때문에 세종 때에는 북방의 야인들에게 편전의 제작기술이 누설될까
두려워 함경도 지방에서는 편전 교습을 하지 못하게 하기도 하였다는 기
록도 보인다. 따라서 조선의 편전은 중국의 창, 일본의 조총과 더불어 천
하의 제일로 평가되기도 하였던 것이다. 이러한 궁시는 험한 지세를 이용
한 매복 작전에서 유리하였다. 그러나 조선은 각궁과 편전에 대한 의존성

과 자만심으로 도검, 창 등 다른 개인 무기에 대한 개발에 대해 상대적으로 소홀해질 수밖에 없었고 이는 단병접전에서의 조선군의 열세를 초래하였다.

궁시와 함께 전투용으로 사용된 무기로 '쇠뇌'라고 불리는 노(弩)가 있다. 노는 활을 더욱 발전시킨 무기로서 활이 많은 힘과 기술, 그리고 연습이 필요한 데 비해 힘이 약한 아녀자도 간단한 조작기술만 익히면 사용할 수 있는 무기였다. 노는 전통적인 활에 비해 더욱 정확하고 활보다 무거운 화살을 발사할 수 있는 장점이 있었다. 다만 활보다는 발사 속도가 느린 것이 단점이기 때문에 전투에서는 활과 노를 함께 사용하여 서로의 약점을 보완하였다. 특히 노는 매복이나 복병(伏兵)할 때 활용도가 높아 조선시대에는 북방 야인의 침입로에 배치하여 큰 효과를 보았다.

1592년 11월, 유성룡이 선조에게 적정(賊情)을 보고하는 글에서 "듣건대 경상좌병사 박진은 여러 곳의 적진을 쳐서 부술 때 연노(連弩)와 진천뢰(震天雷)를 사용하였는데 적은 이것을 두려워했다고 합니다."라고 하여 당시 노의 전술적 효과가 뛰어났음을 보여주고 있으며 낙동강 연안에서 활약한 의병들이 노를 사용하여 일본군을 크게 물리치기도 하였다는 기록도 있다.

마지막으로 화약병기의 경우에는 일본군의 조총이 단연 우세를 점하고 있다고 하겠다. 물론 조선의 경우에도 형태의 화기를 보유하고 있었으나 일본군이 지닌 조총의 성능에는 못 미치는 상황이었다.

일본군의 주무기인 조총은 '나는 새도 쏘아 떨어뜨린다.'고 하여 조총(鳥銃)이라는 이름이 붙여졌으며 일본은 뎃삐[鐵砲]라고 한다. 약선 구멍에 꽂아진 심지에 직접 손으로 불씨를 붙이는 지화식(持火式) 점화법에서 방아쇠를 당겨 점화시키는 화승식(火繩式) 점화법으로 발전한 화기이다.

1543년 8월 25일, 큐슈[九州]의 다네가섬[種子島]의 영주 다네가시마 도키타카[種子島時堯]가 포르투갈 상인으로부터 2개의 조총을 구입하였으며 이들에게서 화기의 제조 방법과 화약의 배합방법, 그리고 사격술을 전습

받았다. 이후 전국 각지로 보급되어 제작되었는데 1544년 한 해 동안만 600여 정이 제조될 정도였다. 조총의 제조와 함께 일본에서는 조총을 이용한 전술도 개발되었고, 이를 적극적으로 훈련함으로써 전투에서의 활용도를 높였다.

조선에도 1590년(선조 23) 3월, 일본 사신 소오 요시토모[宗義智]가 선조에게 조총을 진상하여 그 위력은 알고 있었으나 개발에 별다른 관심을 두지 않았다.

당시 조총의 구경은 규격화되지는 않았고 다만 발사하던 탄환의 중량에 따라 조총의 크기를 표시하였고, 총과 포의 엄밀한 구분은 없었다. 전국시대에 개인용 소총으로는 6문(匁)부터 10문옥통(匁玉筒)(구경 15~18.7mm)의 것들이 사용되었다. 조총의 사거리는 보통 100에서 150m 정도이나 실제 전투에서는 50m 정도를 적용하여 사용하였고, 1분에 4발 정도를 발사할 수 있었다.

무엇보다도 조총은 발사장치가 조선의 화기와는 달리 화승식(火繩式) 점화법으로 사격하는 화기이었기 때문에 조선의 화기에 비해 사격시 조작의 간편성이나 명중율에 있어서 한 단계 높은 수준의 성능을 보여주었다. 이 점에 대해서는 이순신의 장계에도 잘 나타나 있다.

반면 조선에는 승자총통·차승자총통·대승자총통·중승자총통·소승자총통·별승자총통·소총통·쌍자총통 등의 소화기와 천자총통·지자총통·현자총통·황자총통·별황자총통 등의 대형 화포, 화차·비격진천뢰 등 다양한 화기가 있었다.

이들 화기는 고려 말이래 지속적으로 개량 발전되어 왔지만 조총보다는 한 단계 낮은 수준의 지화식 화기이다. 따라서 조준 사격보다는 일단의 밀집 대형을 이룬 적에게 지향사격을 위주로 사용되었다. 물론 소승자총통처럼 일부의 경우 기존의 화기를 개량 발전시켜 조준 사격이 어느 정도 가능한 화기도 있으나 여전히 지화식 화기의 한계를 벗어날 수는 없었다.

한편 당시 조선 수군이 운용하던 거북선과 판옥선에는 고려 말부터 개량해 온 천자총통·지자총통·현자총통·황자총통·별황자총통 등의 대형화포가 장착되어 있었다. 그리고 이들 화포 성능의 우수성은 해전에서의 조선 수군의 전술적인 우위로 나타났던 것이다. 당시 화포의 제원과 성능은 다음과 같다.

〈표〉 임진왜란 당시 사용된 대형화포

화포명	길이(cm)	구경(mm)	발사물(『화포식언해』)	사거리
천자총통	130~136	118~130	대장군전 1발 조란탄 100발	900보 10여리
지자총통	89~89.5	105	장군전 1발 조란탄 100발	800보
현자총통	79~83.8	60~75	차대전 1발 조란탄 100발	800보 1500보
황자총통	50.4	40	피령차중전 1발 조란탄 40발	1100보
별황자총통	88.8~89.2	58~59	피령목전 1발 조란탄 40발	1000보

이들 화포는 대장군전·장군전·차대전·피령목전·피령차중전 등 대형 화살[箭]을 사용하였고, 필요에 따라서는 조란탄(鳥卵彈)을 다수 발사하여 산탄 효과를 거두었다. 특히 별황자총통은 총통의 약실 뒤에 손잡이를 끼울 수 있도록 하였고, 총통의 중간 부위에 포이(砲耳)를 부착하여 삼각다리 형태의 받침대에 거치시킬 수 있도록 하였는데 이는 배의 갑판 등에 고정하여 상하 좌우로 쉽게 운용할 수 있도록 개발한 것으로 보인다.

이상의 내용을 재정리해보면 임진왜란 당시 무기체계의 우열을 가린다면 궁시와 대형 화포에서는 조선군이 우세했지만 도검·창과 소화기(조총)에서는 일본군이 월등히 우세하였음을 알 수 있다. 따라서 조선군의 궁시는 수성작전(守城作戰)에서, 대형화포는 대형 함선 중심의 해상작전(海上作戰)에는 유리하였다. 이순신 장군이 이끄는 조선 수군의 연전연승은

이러한 대형화포의 위력적인 성능과 유효적절한 이용에서 비롯되었다고
할 수 있으며 전쟁 초기 조선군의 육전에서의 패전은 무기체계상의 절대
적인 열세에 원인이 있었다고 하겠다.

II. 조·일 양국의 전술 비교

임진왜란 당시 조선군과 일본군의 무기체계의 우열은 전투의 승패에 결
정적인 역할을 하였다고 하겠다. 성능 면에서의 무기체계의 우열뿐만 아
니라 양적인 측면도 전투의 양상을 좌우하게 되는데 조선군의 경우 무기
체계의 성능뿐만 아니라 양적인 측면에서도 열세를 면할 수 없었다고 본
다.

일본군과 전투를 벌이고 있는 조선군의 전선에서의 무기 부족은 심각하
였다. 이러한 상황은 많은 문헌자료에서 드러나 있는데 곽재우 의병이 화
포나 화전과 같은 무기가 없어 일본군에게 더 많은 타격을 줄 수가 없다
고 한 것이나 사헌부 집의 이호민이 일선의 조선군 중에는 궁시가 이미
바닥이 난 상태라고 보고한 것 등이 그것이다. 또 비변사의 보고에서 경상
도에서 일본군과 대치하고 있는 각 진에 있는 활도 겨우 1백여 장뿐이고,
상주진에는 사수가 불과 세 사람뿐이라는 보고도 있는 점으로 보아 조선
의 전통적인 무기인 궁시마저도 수량이 많지 않아 제대로 사용되지 못하
고 있다는 것을 알 수 있다. 더욱이 본격적인 전쟁기에는 장마로 비가 그
치지 않아 조선의 장기라 할 수 있는 활과 화살의 깃이 풀어져 이를 제대
로 사용할 수도 없는 실정이었던 것이다.

화약병기의 경우에도 전란 직전 군기시에 27,000여 근의 화약과 천자총
통·지자총통·현자총통·황자총통·대승자총통·중승자총통·소승자총
통 등의 다양한 화기를 보유하고 있었지만 전란 발발 직후 백성들의 분소
(焚燒)로 소실되어 버렸다. 그리하여 조선군은 전쟁 초기부터 화기의 부족

을 감수하여야 하였다. 특히 지방에는 비축된 화기도 적었고, 지방관이 적을 만나 본영을 굳게 지키면서 항전한 경우가 적어 있던 화기도 제대로 활용되지도 못했다.

임진왜란 초기 전투인 충주 탄금대전투의 상황을 토대로 육전에서의 조일 양국의 전술을 살펴보도록 하겠다. 당시 조선군의 주장인 신립은 원래 야전(野戰)의 명수였다. 함경도 북방에서 여진족인 니탕개와 싸울 때 야전에서 기병으로 적을 몰아붙여 승리를 거두고 영웅이 되었다. 신립은 기병을 이용한 근접전이 효과를 본 여진족과의 전투 경험을 바탕으로 왜군과의 전투에서도 기병을 이용한 근접전이 승산이 있다고 판단, 기병을 이용한 근접전이 용이한 평야지역을 전투장소로 선택하였다. 또한 병사들의 투지를 유발하기 위해서 남한강과 탈천이 합류하는 지점인 탄금대의 저습지대에 배수진을 쳤다. 그러나 주변이 온통 논과 습지인 저습지대였고, 게다가 전투일인 4월 28일은 하루 종일 비가 내려 기병들이 말을 타고 기동하기에는 최악의 상황이었다. 특히 보병도 기동이 어려운 지형이었으니 기마전술을 구사하려던 신립의 의도는 빗나갔던 것이다.

반면 일본군은 여진족과는 다른 전술을 구사하였는데 일본군과의 전투는 칼과 창으로 싸우는 1:1의 백병전이 아니었다. 당시 일본군은 조총을 이용한 보병전술을 구사하였는데 일본군이 지닌 조총은 원거리에서도 아군을 적절히 살상할 수 있었고, 이를 보병전술로 적극적으로 활용하였기 때문에 근접전을 시도했던 신립군은 오히려 불리한 상황이었던 것이다. 특히 일본군은 조총 사수들을 한 줄로 늘어 세웠다가 멀리서 달려오는 적에게 동시에 조총을 사격하는 '일제사격 전술(volley fire tactics)'을 사용하였는데 한꺼번에 돌격해오는 적군을 저지하기에는 매우 효과적인 방법이었다.

애초에 신립이 의도했던 기마전술의 특성은 기마의 빠른 발을 이용한 충격력과 속도에 있었으나 질퍽해진 저습지에서 기마병은 빠른 속도를 낼수 없었고, 적당한 속도로 말을 타고 돌진하는 조선의 기병은 일본군 조총

수의 표적이 되기에 적합하였다. 또 일본군은 조선군의 기마대의 공격을
저지하기 위하여 목책에 날카로운 창을 달아서 방어선 전방에 배치하는
등 조선군의 기마전술에 대비하기 위한 준비도 완벽했다. 뿐만 아니라 조
선의 기마 부대가 공격해 올 때 최초에는 일부러 중앙을 약하게 배치하여
조선군을 중앙 깊숙하게 끌어들였다가 차후에 후속 부대까지 깊숙하게 공
격해 올 때 조총 사격 등으로 역습하여 기마 부대에게 치명적인 손실을
입힌다는 것이다. 또한, 조총수를 운용함에 있어서도 조총의 장전 시간이
길기 때문에 이를 보완하기 위하여 조총수를 세 개의 부대로 나눠서 연속
적으로 사격할 수 있게 하는 삼단 사격전술을 사용했다는 것이다.

결국 신립이 이끄는 조선군은 패하였고 일본군은 사기가 올라 승세를
타게 되었으며, 이로써 채 한 달이 안 된 상황에서 서울까지 점령하기에
이르렀던 것이다. 육전에서 조선군이 일본군의 전술에 연패를 거듭하고
있는 동안에 해상에서는 전혀 다른 양상이 벌어지게 된다. 이순신이 이끄
는 조선 수군은 일본 수군에 대해 연승을 거두었던 것이다.

1592년 7월 8일, 이순신은 거제도의 목동인 김천손(金千孫)한테서 '적
선 70여 척이 오늘 하오 2시쯤 영등포 앞바다로부터 거제와 고성의 경계
인 견내량에 이르러 머무르고 있다.'는 정보를 입수하고 출전했다. 견내량
의 바깥 바다에 이르렀을 때 일본 수군의 척후선 2척이 이순신 함대를 발
견하고 본대로 도주하자 이를 추격하며 견내량의 일본군 상황을 살폈다.
그 결과 일본군 와키자카 야스하루[脇坂安治]의 함대 73척이 견내량에 정
박중이라는 것을 알게 되었다.

이에 이순신은 "견내량 지형이 매우 좁고, 또 암초가 많아 판옥선이 서
로 부딪치게 될 것 같아서 싸움하기가 곤란할 뿐 아니라, 적은 만약 형세
가 불리하게 되면 기슭을 타고 육지로 올라갈 것이므로 한산도 바다 한가
운데로 끌어내어 모조리 잡아버릴 계획"을 세웠다. 이후 이순신은 판옥선
5·6척으로 왜군을 공격하여 총공격하는 것으로 보이게 하여 적을 한산도
앞바다로 유인하는 작전을 펼쳤다. 이 유인작전에 넘어간 일본 수군은 돛

을 올리고 조총을 쏘며 쫓아왔다.

이에 조선 수군은 퇴각하는 것처럼 바깥 바다로 나온 후 이순신은 후퇴하는 속도를 조절하여 적선이 일렬로 서도록 유인한 후 급선회의 명령을 내려 마치 학의 날개와 같이 전개하여 전선을 좌우에서 포위하는 학익진을 펴서 적선을 포위 공격하였다. 이러한 학익진의 전법은 후에 프랑스의 나폴레옹이 트라팔가 해전에서 사용했던 전법이나 일본의 도고 헤이하치로[東鄕平八郞] 제독이 대한해협에서 러시아의 발틱 함대를 격파한 전법과 매우 유사한 전술이다. 이 전술에 대해 서구의 전쟁사가 발라드(G.A. Ballard)는 고도로 훈련된 정예함대만이 펼칠 수 있는 것으로 그 기동성은 놀라운 것이었다고 극찬하기도 했다.

이후 조선 수군은 먼저 거북선으로 적진에 돌입하여 공격하고, 모든 전선이 각종 대형 화포와 화전을 발사하여 일본 수군을 궤멸시켰다. 이 전투에서 조선 수군은 와키자카의 휘하 전선 47척을 격파하였고 12척은 나포하였으며 많은 일본군이 참수되거나 익사하였다. 단지 전투 중에 뒤떨어졌던 일본 대선 1척과 중선 7척 소선 6척 등 14척만이 안골포 및 김해 등지로 도주하였다. 이로써 해전은 조선 수군의 대승리로서 끝이 났고, 조선 수군은 해상권을 장악하여 전세를 뒤바꿔 놓을 수 있었다.

당시 일본 수군은 예로부터 전해 온 고유의 등선육박전술(登船肉薄戰術, boarding tactics)을 사용하였다. 이 전술은 선박 위에서 칼을 사용해 인명을 살상하는 단병전술(短兵戰術)이었는데 주로 약탈 선박의 선원을 살해하고 물품을 빼앗기 위한 왜구전법에서 기인된 것이라 하겠다. 이후 16세기 중반 조총이 전래되면서 기존의 단병전술 외에 조총을 활용한 사격전술이 추가되었으나 전체적인 전술 변화는 크지 않았던 것이다.

이에 반해 조선 수군은 대형 전함의 전후좌우에 장착된 각종 대형화포를 바탕으로 함포전술을 구사하였고, 전함을 이용한 당파전술(撞破戰術), 화공전술을 구사했던 것이다. 특히 조선군의 화포는 일본군의 조총에 비해 사거리가 월등히 길었기 때문에 접근하지 않은 상태에서도 적을 공격할 수 있었으므로 육전과는 다르게 조선 수군이 절대적인 우위를 점할 수 있었던 것이다. 이렇듯 조선의 대형 화포는 탁월한 성능으로 해전술에 있어서 중요한 요소로 작용하였던 것이다.

한편 조선군은 초기 전투에서의 경험을 토대로 양국 무기체계의 장단점을 인식한 후 이를 적절히 활용하여 싸우게 된다. 고양 주민들이 창경릉 숲 속에서 매복하면서 활로 공격하자 그 후로 일본군이 경계하여 그 숲 속을 멀리 피하고 다시는 산중에 들어가지 못한 예가 있고, 여주목사 원호가 궁시 위주의 전술로 경기도 강원도 일대의 산악지형을 이용한 소부대 작전으로 적의 진출을 견제하는 데 성공한 예가 있다. 또 경주부사 박진이 황산강 부근에 매복하고 있다가 궁시로 일본군을 사살하는 전과를 거두었고, 곽재우의 의병군도 요해처에 매복하고 있다가 궁시를 이용하여 적을 사살하는 전과를 올렸던 것이다.

이렇듯 조선군은 개개의 전투에서 근접사와 병행된 절사법의 운용을 통해서 무기의 열세를 극복하고 지형적인 험지를 이용한 수성전에서 조준 사격의 효과를 최대한으로 발휘해서 승리할 수 있었다. 특히 의병들의 경우에는 열악한 조건 속에서 나름대로 보유한 무기를 이용하여 최대한 효과를 거두었는데 그 이면에는 이러한 궁시를 활용한 전술 운용이 중요한 승인이었다고 하겠다.

제81회 발표, 2007년 12월 7일

조선 백자와 일본

|

윤용이(명지대학교 교수)

Ⅰ. 서언

임진왜란을 '도자기 전쟁'이라고 부르는 데서 짐작할 수 있듯이 당시 조선의 사기장들은 '일본의 가라쓰' 아리타지역 뿐 아니라 아가노, 다카도리, 하기, 사쓰마, 야쓰시로, 쇼다이 등 큐슈(九州)의 여러 곳에서 일본사회가 필요로 하는 사발, 접시, 항아리, 병 등 일상생활용품을 다량으로 생산하여 그들의 식생활을 혁신시켰다. 특히 조선 사기장들은 일본인들이 보물처럼 생각하던 좋은 다완을 많이 만들어 그들의 욕구를 충족시켰다.

일본에 끌려간 조선사기장들은 일본인들의 식생활과 차생활을 바꿔놓았을 뿐 아니라 새롭게 조선 사기장들에 의해 제작된 백자, 색회자기 등을 유럽에 다량으로 수출하여 막대한 부를 축적하게 된다. 이러한 사실을 그들 자신들도 '기적'이라고 부르고 있다.

조선 백자는 15세기에 성립되고, 16세기에 조선적으로 발전된다. 임진왜란 때 일본으로 끌려간 조선 사기장들에 의해 일본자기의 기반이 아리타에서 마련되고 발전된다. 그 후 조선 사기장들이 만든 자기가 일본 나가사키 항을 거쳐 아프리카 희망봉을 돌아 유럽의 암스테르담에 도착하여 유럽 전역으로 퍼진 '도자기의 길'을 찾아 길을 떠난다.

II. 조선 백자의 세계

중국도자는 유구한 역사를 통해 주변 나라에 많은 영향을 주었다. 14세기를 경계로 청자 중심에서 백자 중심의 역사로 변화하였는데 이 변화의 가장 중요한 원인은 1300℃의 고온에 견딜 수 있는 단단한 자토인 '고령토'의 발견과 활용에 있다. 14세기를 기점으로 경덕진에서는 고령토를 사용한 경질의 백자를 생산하기 시작하였고 더 나아가 코발트, 산화동 등의 여러 가지 안료를 사용한 다양한 백자의 제작이 시도된다. 원대의 청화백자와 동화백자에 이어서 명, 청대 이후에는 에나멜로 그림을 그린 채색자기가 주류를 이룬다. 이를 통해 중국 자기의 또 다른 장이 펼쳐졌다. 채색자기의 정교한 표현과 화려한 색채는 이전의 중국 자기와는 확연히 구분되는 것이라 할 수 있다.

우리나라에서도 15세기 이후 중국 명의 영향을 받아 조선 백자가 새로운 중심으로 잘 잡아 나간다. 조선의 정치, 경제에 있어 기본이 되는 정책들이 신진사대부들에 의해 주창되었다. 이들은 조선 사회를 성리학적 이상국가로 만들고자 청렴결백한 사대부상을 제시한다. 황희정승과 같은 관리들이 청백리의 표본으로 추앙받는 등 사회분위기가 조성된다. 왕실 또한 검소하고 청렴한 생활을 추구하게 된다. 한편 목면의 재배로 무명옷이 실생활에 널리 보급되었던 것도 사대부들이 추구하던 이상에 맞는 의복이었기 때문이다. 화려함보다는 실용성을 강조하는 사대부들의 가치관에 들어맞는 것으로 무명옷의 백색의 색감은 사람들에게 청렴결백의 상징으로 다가왔다.

오랜 이민족의 지배에서 벗어나 다시 한족국가인 명나라가 세워지고, 고려 역시 원의 간섭에서 독립하여 조선 왕실을 세우고 문물을 정비해 나갔다. 조선은 사회 전반에 명의 체제를 도입하였다. 이즈음에 중국의 백자와 청화백자도 조선에 유입되었다. 하얗고 눈부시게 빛나는 백자에 푸른색 안료로 아름답게 그려진 매화와 대나무 그림들이 선비의 고결함을 상징하듯 느껴졌을 것이다. 청화백자에 매료된 조선은 스스로 청화백자를 만들려는 시도를 하게 된다. 청화백자를 만들기 위해서는 우선 경질백자를 만들어 내야 했다. 청화백자를 완성하려는 과정 속에서 만들어진 양질의 백자가 왕실의 자기가 되었다.

세종 연간인 15세기 전반 조선의 문화는 집현전의 학자들이 주도하여 이끌어 갔다. 이들은 중국의 고대를 연구하였고, 특히 공자와 맹자가 살았던 춘추전국시대의 사회제도 뿐 아니라 사용되던 그릇의 기형까지도 연구의 대상으로 삼아 부단히 노력하였다. 당시 사대부들의 중국 문화에 대한 관심이 커지면서 명의 백자에 대한 관심이 더욱 높아졌다.

1440년대 들어 경기도 광주 우산리 일대에서 비로소 경질백자가 제작되기 시작한다. 동시에 경상도 고령과 상주에도 백자가마가 설치되었고 남원에서도 백자를 만들었다는 소식이 전해진다. 성현의 〈용재총화〉에는 세종 때의 어기도 정성들여 제작한 백자를 사용했다는 기록이 있다.

왕실을 위한 백자 제기가 처음 만들어졌다. 유교 국가였던 조선에서는 제례를 중요하게 여겨 제기 사용이 많아지자 많은 양의 제기가 필요하였다. 1447년 세종이 문소전, 휘덕전에서 사용되던 은제의 제기를 백자로 바꾸도록 명한 기록이 남아있다.

조선에서 자기의 큰 줄기가 분청자에서 백자로 바뀌었고 백자에 코발트를 시문한 청화백자가 조선왕실과 사대부들의 선망에 오르자 백자에 대한 수요는 증가일로에 있었다. 여기에 명의 무리한 은(銀)조공 압력은 조선 왕실의 그릇을 백자로 바꾸는 계기가 되었다. 조선은 양질의 백자를 제작하기 위해 혼신의 노력을 다했다.

그러나 청화백자를 만드는 일은 결코 쉽지 않았다. 당시 명에서도 청화 안료를 쉽게 구할 수 없었다. 명초기 선덕 연간에는 멀리 아라비아에서 수

마트라를 거쳐 코발트 광석이 수입되었다. 어렵게 구한 코발트 광석을 경덕진요에서 정제하여 청화백자 제작에 사용하였다.

청화 안료를 구하기는 어렵고, 백자에 장식무늬는 그려야 하는 상황에서 궁여지책으로 만들어진 것이 상감백자(象嵌白磁)였다. 회백색의 그릇 표면에 자토를 상감한 백자들이 대체로 15세기 후반에 집중적으로 제작된 것을 알 수 있다.

조선은 스스로 백토를 찾아내어 백자를 만들었지만 코발트의 수급은 원활하지 못했다. 명나라에서도 청화 안료가 유출되지 않도록 엄중하게 관리하였던 것이다.

그러던 중 세조가 왕위에 오르면서 청화백자의 필요성이 다시금 강조되었다 그 당시 만들어졌던 상감백자는 청화 안료로 시문하면 발색이 검게 되어 의도한 푸른 빛깔의 청화백자를 얻을 수 없었다. 청화 안료를 시문할 수 있는 경질 백자를 만들어 양질의 청화백자를 생산해내는 것이 목표가 되었다.

양질의 백토를 찾아 경질 백자를 만드는 것과 조선에서 코발트 안료를 찾아내는 작업이 모색되었다. 〈세종실록〉에는 세조가 전국의 관찰사에게 명을 내려 각지에 청화 안료로 사용될만한 광석이 있는지 보고하라고 했다.

순천과 강진, 밀양에서 청철(青鐵)이라는 안료가 발견되었다고 보고되어 이것을 경기도 광주로 가져 와 청화백자를 만들 수 있는지 시험해 보았다.

세조연간 광주에서는 양질의 백자를 생산하기 위하여 전국의 백토를 조사하고 있었다. 광주 인근 무갑산 자락에서도 수을토라는 양질의 백토가 채취되었다. 이외에도 하동과 산청, 진주 등에서도 백토가 발견되었다. 세조는 이 지역의 백토를 왕실 및 관청의 그릇을 만드는 데만 사용하도록 하였다. 전국을 뒤져 발견해낸 백토는 광주로 보내 양질의 백자를 제작하는데 사용되었다.

조선에서는 중국이 어떠한 방식으로 양질의 청화백자를 제작하는지에 대하여 조사하였다. 당시 명나라에서는 황실용의 자기를 황실에서 지원한 원료와 땔감으로 만들게 하였는데 관요 생산품은 일반 서민이 사용할 수 없도록 엄격하게 금지하였다.

중국 경덕진에 설치된 황실용 자기공장을 어기창(御器廠)이라고 한다. 경덕진 인근 고령산에서 백토를 가져다가 원료로 삼고, 중국 각지에서 뛰어난 실력을 가진 사기장들을 선발하였으며, 황실에서 자기 제작에 필요한 자금을 지원하였다. 어기창에서 생산되는 자기는 모두 황실 및 관청에서만 사용하였고 그 중 일부가 주변국에 선물 등의 명목으로 보내졌다.

명나라 황실자기 제작 상황을 보고받은 조선에서는 중국의 방식을 조선에 적용하였다. 백토 원료는 필요한 만큼 확보해두고, 관요 주변에 있는 산의 나무를 땔감으로 사용하였다.

세조는 1467년 4월 왕의 식사와 대궐 내의 잔치를 담당하는 사옹방(司饔房)이 그릇을 가장 많이 사용하므로 중국의 어기창 체제를 받아들여 관요를 운영하라고 명한다. 그리고 사옹방의 규모를 확대 개편하도록 조치한다. 사옹방을 사옹원(司饔院)으로 확대하고 녹관(祿官)을 임명한다.

관요의 위치도 중국의 경덕진과 같이 물자의 수송이 용이하고 자기를 만들기 위한 자연조건이 뒷받침되는 곳을 선정하였다. 경기도 광주가 한강을 이용하면 한양으로 물자를 전달하기 좋고 원료와 땔감을 공급하기도 편리하므로 사옹원의 분원(分院)인 관영 사기공장의 설치 부지로 적합하다고 결정하였다. 또한 관요인 분원에 번조관(燔造官)을 파견하여 백자생산을 감독하게 하였다.

광주 인근 6개 면(面)에 속한 산의 나무는 분원에서만 땔감으로 사용하도록 허가받았다. 이전에 전국 각지의 자기소로부터 왕실 및 관청용 자기를 공납 받던 체제와 달리 관요체제에서는 전국의 사기장을 조사하여 호적에 올리고 여기에 등재된 1140여명의 사기 장인들을 추운 겨울을 제외한 봄, 여름, 가을의 세 집단으로 나누어 번갈아 가면서 분원에서 일하게 하였다.

장인들은 1년에 3개월 동안 관요에서 자기(瓷器)를 만들었고, 나머지 9개월 동안에는 자신의 원래 일터에서 일할 수 있었다. 이 제도는 사기장들의 입장에서도 긍정적이었다. 어차피 공납해야 하는 신역(身役)을 지고 있는 장인들은 분원에서 일하는 것으로 의무를 대신하였기 때문이다. 계절별로 약 380여 명의 사기장들이 분원에서 일을 하게 되었다.

자기의 원료인 백토를 채취하는 일, 수비하는 일, 땔감을 구해오는 일, 성형하는 일, 자기를 포장하는 일, 운반하는 일 등 분원에서의 업무가 작업과정 별로 세분화되었다. 분원의 합리적인 분업화 역시 명의 어기창으로부터 배워온 것이었다.

광주에 분원이 성공적으로 정착한지 10년쯤 지나자, 분원 주변 10리에 해당하는 지역에서 땔감을 구할 수 없게 되었다. 점점 더 먼 곳까지 가서 나무를 구해 와야 하는 상황에 닥치자 조선왕실은 나무가 무성한 곳을 따라 주기적으로 가마를 이동시켰다. 분원 주변의 나무가 소진되면 다시 나무를 심은 후 다른 지역으로 분원을 이동했는데 10년을 주기로 이동하다 보니 몇 십 년 후에는 나무가 모두 사라진 지역에서도 숲이 울창해져 다시 광주에서 분원을 세울 수 있었다. 현재 광주면을 비롯한 퇴촌면, 초월면, 도척면 등 인근 여섯 개 면에서 발견되는 약300여개 이상의 가마터들은 모두 분원의 주기적인 이동을 말해주는 증거들이다.

1469년 강진현의 청철(靑鐵)을 시험 삼아 백자에 그림을 그려보니 그 중 일부가 청화의 발색과 흡사하여 이를 바친 이들에게 포 오십 필을 주었다는 기록이 있다. 그러나 1470년대 성종 시기에 명나라와의 관계가 호전되어 청료의 수급이 원활해진데다가 더욱이 절강성에서 중국산 청화 안료를 발견하여 청화 안료의 공급이 보다 확대되었다. 조선은 비싼 청화백자를 중국에서 들여오기보다 청화 안료를 직접 수입하여 광주의 분원에서 자체 생산하려 했다.

1470년, 1480년대가 조선 청화백자의 성립기라 할 수 있다. 발색이 뛰

어난 상품(上品)의 코발트는 같은 무게의 금보다 비싸 백자에 그림을 그
릴 때는 한양의 도화서 화원이 분원까지 내려와 번조관의 감독 아래 그림
을 그릴 정도였다.

최상품의 청화 안료는 고가의 귀한 물건이므로 왕실용 백자를 위해서
사용되고, 중품의 청화 안료는 관청 소용의 청화백자에 사용되었다. 당시
조선의 청화백자는 깊고 짙푸른 청화발색이 나는 최상품과 푸른 발색이
덜하고 균일하지 못한 차등품으로 나눌 수 있다. 청화 백자의 수가 많지
않은 것은 청화안료가 여전히 비싼 수입 품목이었기 때문이었다.

때문에 조선 초기에 해당되는 15~16세기의 청화백자는 왕실용 자기를
제작하던 광주 일대의 도마리, 우산리, 무갑리, 번천리 가마에서 만들어졌
다.

양질의 백자는 갑발(匣鉢)에 넣어 만들었다. 원통형의 갑발에 자기를
넣고 뚜껑을 덮어 구워냈다. 양질의 백자를 보호하기 위해 1400℃ 이상의
고온에도 견디는 내화토로 만들어진 갑발을 사용한다. 왕실용 백자는 갑
번을 하므로 광주의 가마터 발굴조사에서 채집된 갑발들은 왕실용 자기가
구워졌다는 중요한 근거가 된다.

16세기에 들어서면서 조선의 유교이념이 더욱 강화된다. 이로 인해 공
맹의 가르침에 따라 이상주의적인 왕도정치를 현실에서 실현하기 위한 노
력이 보다 구체화된다. 그 대표적인 예로 지방 곳곳에 유교정신을 가르치
는 교육기관으로 서원이 설립된다. 또한 서원과 함께 향약(鄕約)이 널리
확산되면서 제사중심의 유교사회가 본격화되어 유교의 덕목들이 생활윤리
로서 구현된다.

퇴계 이황과 율곡 이이는 유학을 구체적으로 실생활에 어떻게 접목시킬
것인지를 모색하였다. 율곡과 퇴계가 주장한 이기일원론과 이기이원론은
중국에서 건너 온 주자학을 조선화하는 과정에서 비롯된 것으로 주자(朱
子)가 제시했던 이념이 현실세계로 확산되는 학문적 진전이라고 볼 수 있
다. 이 점이 퇴계와 율곡이 주자학을 심화시킨 유학자로서 널리 존경받는

이유이다.

유교에서 강조하는 가장 중요한 덕목은 바로 청렴결백이다. 검소하고 청빈한 생활은 유학자들이 숭상하는 삶이었다. 이러한 유교사상의 근저는 조선인들이 즐겨 입던 '무명옷'에서도 발견할 수 있다. 고려 말 전래된 무명옷이 보편화된 시기는 16세기였다. 무명옷의 백색과 빳빳이 풀을 먹였을 때 햇빛에 감도는 옅은 청색 빛깔은 유학자들이 추구하던 검박함에 정서적으로 걸맞아 무명옷은 조선사회에 널리 퍼져 민족의 일상복으로 자리를 잡아 갔다.

바야흐로 조선에 백자의 시대가 도래한 것은 성리학이 정착되고 유교의 덕목들이 생활 속에 뿌리 내리면서 강조된 청렴결백 사상과 깊은 관련이 있다. 흰 바탕위에 코발트로 그림을 그려 넣은 조선의 청화백자는 "그림을 그린다는 것은 먼저 흰 바탕을 만든 후에 그리는 것이다."라는 공자의 가르침을 도자기에 실현한 것이 아닐까 생각된다.

당시의 사대부들은 아름답고 화려한 옷에 현혹되기 보다는 소박하고 흰 무명옷을 낡고 헤질 때까지 빨아서 다시 입는 번거로움을 수고로 여기지 않았다.

이는 청렴결백의 사상과도 일치하며 사물의 외양보다는 그 속에 담긴 본래의 이치를 깨달은 후 에야만 결백하고 순결한 아름다움을 비로소 알 수 있다는 성리학의 이념과 통한다는 생각을 갖고 있었다. 이러한 성향은 백자에도 그대로 반영되어 특별한 장식무늬 없이도 외형과 백자 고유의 빛깔에서 나오는 새하얀 아름다움을 추구한 듯하다.

백자의 백색도 자세히 보면 그 모습이 조금씩 다르다. 눈빛이 감도는 설백색, 약간 푸른 기가 있는 청백색, 우유빛 나는 유백색, 회색빛이 감도는 회백색 등 같은 백색 안에도 이처럼 다양하다. 16세기에는 회백색의 백자가 선호되었는데 이는 당시의 근검생활과도 관련이 있지만 그 당시의 미감을 반영했다고 보여진다.

조선에 유학이 보편화 되면서 청렴결백의 상징인 흰색을 선호하게 된

다. 백자화된 분청자들은 점차 사라져가고 왕실에서 쓰는 백자의 완성도
에는 못 미치지만 각 지방의 고령토로 만든 백자가 속속 등장하여 서민들
의 삶 속에 가깝게 다가온다. 따라서 16세기 백자는 질과 색이 무척 다양
하다. 각 지역에 따라 유약이나 태토의 성격에 따라 다양한 품질의 백자가
제작된 것이다.

경상도 일대의 하동, 산청, 진주, 창원산 백자는 얇고 가벼운 연질백자
의 성격을 지녔다. 이 백자들은 서민들의 생활용 자기로 사용되었으며 일
부는 인근에 있던 왜관(倭館)을 통해서 일본으로 전해졌다. 이들의 찻사발
로 쓰이게 되었으며 이것이 바로 이도다완이다.

조선초기에는 경상남도와 전라남도에 차밭이 많아 여기서 생산된 차를
왕실에 납품하였고 흔히 말차라 불리는 가루차의 전통이 이 지역 사찰을
중심으로 남아 있었다. 가루차는 밥공기나 사발 형태의 그릇에 담기 적합
했다. 이 그릇들이 일본으로 건너가 다완으로 사용되면서 모든 찻사발 중
에서 으뜸의 자리를 차지하였다.

일본은 16세기 전반까지도 대부분 중국 찻사발을 사용하였는데 오늘날
건잔(建盞)이라고 불리는 검은 찻잔이 주를 이루었다. 16세기 후반에는 소
박한 조선다완이 새롭게 일본 차인들의 사랑을 받게 된다. 이는 일본의 다
성이라 일컬어지는 센리큐의 다도이념, 즉 자연으로 돌아가야 마음의 평
정을 얻을 수 있다는 생각이 그 당시 일본사회에 널리 유행하면서 조선다
완이 미감에 들어맞아 사랑받게 된 것이다.

임진왜란이 도자기전쟁(다완전쟁)이었다고 할만큼 일본은 조선의 도자
기에 열광하였고, 조선의 사발은 일본인에게 보물 중의 보물로 여겨졌다.
16세기 이후 오늘날까지 조선의 사발이 일본의 다도(茶道)에 깊은 영향을
끼친 것은 일본인들의 가치관과 관계가 있다.

조선다완은 약간 어리숙하고 모자라 보이지만 누구에게나 정감이 드는
순박함이 있다. 조선사회가 추구했던 성리학의 청빈하고 소박한 미감에서
우리가 발견하는 아름다움을 일본인들도 공감했던 모양이다.

III. 일본 아리타자기

임진왜란 때 왜군의 조선사기장 납치는 큐슈[九州] 사가[佐賀]현의 나베시마[鍋島]영주에 의해서도 감행되었다. 충청도 금강 출신으로 전하는 이삼평(李參平)은 1594~96년경에 일본에 끌려갔다. 그는 하카다[博多] 해안의 가라쓰[唐津]부근에 끌려가 10여 년간 다구가라쓰[多久唐津]계의 생활용 그릇들을 제작했다.

가라쓰 도기는 일상생활용 그릇들로 종류가 다양하고 질박한 것이 특징이다. 대개 물레를 이용해 만드나 큰 것을 만들 때는 조선 특유의 두드리는 방법이 쓰였다.

이삼평은 번주(藩主)의 명으로 가마를 짓고 그릇을 만들기 시작했다. 그러나 조선에서 쓰던 것과 같은 양질의 자토(瓷土)를 구할 수 없었기 때문에 번주의 허가를 얻어 차차 장소를 옮겨 가마를 만들고 제작을 시도했다. 좋은 자토를 찾기 위하여 애쓰던 중 1616년 이삼평이 38세 때에 아리타[有田]의 이즈미 야마[泉山]에서 백자광(白磁鑛)을 발견, 이곳에 텐구타니 가마를 만들었다. 1616년 전후의 일로 일본 백자의 시작이었다.

그가 아리타 자기의 새 역사를 열자, 가라쓰 일대에 흩어져 있던 수많은 조선 사기장들이 모여들었다. 이삼평과 함께 납치되었던 155명의 사기장들과 김해에서 잡혀 온 종전의 미망인 백파선(白婆仙)이 장인 906명을 이끌고 아리타 히에코바로 옮겨왔다. 1631년의 일이었다.

이때부터 아리타는 도향(陶鄕)으로 이름을 떨쳤다. 1590년대의 지도에는 지명도 나와 있지 않던 곳이었으나 1650년대의 지도에는 당당히 아리타[有田]란 지명이 나타날 만큼 유명해졌다. 1637년에는 아리타 내산(內山)에 13개소의 가마가 만들어져 번청(藩廳)의 관할을 받았고 1672년에는 180개소의 가마가 있는 대도향(大陶鄕)으로 번창하기에 이르렀다.

1974년 아리타 교육위원회에서 펴낸 〈아리타 텐구타니 옛 가마 발굴조사 보고서〉 서문은 다음과 같이 되어 있다.

"이 보고서를 제일 먼저 도조(陶祖) 이삼평(李參平) 월창정심거사(月窓
정심居士)의 무덤 앞에 바치고자 합니다. 우리 아리타를 도자업의 본향으
로 번영시켰고, 앞으로 아리타의 발전 터전을 열어줄 도조 이삼평에게 찬
양과 경묘를 바치는 바입니다."

이 글에서 보듯 조선의 사기장 이삼평은 일본의 도조(陶祖)가 된 것이
다. 이삼평은 단순한 사기장이라기보다 도자향(陶瓷鄕) 아리타를 대표하
는 대장(大匠)으로서 이즈미 야마의 백토(白土)채굴, 감독을 겸하고 1655
년 77세로 세상을 떠났다.

최근 이삼평의 후예인 아리타 주민들은 기록에 나타나는 이삼평의 고향
인 충청도 금강을 공주 학봉리로 추정하여 그곳에 감사의 비석을 세운 바
있다. 이삼평의 제2의 고향인 아리타에는 17세기 후반 그를 모시는 도산
신사와 기념비가 마을 언덕 위에 세워져 지나간 역사를 말해주고 있다.

현재 아리타 일대에는 17세기 이후 만들어진 가마터와 작업장 200여개
소가 남아있으며 그 중 텐구타니가마 등 몇 군데는 사적으로 지정되어 도
자 발전과정을 보여주는 자료로 활용되고 있다. 특히 발굴조사 결과 1616
년 일본 최초로 백자를 제작했던 곳으로 밝혀진 텐구타니가마는 언덕 위
에 계단식 칸이 있는 오름가마의 구조로 우리나라 고창 용산리 가마의 계
단식 오름가마를 본받고 있음이 확인되었다.

갑발과 도지미 등의 가마 도구 역시 비슷하였으며 백자사발, 병, 접시와
청화백자의 전접시, 병, 그리고 조선청자 등 발굴된 도자편이 광주의 16세
기 후반 번천리 관음리 가마터에서 나온 백자, 청화백자, 청자 등과 형태,
굽, 번조 수법이 일치하고 있어 주목되었다.

충남 금강 출신으로 전하는 이삼평은 조선시대 사기장으로서 경기도 광
주에 있던 관영사기공장(분원)에서 백자, 청화백자, 청자 등을 제작하다가
임진왜란 때 일본으로 끌려갔다. 백토를 찾지 못해 도기를 제작하던 이삼
평은 아리타 천산에서 백토를 발견, 1616년 이후 텐구타니가마에서 조선
의 것을 닮은 백자, 청화백자, 청자를 제작했다.

차츰 사기장들이 모여들면서 아리타가 일본 자기제작의 중심지가 되자 이삼평은 사기장들을 지휘하는 대장으로서 일본자기 제작의 기반을 쌓았다.

국내용으로는 식생활에 쓰이는 생활자기와 국외용으로는 유럽에 수출할 자기를 제작하는 중심지로서 아리타 자기의 기초를 이루는 역할을 한 것이다. 그의 사후 그를 모시는 도유야마신사와 그 후 기념비가 세워진 것은 이 같은 사실을 말해주는 것이다.

현재 이삼평의 후손은 13대 이삼평(1901~)과 그의 장남인 14대 이삼평(1920~)이 선조의 업을 이어받아 자기제작에 정진하고 있다.

아리타자기는 가까이 있는 이마리항을 통해 일본 전국에 팔려나감으로써 '이마리 자기'라고도 부르고, 원래 아리타에 히젠국이 있었다는 이유로 '히젠자기'라고도 부른다.

아리타 자기는 그 후 이마리계와 가키에몽계 그리고 나베시마계의 자기로 각기 독특한 특색을 지니면서 발전하였다.

이마리 계열의 자기는 아리타 내산을 중심으로 초기에는 간략한 초화문이 그려진 청화백자의 제작을 주로하다 17세기 후반부터는 유약 위에 색이 있는 에나멜로 그림을 그리는 이로에[色繪]자기로 발전하여 아리타 자기의 핵심을 이룬다.

가키에몽 계열의 자기는 17세기 후반, 이로에 자기를 제작하기 시작하여 백자 위에 적, 녹, 청, 홍, 갈색 등으로 다채로우면서도 깔끔하게 시문한 접시, 호, 병, 인물상, 향로 등 여백의 미를 지닌 일본적인 자기 제작으로 그 명성을 드높인다.

나베시마 계열의 자기는 번주의 보호를 받는 관요로서 아리타 외산(外山)에 위치하며, 이로에 자기의 큰 접시, 사발 등을 정제된 형태로 만든 것으로 도쿠가와 막부에 헌상하거나 번주의 성에 사용되었다.

이들 이마리, 가키에몽, 나베시마계 아리타자기는 1616년 이래 오늘에 이르기까지 일본자기의 핵심으로서 그 명성을 드높이고 있으나 그 기반이 조선사기장들의 힘임을 아는 한국인들은 많지 않다. 아리타 외산의 한 구릉에서 찾은 800여 명의 조선 무명 사기장들을 기리는 비(碑)들에서 지금의 아리타 자기가 있기까지 애써온 조선사기장들의 발자취를 보는 것 같아 숙연함을 금할 수 없었다.

IV. 도자기의 길

15세기 후반 신대륙을 알게된 유럽인들은 동양진출에도 활기를 띠었다. 16세기 전반 포루투칼은 인도와 중국으로 진출하여 향료, 비단과 함께 중국 도자기를 유럽으로 가져갔다. 1543년 포루투칼은 일본에 내항하여 일본에서 중국의 비단이 잘 팔리는 것을 보고 중국의 비단을 일본으로 운반하여 은과 교환해서 막대한 이익을 올렸다. 포루투칼은 1557년경에는 마카오를 점유하게 되고 이후 100여년에 걸쳐 중국무역을 독점하게 된다.

스페인은 1570년 필리핀제도를 점령하고 마닐라를 동양무역의 근거지로 건설했다. 마닐라에서 온 중국 상인과의 무역을 중심으로 중국산 비단과 도자기 등이 유럽으로 운반되었다. 특히 1570년 나가사키가 개항되자 마카오와 일본 간의 무역이 안정된다.

이 당시 중국자기의 주류는 용천요의 청자에서 경덕진요의 청화백자로 바뀌었기 때문에 포루투칼도 청화백자를 교역품으로 운반한다. 유럽에는 없는 희고 견고하며 문양이 시문된 청화백자는 매력의 대상이었다.

1588년 스페인의 무적함대가 영국에게 격파당한 후 유럽의 동양진출은 영국과 네덜란드에 의해 주도되었다. 네덜란드는 1602년 동인도회사를 설립하고 1609년에는 나가사키, 히라도에 상관을 개설하고 1613년 일본과의 교역을 시작했다.

네덜란드 동인도회사는 처음부터 중국도자기에 큰 관심을 갖고 중국과의 자기무역을 왕성하게 한다. 네덜란드인들이 중국 경덕진에서 제작된 청화백자의 대호, 대반, 병 등을 유럽 왕실과 귀족사회에 소개하자 유럽의 상류사회는 처음 보는 신비스럽고 귀중한 자기에 큰 관심과 애호를 나타내었다.

현재 중국을 영어로 차이나라고도 부르는 것도 자기가 오는 나라로서 China=자기를 뜻하게 되었다. 네덜란드를 포함하여 독일, 프랑스, 영국 등의 유럽의 궁정에서 자기수요가 늘어나자 중국의 도자기 수출은 활발해졌다.

그러나 1644년 만주족이 세운 청나라가 등장하면서 광주항등 제 항구가 폐쇄된 데다 중국 자기 제작의 중심지인 경덕진마저 1650~80년에 있었던 우산퀴의 반란으로 대부분 파괴되어 자기수출이 어려워졌다.

이 무렵 일본에서는 조선사기장들에 의한 아리타지방의 백자생산이 본격화되어 양질의 청화백자, 색회자기가 쏟아져 나오고 있었다.

아리타자기가 번의 재원으로 상품화되어 해외무역으로 급속한 발전을 가져온 것은 1650년대이다. 나가사키에 네덜란드 동인도회사의 상관이 설립되었으며 아리타의 번주는 도자기 제작기술의 비밀을 보호하기 위해 상인이 아리타지역에 들어가는 것을 금지하여 이마리항을 통하여 수출하였다.

1650년 자기 145개와 일상생활 용기를 수출하기 시작하여 1659년 5만 6천7백 개의 아리타자기를 아라비아로부터 주문받고 아리타 자기의 수출을 본격화하였다.

1653년 제주도에 표류하여 15년간 조선에 머물다 고국 네덜란드로 돌아간 헨드릭 하멜의 ≪하멜 표류기≫에는 당시 네덜란드와 일본의 활발한 교역정황을 설명해주고 있다. 아리타자기는 동남아시아를 시작으로 서남아시아 그리고 멀리 유럽지역에까지 널리 수출되었다.

네덜란드의 Den Haag 문서관장의 기록에 의하면 당시의 교역내용을 알 수 있게 한다. 기록에는 1658년부터 1682년간의 아리타자기의 연간 주문량은 평균 4~5만개에 이르고 있다.

네덜란드 동인도회사에 의한 무역의 전성기는 17세기 후반인 1658년부터이며 25년간 유럽에 수출된 아리타자기는 약 19만점 이상으로 전해지고 있다. 1759년 이후는 대량주문에 의한 수출은 쇠퇴기에 접어든다. 이것은 18세기 후반에 들어서면 중국의 청대자기가 대량으로 생산되어 팔리게 되면서부터였다.

17세기 후반부터 18세기 후반의 약 100년간 유럽에 수출되어 아리타자기의 명성을 높였을 뿐 아니라 일본자기가 세계적인 도자기로 발전하는 계기가 된 것은 조선사기장들의 기술과 땀의 결과였다.

아리타자기의 유럽수출이 유럽의 도자기에 끼친 영향은 매우 크다. 그 결과로서 아리타 양식의 모방, 가키에몽 양식의 모방자기와 변형된 자기가 네덜란드의 델프트, 독일의 마이센, 영국의 바우, 우스터, 프랑스의 샹티이, 메르시 요장 등에서 다량 생산되어 유럽 각지에서 유행했다.

네덜란드의 수도 암스테르담에 도착한 일본자기들은 유럽 각국의 궁정, 교회, 부호들에게 날개 돋친 듯 팔려나가 막대한 부를 축적하는 계기가 되었다.

현재도 네덜란드 국립 박물관, 영국의 대영 박물관, 빅토리아 앨버트 박물관, 프랑스의 기메 박물관을 비롯한 유럽 여러 나라의 왕실과 옛 성에는 당시의 도자기 수만점이 남아있다.

아리타자기의 유럽진출은 유럽인들을 자극하여 1709년 독일인 뵈트거가 드레스덴에서 백토를 찾아냈고 다음 해 마이센에서 자기공장을 세웠다. 그 후 영국과 프랑스에서도 자기제작에 성공했으나 기술이나 품질 면에서 아리타자기와는 경쟁이 되지 못하였다.

유럽도자기는 19세기 산업혁명을 거치면서 동양도자기와 어느 정도 경쟁할 수 있는 수준이 되었다.

V. 결언

한국의 광주 일대에서 백자와 청화백자, 조선청자를 만들던 조선사기장들이 임진왜란을 거치면서 일본 큐슈[九州]로 끌려가 만든 아리타자기, 조선 사기장들에 의한 아리타자기는 일본인들의 식생활을 변혁시키는데 그치지 않고 중국자기에 대신하여 유럽에 수출하여 '도자기의 길(Ceramic Road)'이 만들어지는 배경을 이룬다.

도자기의 길은 네덜란드 상관이 있는 나가사키항에서 시작한다. 당시 네덜란드 상관터는 복원도와 함께 복원되어 나가사키시에 보존되어 있다. 나가사키에서 도자기를 실은 배는 인도네시아의 자카르타를 거쳐 인도의 캘커타, 아프리카 남단의 희망봉을 돌아 네덜란드의 수도인 암스테르담에 도착하여 유럽 각지로 팔려나갔다.

동서양을 잇는 '도자기의 길'은 비록 일본 나가사키에서 시작되나 그 연원은 한국의 광주일대에서 조선 백자를 만들던 사기장으로부터 시작된 것이다.

막대한 부와 나라발전의 초석이 되었던 잊혀진 '도자기의 길'을 찾아 미래의 꿈을 실어본다.

제87회 발표, 2009년 12월 3일

한일관계,
침략과 교류

조선후기 한일관계와 인삼

|

오성(세종대학교 교수)

Ⅰ. 머리말

약재로서의 인삼의 효능은 일찍부터 신약(神藥), 영초(靈草)로 불리울만큼 널리 인정되어 왔다. 또한 '아국특산(我國特産)'이었던 인삼은 금·은·호피와 함께 국가의 금수품으로 지정되어 있었다. 인삼은 매우 진귀하고 구하기 어려운 '기사회생(起死回生)의 귀재(貴材)'로서 오랜 기간동안 대중과는 거리가 멀었다. 국내에서는 어공(御供)이나 소수 지배층 인사들만의 약용으로 이용되고 있었다. 국외적으로도 소량의 인삼만이 중국에 대한 진상품, 혹은 일본이나 교린 제국에 대한 외교적 증품(贈品)으로 주어지고 있었다. 따라서 인삼은 상품이라기보다는 진귀한 약물로 인식되고 있었다. 일반 서민들의 경우에는 인삼의 구입조차 용이한 일이 아니었다.

이러한 인삼은 17세기 이후 국내상업과 국제무역에 있어서 빼놓을 수 없는 주요 품목으로 자리잡게 되었다. 대동법 실시 이후 국내상업계의 변화와 중국과 일본을 잇는 대외중개무역의 번성에 힘입어 인삼의 상품화가 본격적으로 이루어지게 된 것이다. 특히 17세기 중엽부터 일기 시작한 일본으로부터의 인삼 수요의 급증은 인삼의 상업적 가치와 의미를 부각시키는데 결정적인 역할을 하였다. 당시 벌어지고 있던 대청(對淸)·일(日) 중 개무역의 성행 속에서 인삼은 상품으로서의 경제적 비중과 중요도를 더욱 높여 나가게 되었다.

인삼에 대한 대외 수요의 증가와 그에 따른 상품화의 촉진은 인삼 자체 의 가치 증대뿐만 아니라 인삼상인의 활동을 가속화시키는 결과를 낳았 다. 이러한 현상은 국내적으로는 상인자본 내지 상업자본의 축적으로 이 어졌으며 대외적으로는 동아시아 3국의 경제질서와 구조의 재편을 불러오 기도 하였다. 특히 인삼은 조선후기의 한일관계에 있어서 단순한 경제적 인 문제뿐만 아니라 정치, 외교, 문화, 의학 등 다양한 측면에서 새로운 모 습을 낳게 하기도 하였다. 뿐만 아니라 인삼의 수요와 공급에 따라 양국 관계의 진전의 양상이 변화되기도 하였다. 따라서 이 시기 인삼을 둘러싼 한일관계의 여러 양상의 전개에 대한 검토는 당시 한일관계의 기본 구조 와 그 특성을 이해하는데 매우 중요한 관건이 된다 하겠다.

II. 일본의 인삼수요의 증가와 조선의학서

17세기 초·중엽 일본으로부터의 인삼 수요에 대하여 알아보도록 하겠 다. 먼저 17세기 초반 무렵 일본의 인삼 수요는 어느 정도였을까. 기록에 의하면 1609년(광해군 원년) 현소(玄蘇)와 원역(員役) 등이 인삼 13근(斤) 을 구청(求請)하고 있었음이 나타나고 있으며, 1632년(인조 10)에는 인삼 이라는 말은 없으나 어용약재(御用藥材) 38종(種)을 구무(求貿)하고 있는 예가 확인된다. 1638년(인조 16)의 한 기록에는 왜인들이 상품인삼(上品 人蔘)을 구무(求貿)하고 있는 경우가 있어 이 시기에는 그들이 인삼의 품 질에 대해서도 어느 정도의 지식을 갖고 있지 않았나 생각된다. 다만 같은 해의 기록에 '비록 약재가 있다 하더라도 일본의 의술로는 상세히 알지 못 하여 치병(治病)에 불리함이 있어 조선의 양의(良醫)에게 약성(藥性)을 물어야 한다'(『邊例集要』12, 求貿 戊寅(1638년 3월)는 이야기로 짐작해 보면, 약재라든가 의약에 대한 상세한 지식을 갖추기 위해서는 조선측의 도움이 필요했던 형편이었던 것으로 여겨진다. 각종의 약재 허무(許貿)에 대한 요청은 1638년 이후에도 해를 이어 계속 이어지고 있었다.

임란 후 국교가 회복되고 양국 관계가 비교적 안정되면서 인삼을 비롯한 약재에 대한 구득(求得)이라든가 조선의 의술을 배우려는 일본측의 욕구가 강하게 나타나고 있던 것으로 헤아려진다. 하지만 그렇다 하더라도 17세기 초반까지의 일본의 인삼 수요가 실로 대단한 정도였다고 보기는 어려울 것 같다.

그러나 17세기 중엽에 이르면 양상이 사뭇 달라지는 것으로 파악된다. 먼저 에도 바쿠후[江戶幕府]를 비롯한 관의 수요를 보도록 하자. 기록에 따르면, 1642년(仁祖 20) 정치화(鄭致和)가 동래부사로 있을 때에 인삼 등의 물품에 대한 허무(許貿) 요청이 있었고, 1649년(孝宗 즉위년)에는 대마도주(對馬島主)가 극품인삼(極品人蔘) 100근을 구무(求貿)한 경우가 나타나고 있다. 1657년(孝宗 8)에도 대마도주가 상상인삼(上上人蔘) 50근의 구무(求貿)를 요청하였으며 다음해인 1658년에도 인삼을 보내줄 것을 요망하고 있다. 1678년(肅宗 4)에는 대마도주와 에도[江戶]의 제집정(諸執政) 소용(所用)으로 인삼 80근을 구무(求貿)하였음이 확인되고 있다.

17세기 중엽에 이르면 인삼에 대한 요청이 꾸준히 이어지고 있을 뿐만 아니라 양적인 면에서도 17세기 초엽에 비하여 대폭적으로 증가하고 있었음을 살필 수 있다. 왜인(倭人)들이 조선측에 요구하는 것 가운데 인삼통화(人蔘通貨)가 가장 우선적인 것이었다는 이야기라든가 대마도에서 에도[江戶]에 진상(進上)되는 인삼이 궐봉(闕封)되면 태수(太守)의 자리를 유지하기가 어렵다는 말들은 모두가 인삼에 대한 일본측의 높은 요구와 구매욕을 대변하는 것들이라 하겠다.

인삼에 대한 인식이 일본 내에 보편화되어 가면서 민간으로부터의 수요 또한 가히 폭발적인 증가 현상을 보인 것으로 파악된다. 당시 일본에서는

'양의(良醫)가 고치기 어려운 큰 병을 조선 인삼으로써 다스리는 등 많은 사람의 생명을 구하게 되었다'(『일본인삼사(日本人蔘史)』)라는 이야기가 기록될 만큼 인삼은 만병통치의 영약(靈藥)으로 알려지고 있었다. 17세기 후반인 겐로쿠[元祿] 연간이 되면, 에도에서 인삼 붐이 일어나 효녀들이 아버지의 난병을 고치기 위해 인삼을 구하려고 요시하라[吉原]에서 몸을 팔았다는 이야기가 고단[講談]이나 연극의 소재가 되기도 하였다. 또한 인삼 판매일에는 로닌[浪人]들이 인삼좌(人蔘座) 앞을 점령하여 이른 아침부터 모닥불을 피우면서 문 열기를 기다리므로 이웃으로부터 화재가 염려된다는 항의가 끊이지 않았고, 그래서 인삼점을 몇 차례고 이전하지 않으면 안 되는 소동까지 벌이기도 하였다. 또 시골에서는 '인삼과 닮은 풀뿌리를 찾는 무리가 줄을 이어 가짜 인삼이 20~30종류나 나도는데 약이 되기는커녕 생명에 위험이 되는 독초까지도 있어 막부를 대경실색케 하는 일도 있었던 것으로 전해지고 있다.

인삼에 대한 일본의 높은 구매욕에 대해서는 우리나라의 실학자들도 언급할 정도였다. 성호(星湖) 이익(李瀷, 1681~1763)은 "왜인의 풍속에 병이 생기면 반드시 인삼을 쓰고 얻지 못하는 자는 죽으니 무역을 막으면 죽음으로써 다투어 시비가 벌어지기 쉬울 것이므로 부득이 교역을 허락하였다. 인삼을 구하지 못하더라도 반드시 죽지 않을 것을 안다면 저들이 이렇게 다투지는 않을 것이라면서(『성호사설(星湖僿說)』14, 人事門 蔘商), 일본인들이 얼마나 인삼을 귀하게 여기고 있었고 또 구입하려 했는가를 전해주고 있다. 또한 이중환(李重煥, 1690~1756)도 『택리지(擇里志)』에서 일인(日人)들이 인삼을 가장 중하게 여기고 있었음을 말해주고 있다.

이처럼 인삼 수요가 증가하게 되자 일본에서는 인삼이 상당한 고가로 거래되게 되었다. 뿐만 아니라 인삼 매매를 통한 이윤 추구의 움직임도 적지 않았던 것 같다. 1727년(영조 3)의 한 기록(『승정원일기』 영조3년 丁未 5월 25일)을 보면 당시 일본의 습속이 어떠한 병이든 인삼을 쓰게 되면 효험이 있다 하여 값의 고하를 따지지 않고 다투어 매입하려는 까닭에

경시(京市)에서 70양(兩) 정도하는 인삼이 에도에서는 300여양(餘兩)에 팔리고 있던 실정이었다.

그렇다면 이와 같은 일본으로부터의 인삼 수요의 폭증 현상은 어디에 기인된 것이었을까. 이에 대하여 이마무라 도모[今村鞆]는 칸분[寬文, 1661~1672]년간부터 이루어진 의약사상(醫藥思想)의 보급을 주요한 이유로 들고 있다(『인삼사』제3권, 조선총독부 전매국, 1938). 하지만 상세한 사정에 대해서는 언급이 없다. 어떠한 연유에서 이 시기에 의약에 대한 인식이 깊어지게 되었는지가 궁금해진다. 의약에 대한 지식은 의약서의 보급과 밀접한 연관이 있다고 헤아려지지만 17세기 이전의 일본의 의학은 조선인삼에 대해 별반 지식이 있던 것으로 보이지 않는다. 인삼의 전체적인 모습도 분명하게 알고 있지 못할 정도였다. 자연 인삼의 원산지인 조선에서 간행된 의학서의 전파와 보급이 상정된다.

이러한 점에서 본다면 1662년(현종 3) 일본측의 요청에 의하여『동의보감(東醫寶鑑)』과 『의림섭요(醫林攝要)』 각1질이 전해지고 있던 사실이 가볍게 여겨지지 않는다. 상세한 경로는 잘 알 수 없지만 조선 최고의 의학서인『동의보감』이 간행(1613) 된 후 약 반세기에 걸쳐『동의보감』의 성가(聲價)가 일본에까지 전해진 결과로 보여진다. 요컨대 17세기 중엽 일본측으로부터의 조선 의학서 구청은 여러 종류의 약재와 인삼 등을 구입하였지만 이의 처방을 위한 보다 체계적인 의학 서적이 필요했던 사정에서 비롯되었을 것이다. 조선의학서에 대한 요청은 이후에도 계속 이어졌다. 1676년(숙종 2)『동의보감』, 『의림섭요』, 『의학정전(醫學正傳)』 등의 서적들이 왜인의 간구(懇求)에 따라 일본에 전해졌으며, 1690년(숙종 16)에는 에도의 요청에 의해『동의보감』이 일본에 전해지기도 하였다. 18세기에 들어가서도 이러한 현상은 지속되었다.

요컨대 일본 내에 있어서의 의약사상의 보급에는 조선의학서의 영향이 적지 않게 작용했던 것이 아니었을까 한다. 물론 조선의 의학서 이외에 중국의 의서들도 많은 영향을 미쳤을 것이다. 하지만『동의보감』과 같은 조

선의 의서가 에도시대 일본 의가(醫家)들의 필독의 방서(方書)로서 널리
전포(傳布)되었다는 점을 고려한다면 일본 내의 의학의 보급과 조선의서
의 전파는 대단히 밀접한 관계에 있던 것으로 보아 별 무리가 없을 것이
다. 일본에 네덜란드 의학이 보급되는 18세기 말까지 일본 의사들의 필휴
(必携) 서적이 『의방유취(醫方類聚)』, 『동의보감』, 『치종대남(治腫撮南)』
등 조선의학서였다는 이야기 역시 공연히 나온 말은 아닐 것이다. 특히 『
동의보감』은 1723년 일본에서 간행된 복각본 해설문에 '서술이 상세하고
정치해서 꾸밈이 없고, 더욱이 처방이 명료해서 병을 잘 막는다. … 잡다
한 의서를 수 십 년간 배우는 헛된 수고가 이 책으로서 생략된다.'라고 기
술되어 있을 만큼 일본 의학의 보급과 전파에 지대한 영향을 미쳤다.

　일본에서의 의학의 보급에는 조선의학서 이외에 조선인 의사의 직접적
인 치료와 의술 지도 등도 언급되어야 할 것이다. 17세기에는 주로 대마
도에 국한되었지만 1643년(인조 21)부터 1678년(숙종 4)까지 여섯 차례에
걸쳐 조선의사가 대마도에 건너가 주요 인사들의 병을 치료해 주면서 의
료지도를 행하기도 하였다. 또한 부산의 왜관에 거주하는 일본인들의 급
병시(急病時) 조선 의사들이 이를 낫게 해준 경우도 기록에 나타나고 있
다.

　아울러 통신사 사행시 조선의 제1급의 의관들이 수행하였던 만큼 이들
이 사행로 각지에서 일본인 의사와 의술에 관한 문답을 한다든가 직접 병
을 치료해주는 경우도 적지 않았다. 1711년에 행해졌던 기두문(奇斗文)과
기타오 순보[北尾春圃]간의 문답집이 『상한의담(桑韓醫談)』으로 편찬되었
으며, 1719년에는 '양의(良醫)' 권도족(權道足)이 각지에서 많은 의사와 만
났을 뿐만 아니라, 히메지[姬路]에서는 유학자 가와즈미[河澄桃圃]의 아들
이 병중이라는 소식을 듣고 처방을 내려주기도 하였다. 오사카에서도 쓰
키야마[築山龍安]가 의원인 백흥전(白興銓)과 문답하여 이를 『상한창화집
(桑韓唱和集)』3권으로 편찬하였으며, 1764년에는 야마대[山田圖南]와 이좌
국(李佐國)과의 문답집인 『상한필어(桑韓筆語)』등이 편찬되기도 하였다.

지금까지 보아 온 바와 같이 17세기 중엽 이후 약1세기 이상 동안 일본의 의학은 『동의보감』을 비롯한 조선의학서와 조선인 의사의 의술지도와 문답, 처방 및 치료 등에 힘입어 전개되었다 해도 지나친 말이 아니다.[1] 인삼에 대한 인식도 위와 같은 일련의 조선의학서의 수입과 전파에 따라 일본 내에서 점차 보편화되어 간 것으로 이해된다. 앞서 언급하였던 일본으로부터의 인삼 수요의 급증 현상도 매우 자연스럽게 받아들여진다.

Ⅲ. 일본의 인삼수요에 대한 조선의 대응과 왜은(倭銀)

그러면 이상에서 살핀 바와 같은 일본의 높은 인삼 수요에 대하여 조선에서는 어떻게 대응하였을까. 당시 조선 정부가 펴고 있던 인삼정책이 어떠한 모습이었는가를 살펴보도록 하자.

대외 무역 전반에 대한 기왕의 조선 정부의 방침처럼 인삼 역시 자유스러운 여건속에서의 무역은 허용되지 않았다. 합법적으로 행해지는 공무역과 사무역 이외에는 어떠한 인삼무역도 법적으로 금지되어 있었다. 공·사무역이라 하더라도 일정한 거래량이 제시된다거나, 교역시 엄격한 통제와 감시가 뒤따르고 있었다. 이러한 제한 조치는 인삼의 국외로의 무제한적 방출을 방지하려는 의도에서 비롯된 것으로 보인다. 더욱이 인삼은 조선후기의 일정 시기까지는 자연산 산삼(山蔘) 단계에 있었기 때문에 산출이 유한한 물화였다. 따라서 자국 고유의 약용 특산물인 인삼의 대외무역에 대하여 조선 정부가 아무런 제한을 두지 않을 리는 만무한 것이었다.

일본에 대한 인삼 공급 역시 여타 국가에 대해서와 마찬가지로 철저한

---

1 지금도 內閣文庫(국립공문서관)나 宮內廳書陵部, 京都大學圖書館, 大阪府立中之島圖書館 등에는 「朝鮮古版醫書」라 하여 조선의 의학서가 다수 보관되어 있다. 또한 막부나 諸候, 사찰, 이밖에 가문별로 전해지는 조선의서가 상당수 현존하고 있는 것으로 알려지고 있다.

제한과 통제속에서 이루어졌다. 예단삼(禮單蔘)과 신삼(信蔘)이라는 명목
하에 공적으로 지급되는 인삼과(공무역) 예단삼의 조달을 위하여 왜관에
서 엄격한 감시 하에 행해지는 사무역을 통한 인삼, 그밖에 부정기적으로
일본측의 구무(求貿)에 응하여 지급되는 인삼이 합법적으로 공급되는 인
삼의 전부였다. 예단삼은 연(年) 70근이 정액이었으나 일본의 요청에 의하
여 증급되던 단삼(單蔘)까지 합하면 대략 100~200근 정도가 되었다. 신삼
(信蔘)은 통신사행시(通信使行時) 수반되는 인삼으로서 200~300근 정도가
상례였다. 요컨대 극히 제한된 인삼만이 일본에 공급되고 있었던 셈이다.

금삼(禁蔘)에 입각된 정부의 인삼 정책은 공·사무역 이외의 일본측의
공식적 구무(求貿)에 대해서도 예외가 아니었다. 17세기 초·중엽까지는
대체로 허무(許貿)하는 입장이었으나 구무량이 증가되어 가던 17세기 후
반부터는 공급을 제한하는 방향으로 전환되어 갔다. 1687년에는 여러 차
례에 걸친 왜인의 간청에도 불구하고 인삼은 이미 방새(防塞)토록하였다
하여 구무(求貿)를 허락하지 않은 경우도 있었다. 1715년에는 에도가 30
근의 극품인삼(極品人蔘)을 요청하였음에도 받아들이지 않을 정도였다.

하지만 1~200근에 불과한 예단삼이나 부정기적인 통신사의 신삼, 약
700~1500근 정도의 제한된 양의 사무역으로서는 앞에서 본 바와 같은 폭
발적인 일본의 인삼 수요를 감당해 낼 수가 없었다. 이 시기 일본의 인삼
수요는 대체로 년간 수천근에 달하고 있던 것으로 보인다. 합법적인 범위
내에서는 인삼의 수요와 공급이 균형을 이룰 수가 없었다.

이러한 사정들은 일본과의 인삼무역을 통하여 상업적 이익을 추구하려
는 일단의 상인(私商·潛商)들의 등장으로 이어졌다. 막대한 이익이 보장
되는 인삼무역을 앞에 두고 발각시 효수(梟首)되는 위험을 무릅쓰면서('見
利忘死')이들은 인삼 밀무역에 나서고 있었다. 1668년에는 100여명의 조
선 잠상(潛商)이 인삼 대마도에서 밀무역을 하다 적발된 경우도 있었다.
몰래 대마도에까지 가서 밀무역을 한 잠상(潛商)이 이렇게 많았다면 보다
용이한 왜관에서의 잠상무역은 보다 성행하였을 것이다. 나라 인삼의 10

중 8,9가 모두 잠상의 손에 의해 일본으로 건너간다는 말이 있을 정도였다.

사무역이든 밀무역이든 인삼무역의 성행은 일본 경제의 안정에 많은 부정적인 영향을 미쳤다. 대략 연간 50~70만 냥에 달하는 막대한 양의 왜은(倭銀)이 조선에 수입된 것이다. 17세기 말~18세기 초 호조(戶曹)의 1년 예산이 은 10만 냥에 이르지 못하고 있던 사정을 고려한다면 이 무렵 조선이 인삼무역을 통하여 얼마만큼의 이익을 누리고 있었는가가 짐작 간다. 그 반면 일본으로서는 다량의 국은(國銀)이 해외로 유출되는 결과를 안게 되었다. 또한 은 역시 무한정 생산되는 것이 아니었다. 일본으로서도 인삼무역에 의한 은의 유출을 막기 위한 대책을 강구하지 않을 수 없었다.

일본이 생각해 낸 첫 조치는 1686년에 나오게 되었다. 그것은 인삼 수입을 위한 은(銀)의 양을 제한하는 것이었다. 1686년 이전까지는 해외로 유출되는 금과 은에 대한 제한이 없었다. 종래 대략 1,500관(貫, 금으로는 25,000냥, 은1관=3.75kg)정도였던 무역은(貿易銀)을 1686년에 이르러 이전의 2/3 수준인 1,080관으로 제한하게 된 것이다. 그러나 이 조치는 현실적으로 별반 실효성이 없었다. 대마번의 요청에 의해 1700년에 가서는 1686년 이전보다도 더 많은 1,800관으로 증액되게 되었다. 따라서 1,500관→1,080관→1,800관의 과정을 거쳤지만 실제적인 인삼무역에 있어서는 이러한 조치가 거의 지켜지지 않았다. 오히려 그보다 훨씬 많은 양의 은이 조선으로 건너가는 형편이었다. 그 이유는 말할 것도 없이 위의 은의 양으로서는 일본의 인삼 수요를 당해 낼 수가 없었기 때문이다.

은량(銀量)의 제한조치가 효과를 거두지 못하게 되자 일본은 또 다른 방책을 내놓았다. 그것은 은의 품위를 저하시키는 것이었다. 본래 조선과의 무역 결제를 위해 통용되던 왜은은 '경장은(慶長銀)'이었다. 1601년(선조 34, 경장 6)에 처음 주조된 경장은은 순도 80%로서 1695년(숙종 21, 원록 8)까지 거의 100년가량 조선과의 무역에서 통용되었다. 은화 하나의 중량은 225g으로서 대략 1석(石)의 가치에 해당되는 것이었다. 경장은(慶

長銀)이 통용될 때에는 은의 순도에 관한 논란이 없었다. 그러나 1695년 일본이 은의 품위를 64%로 떨어뜨린 '원록은'(元錄銀, 元字銀)을 주조하면서 은의 품위를 놓고 양국간에 문제가 발생하였다. 1698년(숙종 24) '원록은'이 처음 동래에 나왔지만 조선이 이를 받아들일 리가 없었다. 결국 부족분(64%→80%, 2할 5푼)을 증급하겠다는 대마도주의 서계(書契)를 받은 이후 일시 통용되었다.

그러나 일본은 자국 은의 생산량 감소도 원인이 되었겠지만, 1707년(숙종 33)에 가서는 '원록은'보다도 더 품위가 열악한 순도 50%의 '보영은(寶永銀)'을 내놓았다. 이에 조선은 일본의 기만에 분개하여 왜관을 엄중 문책하였다. 인삼무역의 독점을 통하여 막대한 이익을 취하고 있던 대마번으로서는 무역 자체가 중단될지도 모른다는 불안감을 갖게 되었다.[2] 대마번은 결국 막부에 인삼 무역을 위한 '특주은(特鑄銀)'의 주조를 요청하게 되었고, 이에 1710년부터는 교토(京都)의 은좌(銀座)에서 특별히 주조한 순도 80%의 '인삼대왕고은(人蔘代往古銀)'이 인삼 무역의 결제수단으로 사용되게 되었다.[3] 이 시기 일본 국내에서 통용되던 은(銀)은 '보영은'으로서 품위가 20%에 불과한 저순도은화(低純度銀貨)였다. 국내용은 20%의 저질은화였던 반면 조선인삼의 수입결제용은 80%의 고품위 은화였던 것이다. '인삼대왕고은(人蔘代往古銀)'은 전적으로 조선인삼 구입용으로만 쓰여졌다.

---

2 인삼 수입은 대마번이 독점하고 있었으며, 18세기 전반기에는 수입원가의 10배 이상의 가격으로 판매하기도 하였던 것으로 전해지기도 한다. 당시 대마번은 무역품의 구입과 판매를 위해 하카타[博多]와 나가사키[長崎], 오사카[大阪], 교토[京都], 에도[江戶]에 출장소를 두고 있었다.

3 비밀리에 주조된 '人蔘代往古銀'은 일본 국내에서는 통용되지 않았으며, 鑄造 사실을 아는 이는 막부의 최고 간부와 교토 긴자의 일부 사람들뿐이었다.

Ⅳ. 조일(朝日) 양국에서의 인삼재배

번성하던 인삼무역은 1730년대를 전후한 시기부터 쇠퇴의 기미를 보이기 시작하여 18세기 중엽에 가면 거의 단절 상태에 이르게 되었다. 그것은 무엇보다도 자연산이었던 조선인삼의 고갈에 큰 원인이 있었다. 약100년동안 평안도 강계지방과 관동, 영남 등지에서 다량으로 채취되던 인삼이 이 시기에 들어 거의 사라져 버리게 된 것이다. 도한 왜은(倭銀)의 감소에 따른 잦은 품위변개(品位變改)와 그에 따른 취련상(吹鍊上)의 번거로움도 인삼 무역의 부진 요인으로 작용하였다.

대일 인삼무역이 쇠퇴하게 된 데에는 일본내의 사정에도 까닭이 있었다. 품질은 조선인삼에 비할 수가 없지만 쿄회[享保, 1716~1736]년간부터 청국의 인삼이 일본에 수입되기 시작하였고, 엔쿄[延享, 1744~1747]년간에 가서는 아메리카인삼까지 수입되기 시작하였다.4 더욱이 메이와[明和, 1764~1774]대에 이르면 바쿠후[幕府] 관영(官營)의 어종인삼(御種人蔘)이 다량으로 염가 판매되기 시작하였던 것이다.

자연산 인삼이 절종(絶種)되면서 인삼을 매개로 하였던 조선과 일본간의 긴밀한 관계도 새로운 전기를 맞게 되었다. 조선은 조선대로 일본은 일본대로 각기 다른 의도와 목적을 가지고 인삼의 인공재배에 나서게 되었다. 인삼이 재배되면서 예전의 한일관계에도 적지 않은 변화가 나타나게 되었다.

1. 조선에서의 인삼재배

먼저 조선에서의 인삼재배에 대하여 알아보자. 우리나라에서 인삼이 언

---

4 미국인삼의 산지는 주로 위스콘신, 아이오와, 미네소타, 워싱턴, 미시간, 오레곤주 등지였다.

제부터 인공적으로 재배되기 시작하였는가에 대해서는 명확하게 단정짓기가 어렵다. 어떠한 동기와 방법에 의해 재배가 이루어졌는가에 대해서도 마찬가지 형편이다. 인삼의 인공 재배 시기는 홍삼으로 가공되는 단계 같으면 분명하겠지만 적어도 가삼(家蔘)내지 그와 유사하다고 여겨지는 인삼이 등장하는 시기로 보는 것이 타당할 것이다. 그런데『비변사등록』숙종 33년(1707) 5월 기사를 보면 송도상인 김창규가 사행시(使行時) 홍삼을 지니고 북경에 들어가려다 산해관(山海關)에서 적발되었다는 이야기가 나타나고 있다. 홍삼이라는 존재에 주의가 끌리지만 김창규가 소지하였던 홍삼은 동삼(東蔘), 즉 만주산 관동인삼(關東人蔘)을 증제(蒸製)한 것이었다. 조선에서 인삼이 재배되었다는 근거로 삼기에는 문제가 따른다. 다만 홍삼이 언급되고 있는 것으로 미루어 강희 년간(1662~1722)에 자제(煮製)에서 증제(蒸製) 단계로 변화된 인삼 가공 기술이 조선에도 유입, 전파되었을 가능성은 엿볼 수 있을 것 같다.

그런데『승정원일기』숙종 36년(1710)11월28일 기사를 보면 영남인 가운데 종삼(種蔘)을 업(業)으로 하는 사람이 많았는데 관가(官家)의 침책(侵責)으로 말미암아 종삼자(種蔘者)가 점차 줄어들고 있다는 이야기가 기술되어있다. 영남은 본래 나삼(羅蔘)이라는 품질이 뛰어난 인삼을 진상토록 되어 있는 지방이었다. 따라서 나삼이 점차 절종(絶種)되어가자 영남의 주민들이 종삼(種蔘)을 통하여 인삼을 재배하게 되었던 것이 아닌가 헤아려진다. 물론 '폐다이소(弊多利少)'하여 종삼을 전폐(專廢)하고 있다는 말이 보이지만 인삼의 재배는 이전부터 진행되어 온 것으로 볼 수 있을 것이다.

더욱이 위의 영남의 종삼 기록은 1710년(숙종 36)의 사정으로서 앞서의 송상(松商) 김창규(金昌奎)의 '홍삼현착사건(紅蔘現捉事件, 1707, 숙종 33)'과 불과 3년이라는 시간적 간격 밖에 보이고 있지 않다. 그렇다면 적어도 18세기 초에 와서는 대규모는 아닐지라도 영남을 비롯한 일부 지방에서 인삼의 인공 재배가 행해지고 있었으며 홍삼에 대한 지식도 어느 정도는 인지하고 있지 않았을까 한다.

하지만 인삼 재배가 계속해서 이루어지고, 또 타 지방에까지 전하여졌는지는 확언하기 어렵다. 조삼(造蔘)이나 교부삼(膠付蔘) 같은 부정인삼에 대한 기록들은 이후 시기에도 적지 않게 나타나고 있지만, 재배삼의 존재를 보여주는 분명한 단서가 현재로서는 별로 찾아지지 않는다. 아마도 인삼 재배의 사실이 알려졌을 때 예상되는 관부(官府)의 침학이라든가 과다한 세징(稅徵), 산삼과 비교하였을 때의 품질의 열성(劣性), 혹은 가공 기술의 미흡이라든가 재배삼 매매시의 수지(收支)의 불균형 등이 원인이 되어 인삼 재배가 정체되지 않았나 추측된다.

그러나 18세기 중엽을 거치면서 인삼 재배는 보다 큰 폭으로 유행하게 되었다. 어쩔 수 없는 산삼의 절종 현상과, 왜은의 수입 감소, 국내 은화(銀貨)의 부족에 말미암은 부연팔포(赴燕八包)의 충은상(充銀上)의 어려움 등이 가삼(家蔘)을 적극적으로 재배하게 된 배경으로 작용하였던 것 같다.

1790년(정조 14)의 한 기록을 보면 영남지방에서는 산삼이 귀해짐에 따라 이미 가삼이 성풍(成風)을 이루고 있다는 이야기가 확인된다. 뿐만 아니라 이 시기에 오면 가삼의 재배는 나라에서도 적극 권장하는 사항이 되었던 것 같다. 1791년(정조 15) 2월 18일의 좌의정 채제공(蔡濟恭)의 계(啓)에 '인삼이 비록 영초(靈草)라 하나 인력으로 배양, 득취(得就)할 수 있는 것인 바, 영남에서는 이미 가삼이 재배되고 있으니 토양이 적합한 강계(江界)에서도 종삼을 업으로 삼도록 권장하여 삼정(蔘政)과 소민(小民) 모두에게 이익이 되게 하자'는 진언이 들어있는 것이다.

이후 1796년(정조 20) 경에는 압록강변 일대 삼장(蔘場)이 조성되게 되었고, 전라, 경상 지방에서도 가삼이 풍성하게 되어 인삼매매가 성행하게 되었다. 이듬해인 1797년의 기록을 보면, '은귀삼천(銀貴蔘賤)'의 현상이 운위될 정도였다. 따라서 이 시기에 이르면 광범한 지역에서 인삼이 재배되고 있었고, 그에 따른 인삼의 상품화도 상당 부분 진전되어 있던 것으로 이해된다.

결국 인삼의 인공재배는 그 시초가 좀 더 거슬러 올라갈 수도 있겠지만, 적어도 18세기 초부터는 영남과 같은 일부 지방에서 행해지기 시작하여 18세기 말엽에 이르면 대량 생산 단계에 접어든 것으로 볼 수 있을 것이다. 확실한 사정은 잘 알 수 없으나, 산삼의 절종 이후 인삼의 상품화를 지속시켜 보려는 인삼상인의 의지와 노력도 재배삼의 대량 생산화에 적지 않은 기여를 하지 않았었나 헤아려진다. 요컨대 우리나라에서의 인삼재배는 민간이 먼저 주도하고 관이 이를 수용하는 '민간주도형'으로 전개되었던 것으로 파악된다. 다만 재배인삼은 19세기 이후 거의 전량 청국으로 수출되었다.

2. 일본에서의 인삼재배

일본에서의 인삼 재배는 조선과 달리 자국은의 대량 유출을 막기 위한 막부의 의지에서 비롯된 '관주도형'이었다. 특히 1716년 제8대 장군으로 취임한 도쿠가와 요시무네[德川吉宗, 1716~1745]는 경제 개혁을 내세우면서 조선인삼의 수입대체를 위한 국산화(일본화)에 힘썼다. 기이[紀伊, 현 和歌山縣]의 도쿠가와[德川] 가(家) 출신이었던 그는 막부의 지휘권을 받자 곧 '쿄호[享保, 1716~1736] 개혁'이라 불리우는 일련의 개혁에 착수하였다. 그의 집권기는 도쿠가와[德川] 바쿠후[幕府] 264년(1603~1867)의 전 기간의 중간 시기에 해당하는 것이었다.

그가 가장 역점을 두어 개혁한 분야는 경제분야였다. 그는 막부의 재정 압박을 극복하고자 지출을 억제하고 사생활의 절약을 강조하였다. 그는 쇼군가의 비용도 대폭 삭감했으며 무사들에 대해서도 상무정신의 부활과 직무상의 청렴을 역설하였다. 또한 그는 모든 사회 계층에 대해 사치 단속령을 수없이 내렸다. 전 국민의 정신재무장을 강조한 셈이었다. 5년마다 행하는 인구조사가 그의 집권 5년 후인 1721년 시작되었고, 1742년에는 막부의 법전 편찬사업이 시작되었다. 1720년에는 한역(漢譯)을 포함한 양서(洋書)의 수입금지를 해제하고(단 기독교와 직접적인 것은 제외) 네덜란 드어와 천문학, 전술 등의 분야에 대한 연구를 권장하였다. 중국산 실크의 수입에 의존하던 양잠, 직조 분야도 자체 생산으로 전환되었다.

조선인삼의 재배는 위와 같은 요시무네의 개혁 프로젝트의 일환이었다. 더욱이 그는 조부였던 도쿠가와 요리노부[德川賴宣]의 영향을 받아 일찍부 터 조선의 의약에 대한 깊은 관심을 가지고 있었다. 도쿠가와 요리노부는 1630~40년대에 걸쳐 이미 인삼을 비롯한 조선의 약재를 구하여 이의 재배 를 시도할 정도였다. 요시무네는 취임 후 10년간 조선 약재의 조사 연구 와 조선인삼의 재배에 힘을 기울였다. 이 작업에는 막부의 의관이었던 하 야시 료키[林良喜], 하야시의 사후에는 같은 의관이었던 고노 쇼앙[河野松 庵], 본초학자(本草學者)인 니와 세이하쿠[丹羽正佰] 등이 참여하였다. 이 들은 『동의보감』 탕액편에 기술되어 있는 다수의 조선 약재와 그 밖의 조 선의 동식물에 대한 방대한 조사를 행하면서 인삼 산뿌리의 구입을 시도 하였다.

인삼의 산뿌리를 입수하는 일은 일본인들에게는 결코 용이한 일이 아니 었다. 또한 설령 구한다 하더라도 이를 에도까지 운반하는 일도 쉬운 것이 아니었다. 운송 후의 재배는 더더욱 어려운 일이었다. 결국 허비장(許裨 將), 이첨지(李僉知) 등으로 등장하는 조선인 관원과 약점(藥店) 등의 협 력을 얻어 고대하던 조선인삼 세 뿌리가 1721년 처음으로 에도에 도착하 게 되었다. 이후 1722년 여섯 뿌리, 1727년에 열한뿌리, 1728년에 여섯 뿌 리가 도착했다. 막부는 이를 어약원(御藥院)5에 이식하여 재배를 시도하였 다. 그러나 이때의 재배는 모두 실패로 끝나고 말았다.

인삼재배는 1733년에 이르러 성공하게 되었다. 도치키현의 이마이치[今

---

5 小石用御藥院은 종래 2,800평에 불과하였으나, 요시무네의 肝질환이 생긴 1717년 4,800평으로 확장되었고, 대마도로부터 조선인삼 생뿌리가 건너온 1721년에는 무 려 49,000평으로 대폭 확대되었다. 이 藥院은 현재 동경대학 이학부의 식물원으로 되어 있다.

市)에서 씨를 뿌려 재배하게 된 것이다. 인삼뿌리가 에도에 도착한 지 12 년만의 일이었다. 이후 '어종인삼(御種人蔘)'이라 칭해진 일본산 조선인삼 이 일본 각지에서 생산되기 시작하였다. 18세기 중엽부터는 인삼이 상품 으로서 일부 시장에 출하되기 시작하였고, 1771년 무렵에 가서는 일본 전 역에 재배 인삼이 보급되게 되었다. 1790년부터는 관영(官營)제도가 완전 폐지되고, 자유제조, 자유판매제가 실시되게 되었다. 각 지방에서도 인삼 을 재배하여 이윤을 취하려는 번(藩)이 등장하게 되었는데 아이즈[會津], 이즈모[出雲], 히고[肥後], 오와리[尾張], 마쓰에[松江] 등지가 대표적이었다. 특히 아이즈의 경우에는 1829년부터 막부의 허가를 얻어 청국에 인삼을 수출하기도 하였다. 조선인삼의 최대 수입국이었던 일본이 이제는 인삼 수출국으로 전환된 것이다.

V. 맺음말

17세기 초반 이후 100년 이상 동안 그토록 번성하던 한일간의 인삼교역 은 18세기 중엽 이후 거의 단절 상태에 들어가게 되었다. 이러한 현상은 단순한 인삼무역의 종막이 아닌 한일간의 관계 종언을 대변해주는 것이기 도 하다. 임란 후 재개된 통신사행 중 제11차 통신사가 1764년 일본에 다 녀온 후 실질적인 통신사행은 없었다. 마지막 통신사행이 1811년에 있었 지만 그것은 에도까지가 아닌 대마도역지통신(對馬島易地通信)이었다.

하지만 대일 인삼무역이 막을 내렸다 하여 조선인삼의 가치와 효능이 사라진 것은 아니었다. 오히려 조선인삼이 귀해지면서 가격은 천정부지로 치솟았다. 1823년부터 1830년까지 일본에 체류하였던 독일인 의사 시볼트 의 말에 따르면 일본에서 조선의 인삼뿌리 한 근을 구입하기 위하여 수백 굴덴을 지불하는 것을 본 적이 있었다고 하였는데 이는 수 십 석에 해당 되는 엄청난 가격이었다.

또한 1916년 무렵 가장 큰 인삼시장이었던 중국에서 거래되었던 각국의 인삼가(人蔘價)를 비교해 보면 고려삼으로 불리웠던 조선인삼의 1근당 평균가격이 150원 내외였던 데 비해 미국인삼은 20원, 만주산 인삼은 8원 내외, 일본인삼은 5원 내외에 불과하였다. 조선인삼과 일본인삼은 가격면에서 무려 30배의 차이가 있었던 것이다.

조선인삼의 효능은 동아시아 시장에서 여전히 그 가치를 인정받고 있었지만 이때의 한일관계는 이미 비극의 무대에 들어선 이후였다. 조선인삼을 통해 얻어지는 대부분의 상업적 이익 역시 미쓰이[三井]를 비롯한 일본의 몫이었다.

제63회 발표, 2002년 11월 27일

참고문헌

今村鞆, 『人蔘史』, 朝鮮總督府 專賣局, 1938.

金斗種, 『韓國醫學史』, 탐구당, 1981.

田代和生, 『近世日朝通交貿易史の硏究』, 창문사, 1981.

李進熙, 『韓國과 日本文化』, 을유문화사, 1982.

柳尙熙 譯, 『시볼트의 朝鮮見聞記』, 박영사, 1987.

吳 星, 『朝鮮後期 商人硏究』, 일조각, 1989.

吳 星, 『韓國近代商業都市硏究』, 국학자료원, 1998.

田代和生, 『江戸時代 朝鮮藥材調査の硏究』, 慶応대학출판부, 1999.

김종원, 『근세동아시아관계사연구』, 혜안, 1999.

吳 星, 『朝鮮後期商業史硏究』, 한국연구원, 2000.

鄭成一, 『朝鮮後期 對日貿易』, 신서원, 2000.

吳 星, 「한말-일제시대 開城의 時邊制」, 『韓國近現代史硏究』21, 2002.

조선 전기의 세계관과 일본인식

|

하우봉(전북대 사학과 교수)

Ⅰ. 머리말

'자아(自我)'와 '타자(他者)'는 이항 대립적인 관계이다. 타자란 문화인류학적인 측면에서 정의한다면, '문화의 공민권(公民權)'을 갖지 못한 존재라고 할 수 있다. 문화영역에서의 '타자'의 사례를 생각해 보면, 서구-비서구, 식민자-피식민자, 근대-전통, 문화-자연, 남성-여성, 백인-흑인, 이성-비합리, 고급문화-저급문화, 보편-특수, 기독교-이방, 회교, 유럽-이슬람 등을 들 수 있다. 그런데 '자아'의 정체성 확립을 위해 때로는 의도적으로 '타자'를 설정하기도 한다. 여기에는 민족·국가 내부의 차원도 있고 대외관계에서의 타자도 있다. 제국주의 시대 유럽 중심적 사고에서 나온 오리엔탈리즘(orientalism)이나 일본에서 단일민족 주의론을 강조하기 위해 재일한국인을 타자화하는 것이 좋은 보기이다.

여기서는 조선 시대의 대외관계와 대외인식에 초점을 맞춰 생각해 보고자 한다.

대외관계에서 타자에 대한 인식은 타자의 내용뿐만 아니라 그것을 바라보는 주체의 세계관·문명관과 같은 주관적 조건이 투사된다. 예컨대 일본관(日本觀)이라면 인식주체의 가치체계와 일본이라는 인식대상의 복합적 산물이며 그것과 함께 국제정세와 같은 상황도 작용한다. 따라서 대외관계에서 타자인식(他者認識)은 자아인식(自我認識)과 표리일체의 관계에 있으며 민족의식의 반사경이라고 할 수 있다.

조선 시대 한국인은 왕조 초기 자아인식의 확립과정에서 타자를 설정하였다. 그것은 화이관(華夷觀)의 수용과 소중화의식(小中華意識)의 확립으로 나타났다. 자신을 명(明)과 함께 '중화(中華)'로 설정한 다음 여진(女眞)·일본·유구(琉球)·동남아시아 제국을 '이적(夷狄)'으로 타자화하였다. 화이(華夷)·내외(內外)를 판별하는 것은 사회·국가생활, 국제관계의 계서적(階序的) 질서 형성의 기본이며 역사인식의 근본적 문제이기도 했다.

화와 이는 선진-후진, 문명-야만 등의 대립적 코드로 구성되어 있다. 그것은 고대·중세·근대의 내셔널리즘 형성기에 공통적으로 나타나는 현상이다. 이 점은 서양 근대의 오리엔탈리즘과 다를 바 없다. 자아와 타자를 화이·내외로 구분하는 의식에는 다분히 자기중심적인 가치관이 자리 잡고 있으며, 자의식의 강화 속에 타자와의 차이성이 강조되고 타자를 소외·배척해 나간다.

이 점에 착안하여 본고에서는 조선전기 한국인의 세계관과 자아인식을 살펴보고 타자화된 대상으로서의 일본에 대한 인식을 생각해 보고자 한다.

II. 조선 전기의 세계관과 자아인식

1. 세계인식으로서의 화이관

조선시대인의 세계인식에서 대표적인 사고방식은 천원지방관(天圓地方

<도표 1> 고대 중국인의 세계인식

중화(中華) : 중원(中原) / 이적(夷狄) : 사해(四海) / 금수(禽獸) : 대황(大荒 四荒)

觀)과 중화주의적 세계관이었다. 양자 모두 중국의 영향을 받은 것이지만 전자는 고대로부터의 전통과도 연결되고 후자는 유교의 수용과 관련이 있다. 조선의 개국과 함께 유교가 지배이념으로 채택되면서 후자의 세계관이 중심개념이 되었다.

조선 초기에 확립된 세계인식의 기본 틀은 주자학적 세계관에 바탕을 둔 화이관이다. 화이관은 고대 중국인의 중화사상(中華思想)에서 출발한 것으로 중국 중심적인 세계관이었다(도표 1 참조). 그들은 문화적 우월의식에 입각하여 한족(漢族)이 살던 지역을 '내(內)', 그 종족 및 문화를 '화(華)'로, 주변민족이 살던 지역을 '외(外)', 그 종족 및 문화를 '이(夷)'로 구분하였다. 처음 문화적 우월관념에서 출발해 종족적·지리적 관념이 결합된 형태로 전개된 중화주의적 화이관에는 이 세 가지 요소가 구비되어 있다. 한대(漢代) 이래 유교가 국교화(國敎化)되면서 화의 기준이 유교문화

의 수용과 발달 여부로 정해졌다. 이때부터 화이관은 유교적 예(禮) 관념
으로 이론화되어 국제질서규범으로 체계화하였다. 즉, 예문화의 우열에 따
른 계서적인 국제관계로서 중국 주변의 국가가 중국에게 조공(朝貢)하고
책봉(冊封)을 받는 이른바 사대조공(事大朝貢) 체제가 확립되었다. 이후
이 체제는 전근대 동아시아에서 국제관계의 일반적인 틀이 되었다. 북방
민족의 침략을 받은 송대(宋代)에는 화이의식이 더욱 강화되어 국제질서
에 도덕적 가치를 부여하였고 중화주의적 성격이 보다 심화되었다. 조선
시대 한국인들이 가졌던 세계관은 이 송대 주자학에 의해 체계화된 화이
관의 영향을 가장 많이 받았다.

그런데 화이관은 문화이념이고 그에 바탕을 둔 사대조공 체제는 국제질
서라고 할 수 있는데 이 양자는 '도(道)'와 '기(器)'의 관계로 밀접한 정합
성을 지니고 있다. 조선 초기의 대외정책은 이와 같은 유교적 세계관에 바
탕하여 '사대교린(事大交隣)'으로 구체화되었다. 명에 대해서는 사대, 여
진·일본·유구 및 동남아시아 국가에 대해서는 교린으로서 평화적인 대
외관계를 보장받고자 하는 외교정책이었다.

2. 자아인식으로서의 소중화의식

새 왕조를 개창한 조선정부로서는 대내외적으로 자아 정체성을 확립하
는 과제가 시급하고도 근본적인 일이었다. 그것은 전근대 동아시아에서
일반적인 현상으로 볼 수 있는 바와 같이 화이·내외의 구분으로 정립되
었다.

조선은 중화주의적 화이관과 사대조공 체제에서는 '이적'으로 분류되지
만 유교문화 면에서는 중국과 대등하거나 버금간다고 자부하면서 스스로
'화'로 자처하였다. 자신의 문화적 정체성을 중심부로 적극 지향하면서 나
아가 동일시한 것이다. 조선은 스스로 '소중화'라고 하여 중화인 명과 일
체화시키는 한편 주변국가인 일본·여진·유구를 타자화해 '이적'으로 간

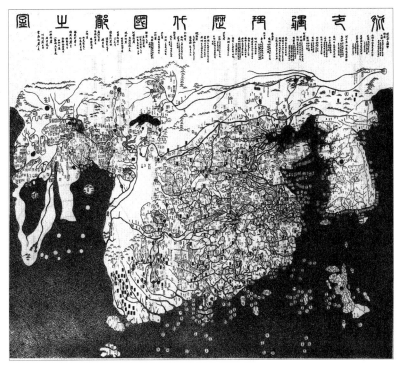

<지도 1> 혼일강리역대국도지도(混一疆理歷代國都之圖) ;
1402년, 일본 龍谷大學 소장

주하였다. 이른바 소중화의식(小中華意識)이다.

이 시기 조선인의 국제 관념과 자아인식을 잘 보여주는 것이 1402년(태
종 2) 제작된 「혼일강리역대국도지도(混一疆理歷代國都之圖)」(지도 1 참
조)이다.

이 지도는 왕조 초기 체제의 정비와 국경의 확정 등에 따른 지도 제작
의 필요성과 함께 건국의 정당성을 내외에 과시하려는 정치적 목적에서
국가적 사업의 일환으로 추진되었다. 제작과정과 방식을 보면, 중국의 세
계지도인 이택민(李澤民)의『성교광피도(聖敎廣被圖)』와 청준(淸濬)의『혼
일강리도(混一疆理圖)』, 일본지도, 조선지도 등 네 종류의 지도를 합성하

여 만든 것이다.

이 지도는 15세기 초반 당시로서는 동서양을 막론하고 가장 뛰어난 세계지도 중의 하나로 평가되고 있다. 이 지도에 나타난 세계의 범위를 보면, 동아시아(중국·조선·일본·유구·동남아시아)뿐만 아니라 서남아시아(인도·아라비아), 나아가서는 유럽과 아프리카를 포괄하고 있다. 이 점 중국의 전통적인 직방세계(職方世界 : 중국과 조공관계에 있는 주변의 나라들로 이루어진 세계를 의미) 중심의 화이도(華夷圖)와는 크게 다르다.

그러나 이 지도의 기본관념이 중화주의적 세계관에서 탈피한 것은 아니다. 지도의 내용을 조금 더 자세히 살펴보면, 중국이 세계의 중심에 위치하고 있으며 조선은 바로 그 오른쪽에 있으면서 면적이 매우 확대되어 묘사되었다. 이것은 조선이 문화적으로 중국에 버금가는 중화국이라는 소중화의식 내지 문화적 자존의식을 표현한 것이라고 볼 수 있다.

이에 비해 일본은 작게 그려졌으며 방향도 잘못되어 있으며, 유구와 동남아제국에 관해서는 편차가 더 심하다. 또 여진족이 살았던 만주지역도 애매하게 처리되어 있다. 요컨대 이 지도에 반영된 세계관은 중국과 조선 양국이 세계의 중심으로서 '화(華)'이고 다른 지역은 '이(夷)'로 자리매김되어 있음을 알 수 있다.

「혼일강리역대국도지도」는 그 후에도 계속 수정·제작되면서 조선전기 세계지도의 주류를 형성하였다. 그런데 이 지도를 보면 당시 사람들이 생각하고 있었던 소중화의식의 모습을 선명하게 확인할 수 있다. 이것을 그림으로 나타내 보면 〈도표 2〉와 같다.

그런데 조선초기의 소중화의식은 동아시아 국제관계를 주도하거나 국제사회에서 모두가 공인하는 국제질서로서는 불충분한 것이었다. 그러나 조선은 자신을 중심으로 하면서 주변의 여진·일본·유구·동남아제국을 주변국으로 삼는 아류국제질서(sub world order)를 도모하였다. 즉 여진과 대마도를 조선의 기미권(羈縻圈) 내에 편입시키면서 조공질서를 지키도록 강제하였다. 이와 같은 소중화의식과 조선을 중심으로 하는 세계관

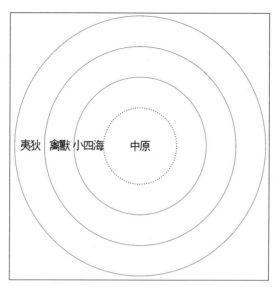

<도표 2> 조선전기의 소중화의식
중화 : 대중화 = 명 / 소중화 = 조선 / 이적 : 여진, 일본, 유구 /
금수 : 동남아 도서, 서역, 유럽, 아프리카

은 대체로 태종·세종대에 확립되었다고 보인다. 세조대에는 주변국을 '사
이(四夷)'로 간주하면서 이러한 의식과 외교의례가 더욱 강조되었다.

1471년(성종 2) 왕명에 의해 저술된 신숙주(申叔舟)의 『해동제국기(海
東諸國紀)』와 1501년(연산군 7)에 성준(成俊)·이극균(李克均)이 저술한
『서북제번기(西北諸蕃記)』는 일종의 '외국열전(外國列傳)'에 해당하는 성
격을 띠고 있다. 즉 '조선중심의 국제질서'라는 구상 속에서 동남방의 해
양국가인 일본·유구와 서북방 만주지역의 여진을 '외이(外夷)'로 파악하
면서 기미교린(羈縻交隣)의 대상으로 자리매김한 것이다.

Ⅲ. 타자로서의 일본

1. 조선의 대일정책과 '교린(交隣)'의 실제

태조의 대일정책의 기본은 남쪽 변경의 평화를 확보하는 것이었다. 건국 초기에 대명관계(對明關係)도 안정되지 않았고, 북쪽 변경의 여진에 대한 경략도 필요했기 때문이다. 그는 왜구대책에서 군사적 대응을 담보로하면서도 회유정책과 외교를 중시하였다. 회유정책은 수직제도(授職制度)와 경제적 위무를 통한 것이었다. 태조의 정책은 정종과 태종에게도 계승되어 태종대에 이르면 왜구(倭寇)는 거의 종식되었다. 조선 초기의 성공적인 왜구대책으로 인해 왜구들은 분해되면서 대부분 평화적인 통교자로 변질되어 갔던 것이다. 군사적 대응을 담보로 하면서도 실질적으로는 회유정책과 외교를 중시한 조선 초기의 대일정책은 매우 세련된 방식으로 왕조 초기 대외관계를 안정시키는 데 성공하였다.

조선 초기 대외정책은 화이관에 바탕을 둔 '사대교린'으로 구체화되었다. 명에 대해서는 사대, 주변국에 대해서는 교린으로써 평화적인 대외관계를 보장받고자 한 것이다. 교린의 외교 의례적 개념은 '적국항례(敵國抗禮)'이다. 즉 필적하는 나라끼리 대등한 외교의례를 나눈다는 뜻이다. 조선 초기 교린의 대상으로는 일본·유구·여진·동남아국가('南蠻')가 있었다. 이 중에서 책봉체제(册封體制)에 편입되어 대등한 외교의례의 대상이 된 것은 일본의 무로마치막부[室町幕府] 쇼군[將軍]과 유구국왕[琉球國王]이었다. 조선정부는 무로마치막부의 쇼군을 '일본국왕'으로 인정하여 대등의례의 대상으로 삼았지만 실제 행례의식(行禮儀式)을 보면 대등 관계라고 볼 수 없는 측면이 많다.

무로마치시대의 일본은 국력이나 문화면에서 조선보다 하위에 있었다고 여겨진다. 무로마치막부는 '교토[京都]에 있는 큰 슈고다이묘[守護大名] 중의 하나'라는 정도의 성격을 띠고 있었고, 문화면에서도 9세기 후반 이래 500여 년간에 걸친 쇄국체제의 영향으로 국풍문화(國風文化)는 발전하였을지 몰라도 전반적으로 낙후된 상태였다.

2. 조선의 일본인식

조선정부는 일본·유구·여진·동남아국가와 교린관계에 있었지만 그 관계를 광의의 '기미교린(羈縻交隣)'으로 인식하였다. 일본에 대해서도 적례국(敵禮國)으로서 대등하다는 인식도 있었지만 화이관에 입각하여 야만시하는 경향이 강하였다. 막부 장군의 사절인 '일본국왕사(日本國王使)'에 대한 조선 측의 접대의식도 결코 대등한 것이 아니었다. 조선정부는 일본국왕사를 항상 조정의 조하의식(朝賀儀式)에 참가시켰으며 세종대까지는 조회할 때 수직인(受職人)인 여진족 추장과 같이 3품 반차에 배열하였다. 유구국왕사도 마찬가지였다. 이것은 '대등의례(敵禮)'가 아니고 '군신(君臣)의 예(禮)'이다.

그밖에 무로마치막부의 왜구 통제력 부족, 무례한 외교자세, 일본국왕사가 사행시 이익을 구하는 태도, 경제적 지원을 청할 때의 저자세 등도 조선의 대일멸시관을 초래한 요소이다.

타자인식의 한 상징은 대상에 대한 호칭이다. 조선 시대 한국인들은 일본을 '왜(倭)'로 표상화 하였다. 공식적인 외교문서에는 '일본'으로 표기했지만, 통상 '왜', '왜국', '왜인'으로 부르는 것이 일반적이었다. '왜'는 문화의 저열성과 야만성을 상징화한 것이다. 전자는 특히 유교문화의 낙후성과 외교의례에 관한 무지와 무례에서 기인한 것이고, 후자는 왜구 및 임진왜란 때 보인 침략성과 잔인성에서 초래된 인식이었다. 일반적으로 조선시대인은 일본에 대해 '왜구의 소굴'이라는 이미지를 지니고 있었고, 지식인들은 화이관에 입각하여 일본이적관(日本夷狄觀)을 가지고 있었다. 이에 더해 조선전기에는 일본을 '소국(小國)'으로 인식하였다. 즉 조선전기의 일본인식에는 '일본이적관' 위에 '일본소국관'도 포함되어 있었다.

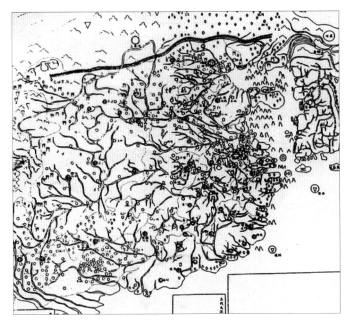

<지도 2> 혼일역대국도강리지도(混一歷代國都彊理地圖)
; 1526~1534년, 인촌기념관 소장

16세기 이후로는 일본이적관과 일본소국관이 더욱 심화되어 가는 양상을 보여 준다. 1402년에 제작된 「혼일강리역대국도지도」에도 일본은 조선에 비해 아주 작은 나라로 표시되어 있지만 16세기 중반 이후에 만들어진 「혼일역대국도강리지도」에는 그 크기가 더욱 작아질 뿐 아니라 작은 원형의 섬에 일본이라는 국호만 표기된 정도이다. 지도에 묘사된 모습은 주체의 관심과 인식의 크기에 비례한다고 볼 때 일본은 조선정부의 관심 대상에서 제외되어 감을 알 수 있다(지도 2 참조). 15세기 중반 대일통신사(對日通信使) 파견이 중지됨에 따라 조선정부에서는 일본의 국내정세에 대한 정보가 부족해졌고, 변방이 안정되면서 대일 무관심의 경향은 더욱 촉진되었다. 중종대 이후로는 조선 초기와 같은 적극적인 정보 수집을 바탕으로 한 능동적인 대일정책 대신 명분론과 고식적인 대응책에 집착하였다.

일본인식에 있어서도 실용성과 문화상대주의적 인식에 근거한 신축적인 이해가 결여되는 반면 일본이적관이 경직화되어 갔을 뿐이다.

15세기 중반 이후 대외관계를 총괄하였던 신숙주는 조선이 처한 지리적 위치가 '사방으로부터 적을 맞이하는 형세(四方受敵之勢)'라고 하면서 국방의 어려움을 지적하는 한편 외교관계의 중요성을 강조하였다. 그런데 주목되는 점은 일본 및 여진정책에 있어서 여진족에 대해서는 군사적 강경책을, 일본에 대해서는 경제적인 회유책을 써야 한다고 주장하여 양자간에 차등을 두었다는 것이다.

IV. 맺음말

조선전기 확립된 소중화의식은 기본적으로 자민족중심주의(ethnocentrism)의 성격을 지니고 있다. 주변 민족을 이적으로 간주한 '타자화'는 주관적인 기준일 뿐이며, 상대방으로부터 동의 받은 것은 아니었다. 조선전기의 자아인식과 타자인식에 상대방 문화의 독자성을 인정하는 문화다원주의(cultural pluralism) 내지 문화상대주의(cultural relativism)적 인식이 들어설 여지는 적었다. 15세기 후반의 '국제인'인 신숙주는 문화상대주의적인 대외인식을 소유하였지만 그것은 예외적인 사례에 지나지 않았다.

한편 화이관에는 타자화만이 아니라 포용의 논리도 내재되어 있었다. 이에 따라 조선정부는 향화인 수용정책을 적극적으로 전개하였다. 조선전기의 향화인정책은 대부분 고려 시대의 정책을 계승한 것이지만 대일관계를 제외하면 상대적으로 더 소극적이었다.

중국 역사를 보면 정치·군사적으로 이민족(異民族)을 제압할 수 없을 때 화와 이의 차별의식이 강조되면서 배타적인 방향으로 작용하였다. 중국이 힘이 있을 때는 이민족에 대해 개방적이며 포용의 논리가 강조된다.

조선의 경우를 대입시켜 보면 전기에 군사력과 정치력이 있을 때 개방적이고 적극적인 향화인 포용정책을 전개하였다. 15세기의 세계인식과 정책은 화이관에 바탕을 두면서도 현실성과 융통성이 있었다. 단적으로 말해 사대와 교린 모두 국가의 안전을 위한 외교수단이었을 뿐이다. 대명관계에서는 상당히 탄력적이었고, 일본과 여진 관계에서도 독자성을 확보하고 있었다. 그런데 16세기에 접어들면서 대외관계와 인식이 소극화되고 경직화하는 변화가 일어났다.

세계지도에서 그 양상을 선명하게 볼 수 있다. 1402년에 제작된 「혼일강리역대국도지도」외에 16세기 중반에 접어들면서 「혼일역대국도강리지도」라 불리는 다른 계열의 세계지도가 제작되었다. 그런데 이 지도에서의 가장 큰 변화는 전자에 비해 아라비아·유럽·아프리카 등이 빠지고, 중국을 중심으로 하는 동아시아 일대, 즉 전통적인 직방세계로 지역적 범위가 축소되었다는 점이다. 동남아시아 해양에 그려졌던 많은 나라들도 사라지고 일본과 유구만이 남았다. 그런데 일본은 더욱 작아져 작은 원형의 섬에 일본이라고 표기된 정도이고, 유구도 마찬가지이다. 거의 무시에 가까울 정도로 관심의 대상에서 제외되었다. 이에 비해 세계지도에서 중국이 차지하는 비중은 더욱 커지고 강조되었다. 이것은 물론 세계인식의 변화를 반영한 것이다. 16세기의 지식인들은 주자성리학적 논리구조 속에서 세계를 파악하였기 때문에 직방세계 이외의 지역에 대해서는 관심을 두지 않았다. 일본·여진·유구와의 관계도 축소되거나 사실상 단절됨에 따라 그들에 대한 정보와 인식도 약화되었고, 이적관과 소국관이 더욱 강화되었다.

조선 시대의 세계인식 및 자아·타자인식은 시대에 따라 변화되는 양상을 보인다.

조선 후기에는 일본에 대한 인식이 바뀌었다. 그 바탕에는 임진왜란을 통한 일본의 무력적 위세의 확인, 여진족의 통일과 청의 건국 및 중원의 통일, 두 차례의 호란(胡亂) 등 그들 스스로의 변화와 그에 수반된 국제정세의 변동이 있다. 이에 따라 명을 중심으로 하는 중화적 사대교린체제가 붕괴되면서 조선의 대청(對淸)·대일(對日) 외교체제의 변동이 이어졌고, 인식에서도 크나큰 변화가 있었다.

양란 후 17세기 전반기 조선의 사상계에서는 극단적인 화이준별론(華夷峻別論)이 강조되면서 외래문화와 민족에 대해 배타적인 인식이 심화되었다. 조선전기의 소중화의식이 '조선중화주의(朝鮮中華主義)'로 더욱 강화되면서 수용대상으로서의 중국[淸], 경쟁대상으로서의 일본, 새로운 문명권인 서양을 모두 대상에서 제외시켜 버렸다. 이것은 주변 국가를 '타자화'하는 것을 넘어서 타자를 제외시켜 버렸다고 할 수 있다. 조선이 중화의 유일한 계승자이자 수호자라는 조선중화주의론은 문화주의적 화이관의 논리를 취하고 있기는 하지만 문화보편주의(cultural universalism)이자 근본주의(fundamentalism)의 성격을 띤 것이었다. 농경민인 중국 한족들의 북방 유목민에 대한 멸시의식을 그대로 수용한 것으로 일종의 인종차별주의에 지나지 않는 일면을 지니고 있다.

조선시대 한국인의 세계인식 및 자아인식으로 제시된 소중화의식과 조선중화주의론은 모두 문화주의적 화이관에 기반을 두고 있다. 그 내용을 보면 중화주의적 화이관의 틀 안에 조선을 대입시킨 것이다. 독자적 천관(天觀)과 세계관에 바탕을 둔 새로운 발상이 아니라고 할 수 있으며 중화주의적 화이관의 아류적 체제(sub system)로서의 성격을 벗어나지 못한다. 그 결과 중화주의적 국제질서가 무너질 때 조선은 능동적 대응과 독자적 진로 설정에 실패하게 되었다.

제75회 발표, 2006년 4월 14일

에도[江戶]시대부터 메이지[明治]시대에 걸쳐 일본에서 사용된 한국어학습서

사이토 아케미(齊藤 明美, 한림대학교 교수)

Ⅰ. 들어가며

『교린수지(交隣須知)』는 에도[江戶]시대부터 메이지[明治]시대에 걸쳐 일본에서 가장 널리 사용된 한국어 학습서이다. 에도시대에는 조선통신사가 수차례 일본(日本)을 방문, 쇄국상태였던 일본에 동양문화(東洋文化)를 전파하였다. 에도바쿠후[江戶幕府]가 조선통신사 일행을 맞이하여 얼마나 환대하였는가는, 조선통신사가 그려진 두루마리 등에서도 충분히 미루어 짐작할 수가 있다. 『교린수지』는 약 200년 동안의 일본어와 한국어를 살펴볼 수 있는 귀중한 언어자료로 여겨지고 있음에도 불구하고, 아직까지 그에 따른 충분한 연구가 되어 왔다고는 할 수 없다. 이는 연구 자료가 완전한 형태로 남아있지 않은 점, 서사(書寫) 연대가 분명치 않은 점 등이 가장 큰 이유라고 할 수 있다. 그러나 오사카 외국어대학의 기시다 후미타카[岸田文隆]에 의해, 러시아 상트페테르부르그 지부에 소장되어 있던 아스톤본(本)『교린수지』卷一과 卷四, 그리고 나가사키대학본 『교린수지』가 발견됨에 따라, 『교린수지』 연구는 큰 진전을 보게 되었다고 할 수 있다.

<사진 1> 에도를 방문한 조선통신사의 모습
(고베시립박물관 소장)

최근에 야스다 아키라[安田章], 사코노 후미노리[迫野虔德], 이경민(李康民), 片茂鎭, 사이토 아케미[齊藤明美] 등의 연구가 가세되어, 『交隣須知 本文 및 索引』(高橋敬一, 不破浩子, 若木太一, 2003), 『交隣須知의 基礎 的硏究』(片茂鎭, 2005), 『交隣須知와 敬語』(崔彰完, 2004), 『交隣須知의 日 本語』(齊藤明美, 2002), 『交隣須知의 系譜와 言語』(齊藤明美, 2001), 『改 訂版 交隣須知의 系譜와言語』(齊藤明美, 2004) 등의 연구서가 출판됨에 따라 일본어와 한국어 각각의 연구진전뿐만 아니라 일본어와 한국어의 대 조연구도 활발하게 이루어질 것으로 전망된다. 이번 발표에서는 에도시대 부터 메이지[明治]시대에 걸쳐 일본에서 사용된 한국어 학습서에 대해, 『교 린수지』를 중심으로 언급하고자 한다. 특별히 새로운 것이라기보다는 이 제까지의 연구 주제 중에서 흥미로운 점 등에 대하여 논하고자 한다.

전 한림대학교 교수인 최영희 교수께서 주신 에도시대의 조선통신사 일 람을 살펴보면 1607년부터 1811년 사이 12회에 걸쳐 일본을 방문했음을 알 수 있으며 실로 총 인명수의 많음에 놀라지 않을 수 없다.

<표 1> 에도시대의 조선통신사일람

回數	西曆	朝鮮	日本	總人數(名)
1	1607	宣祖40	慶長12	467
2	1617	光海君9	元和3	428(78)
3	1624	仁祖2	寬永元	300
4	1636	仁祖14	寬永13	475
5	1643	仁祖21	寬永20	462
6	1655	考宗6	明曆元	488(103)
7	1682	肅宗8	天和2	475(113)
8	1711	肅宗37	正德元	500(129)
9	1719	肅宗45	京保4	479(114)
10	1748	英祖24	寬延元	475(83)
11	1764	英祖40	明和元	472(106)
12	1811	純祖11	文化8	226

* ( )안의 수는 오사카[大坂] 잔류수

일본인이 한국어를 필요로 한 것은 바로 이와 같은 시기였다. 또한 쓰시마[對馬]를 창구로 한 한반도와의 무역에 있어서도 한국어는 필수 불가결한 것이었음에 틀림없다. 더욱이 사쓰마[薩摩]의 나에시로가와[苗代川] 부근에 한반도로부터 표류민이 유입되어 왔을 때 한국어로 대화하여 무사히 돌려보내야 했을 것이다. 이에 일본인은 한국어를 배워야 했으며, 한국어에 대한 학습서가 필요했던 것이다. 한편 쓰시마는 바로 일본의 나가사키[長崎] 현과 한국의 부산 사이에 위치하고 있어 맑은 날에는 부산에서 쓰시마가 보일 정도로 가까운 곳이기도 하다. 이러한 점은 『교린수지』에도 기록되어 있다. 메이지 9년(1876) '日朝修好條約[江華條約]' 체결 후 한국과 일본 무역은 점차 대규모로 발전되어 갔다. 이로 인하여 한국어 학습서를 더욱 필요로 하게 되었고, 메이지 14년판 『교린수지』가 출판되기에 이르렀다.

<사진 2> 쓰시마[對馬]   <사진 3> 아메노모리 호슈[雨森芳洲]

II. 『교린수지(交隣須知)』 저자(著者)에 관한 문제

에도시대부터 메이지시대에 걸쳐 일본에서 가장 널리 사용된 『교린수지』의 저자는 「江戶時代의 國際人」이라 불리는 아메노모리 호슈[雨森芳洲]로 알려져 있다. 이 『교린수지』의 저자에 대하여 그리고 그 문제점에 대하여 기술하고자 한다.

아메노모리 호슈[雨森芳洲, 1668~1755]는 오랜 기간 쓰시마[對馬]에 머물렀으며 또한 한국어에 능통했다고 전해지며, 1711년과 1719년 조선통신사를 맞이했다고 한다. 따라서 그가 썼다고 하는 다음 자료에 의하면 아메노모리 호슈는 35세에 처음 조선에 건너와 36세에 2년간 체류하며 조선어를 학습 『교린수지』 등을 저술하였다고 한다.

雨森東五郎より言葉稽古之者共へ申渡候書付之覺
覺
朝鮮言葉稽古之仕様,某より令指図候様二と被仰付候 `某義三十五歳之
時 `參判使都船主二而朝鮮へ初而罷渡 `彼地之様子令見聞候處 `重而
信使有之候節朝鮮詞不存候而者 `御用可難弁候と心付候付 `罷歸候已
後早速朝鮮言葉功者之衆中二下稽古いたし `翌三十六歳之時 `朝鮮江
罷渡丸年二年令逗留 `交隣須知一册・酉年工夫一册・乙酉雑錄六册・
勸懲故事諺解三册仕立 `其外淑香伝二 `李白瓊伝一册自分二寫之 。
(大韓民國國史編纂委員會藏『詞稽古之者仕立記録』元文元年 1736)

이 자료는 아메노모리 호슈 자신의 저술이라는 점에서 신뢰성이 높다
할 수 있으며, 후쿠시마 구니미치[福島邦道]의 호슈[芳洲] 저자설(著者說)
에 대한 증거뿐만이 아니라 가미가이토 겐이치[上垣外憲一]나 『雨森芳洲
關係資料調查報告書』의 근거도 되어 『교린수지』의 작자는 아메노모리 호
슈라고 확신하는 사람이 많다.

しかしながら `小倉進平氏は `前間恭作氏の説として `芳洲著者說を否
定している 。(後述) …… (中略)……筆者は `芳洲著者說をとるもので `
その証據を示しておきたい 。

(福島邦道1990.p.5)
(韓國語 譯)
그렇지만, 오구라 신페이[小倉進平]氏는 마에마 교사쿠[前間恭作]氏의 說
로서 芳洲著者說을 否定하고 있다. (後述) …… (中略)……筆者는 芳洲
著者說을 받아들이는 사람으로서 그 증거를 제시해 두고 싶다.

○ 芳洲が通譯を志す者に与えた言葉の中で釜山に3年間いた時に『交隣須
知』を自分で「仕立てた」といっている 。

(上垣外憲一, 1989, p.94)
(韓國語 譯)
○ 芳洲가 통역을 지망하는 사람에게 한 이야기 중에서, 釜山에 3년간
있었을 때에 『交隣須知』를 자신이 「만들었다」라고 하였다.

ㅇ　1703, 芳洲 〝學文稽古のため朝鮮へ渡り朝鮮學を學ぶ〟(翌年11月歸
國)この頃芳洲『交隣須知』をまとめる〟

　　　　(滋賀縣敎育委員會編集(1994)『雨森芳洲關係資料調査報告書』)

(韓國語 譯)

ㅇ 1703, 芳洲, 學文稽古를 위해 朝鮮에 건너가 朝鮮學을 공부. (翌年11
月 歸國) 이 즈음하여 芳洲『交隣須知』를 정리하다.

그러나 오구라 신페이[小倉進平]처럼, 아메노모리 호슈는『교린수지』의
저자가 아니라는 사람도 있다. 이에 대한 자료는 다음과 같다.

ㅇ 芳洲先生の朝鮮語に關する著書として最も有名なのは 〝彼の『交隣須知』
であるが 〝こは先生が自ら釜山に赴き 〝同地に京城生れの朝鮮人を聘
し 〝京城語を勉强して出來上つたものだと言はれて居る〟其の後世を益
したことは今更喋々と述べ立てる必要を認めぬ〟

　　　　　　　　　　　　　　　　　　　(小倉進平, 1920, p.136)

(韓國語 譯)

芳洲先生의 朝鮮語에 관한 著書로 가장 有名한 것은 그의『交隣須知』
이다. 이것은 先生이 스스로 釜山에 가서 부산의 京城 태생의 朝鮮人을
초빙하여 京城語를 공부하여 만들어 낸 것이라 말해지고 있다.
후세에 도움을 주었다는 것에 대해서는 새삼스럽게 다시 말할 필요가 없
을 것이다.

ㅇ『交隣須知』の著者に關しては世間では彼の대마(對馬)の藩儒雨森芳洲
であると一般に信ぜられて居るけれども 〝前間恭作氏の如きは,私に与へ
た書簡中に 〝數回に亘り 〝該書が芳洲の自著ではなく 〝대마(對馬)の通
事が編纂したものに芳洲が力を添へたものであると述べておられる〟雨
森家と姻戚に当り 〝朝鮮書誌學に精通せられる同氏の話であるから信憑
せずにはおかれない事實と言へよう〟

　　　　　　　　　　　　　　　　　　　(小倉進平, 1936, p.727)

(韓國語 譯)

『交隣須知』의 著者에 관해서 世間에서는 對馬의 藩儒雨森芳洲라고 일

반적으로 믿고 있지만, 前間恭作氏가 나에게 보낸 書簡에는 數回에 걸쳐, 이 책이 芳洲의 自著가 아니고 對馬의 通事가 編纂한 것에 芳洲가 힘을 보탠 것이라고 쓰여 져 있다. 雨森家와 姻戚이고, 朝鮮書誌學에 精通한 同氏의 이야기이므로 信憑性있는 事實이라고 할 수 있을 것이다.

1931년 11월 6일 마에마 교사쿠[前間恭作]씨가 오구라 신페이[小倉進平]씨에게 보낸 서간(書簡)을 보면 다음과 같다. 이 서간은 누사하라 다타시[幣原擔, 1904]에 대한 마에마 교사쿠씨의 의견으로, 이 부분을 살펴보기로 한다.

  ○ 幣原擔氏의 批評文
絢爛たる 「草梁館記」の名文に当時の朝鮮人を驚かしめし雨森芳洲は(中略) 宝永正德年間半島に往夏して國情を究め意を語學の研究に注ぎ대마(對馬)朝鮮間の交通上最必要にして而も從來闕けたりし日韓對話書を創作せり交隣須知是也彼が朝鮮語に興味を有せしことは其著 「橘窓茶話」中の語以て其一班を推知するに足る18世紀の發端『交隣須知』の編著あるに至りては長に功績を沒すべからざるにも係らず其原本の体裁内容今や人の知る者なく雨森家亦深く秘して人に示さずといへば余輩は兹に評論するの便を得る能はざる也 (p.43)

(韓國語 譯)
絢爛한 「草梁館記」의 名文으로 當時 朝鮮人을 놀라게 한 雨森芳洲는(中略) 寶永正德年間 半島에 往復하여 國情을 연구, 그 뜻을 語學 研究에 힘을 쏟아 對馬와 朝鮮 간의 通交上 가장 필요하며 從來 없었던 日韓對話書를 만들었다. 그것이 바로 『交隣須知』이다. 그가 朝鮮語에 興味를 가졌던 것은 著書인 『橘窓茶話』에서 그 일면을 엿볼 수 있다. 18世紀에 이르러 『交隣須知』를 저술한 것은 불멸의 功績임에도 불구하고 그 원본의 體裁와 內容을 아는 사람이 없고 雨森家 깊숙이 秘藏되어 있어 지금으로서는 이것을 評論할 방도가 없음이 안타까울 따름이다.

○ 前間恭作氏의 書簡

雨森家秘して示さず云々は眞實でなく,私は雨森家と少し緣つゞきで芳洲の遺墨なども私方にありますが ˋ交隣須知の原稿が同家にあるといふことは受けとれません ˚

(小倉進平, 1936, p.740)

(韓國語 譯)

雨森家가 감추고 보이지 않는다 云云은 眞實이 아니고, 나는 雨森家와 조금 친분이 있어 芳洲의 遺墨 등도 내게 있는데『交隣須知』의 原稿가 同家에 있다는 것은 생각할 수 없습니다.

○(三) 交隣須知 (四卷)

本書は德川時代より明治初年にかけて ˋ日本に於ける朝鮮語學習書として最も廣く行はれたものである ˚著者は從來雨森芳洲であるといはれて居るが,實は芳洲の自著ではなく ˋ當時對馬の通事等が編纂したものに,芳洲が力を添へて出來上ったものであるとするのが正しい見方のやうである ˚

(小倉進平, 1964, p.60)

(韓國語 譯)

本書는 德川時代부터 明治初年에 걸쳐, 日本에서 朝鮮語 學習書로서 가장 널리 사용된 것이다. 著者는 從來 雨森芳洲라 말해지고 있는데, 사실은 芳洲의 自著가 아닌, 當時 對馬의 通事 等이 編纂한 것에 芳洲가 힘을 보태어 만들어낸 것이라고 하는 견해가 옳을 것이다.

위에서 살펴본 바와 같이 아메노모리 호슈가 저자인지, 쓰시마에 있는 통사(通事)들의 힘을 빌려『교린수지』를 완성했는지는 확실치 않으나, 아메노모리 호슈가『교린수지』작성에 크게 관여했다는 점은 부정할 수 없는 사실이라 볼 수 있다.

III. 『교린수지(交隣須知)』의 제본(諸本)

이어서 『교린수지』에 대해서 살펴보기로 한다. 〈사진 3〉은 동경외국어 대학 소장, 메이지14년판 1권에서 4권까지 『교린수지』이다.

다음 사진에서 보면 알 수 있듯이 메이지 14年版 『교린수지』 한자 표제 어 밑에 한국어 예문과 일본어 대역(對譯)이 쓰여 져 있다. 아울러 현존하 는 『교린수지』를 살펴보면 『교린수지』는 일반적으로 사본인 고사본계(古 寫本系)와, 증보본계(增補本系), 간본(刊本)으로 분류된다. 하지만 뒤에 논 하겠으나 이 분류 방식에도 문제가 없는 것은 아니다.

『交隣須知』의 諸本
《寫本》
1) 古寫本系
1. 交隣須知(京都大學本) 卷一, 二, 三, 四　苗代川傳本 京都大學所藏
2. 交隣須知(沈壽官本) 卷一의 一部, 卷三(2種-天保本 · 文政本), 卷

〈사진 4〉 메이지 14년판 『교린수지』(동경외국어대학 소장)
http://www.tufs.ac.jp/common/library/guide/shokai/tosho2.htm

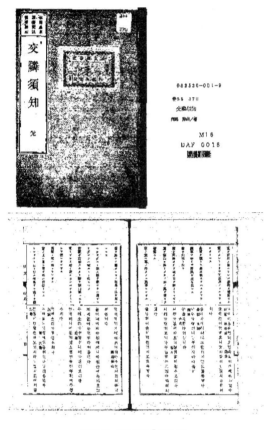

<사진 5> 宝迫版 『交隣須知』

四의 一部, 沈壽官家所藏
3. 交隣須知(아스톤本) 卷一의 一部, 러시아東方學硏究所所藏

2) 增補本系
1. 交隣須知(서울大學校本) 卷二, 三, 四 中村庄次郎傳本 前間恭作模
  寫, 서울大學校中央圖書館所藏
2. 交隣須知(濟州本) 卷二, 三 濟州傳本, 東京大學小倉文庫所藏
3. 交隣須知(中村本) 卷二 中村幸彦氏所藏

<사진 6>

4. 交隣須知(小田本) 卷四 小田幾五郎傳本, 東京大學舊南葵文庫所藏
5. 交隣須知(白水本) 卷一 白水福治傳本, 對馬歷史民俗資料館所藏
6. 交隣須知(아스톤本 a) 卷一, 四 러시아東方學硏究所所藏
　　　　　(아스톤本 b) 卷一의 一部, 卷二의 一部 러시아東方學硏
　　　　　究所所藏
7. 交隣須知(長崎大學本) 卷一, 三, 四 長崎大學武藤文庫藏

《刊本》
1. 交隣須知(明治14年本) 卷一, 二, 三, 四 浦瀨裕校正增補 1881年刊
2. 再刊交隣須知(明治16年本) 卷一, 二, 三, 四 浦瀨裕校正增補 1883
　年刊
3. 交隣須知(寶迫本) 卷一, 二, 三, 四 寶迫繁勝刪正 1883年刊
4. 校訂交隣須知(前間本) 1卷 前間恭作·藤波義貫公訂 1904年刊

〈사진 5〉는, 메이지 16년간, 보박판(宝迫版) 『교린수지』이나 이를 보면 메이지 14년판 『교린수지』와 달리, 표제어 한자가 없음을 알 수 있다. 잘 보이지 않기는 하나 위의 단에 일본어역(日本語譯)이 있고, 아래 단에 한국어 예문이 쓰여 져 있다. 보박판 『교린수지』는 다른 『교린수지』와 비교하여 독특하다고 볼 수 있다.

1. 『교린수지』의 사본류(寫本類)

고사본계(古寫本系) 『교린수지』에 속하는 경도대학본(京都大學本), 침수관본(沈壽官本)[천보본(天保本)과 문정본(文政本)], 아스톤본에 대하여 표제어 배열 및 예문 등을 조사했다. 그 결과, 경도대학본과 천보본과 유사성이 높고, 문정본은 이질적이라는 것이 확실하게 되었다. 또한, 아스톤본은 권1 「천문(天文)」 「시절(時節)」 두 부문(部門) 밖에 남아 있지 않기 때문에 상호관계를 명확하게 할 수는 없었지만, 한국어의 음주(音注)가 가타가나[片仮名]로 표기되어 있어 이후 한국어의 음운(音韻)을 연구하는 데 있어 중요한 자료가 될 수 있다고 사려 된다.

한편, 증보본계(增補本系) 『교린수지』에 속하는 각 자료의 상호관계에 대하여 논하면, 우선, 권1만이 현존하는 백수본(白水本)과 아스톤본(本)에 관하여 조사한 결과, 부문(部門) 배열, 표제어 배열은 두 자료 사이의 유사성이 높으나, 예문(例文)의 내용을 보면 아스톤본은 메이지 14년본과 백수본은 경도대학본과 서로 비슷한 부분이 많다는 것을 알 수 있었다. 아스톤본과 백수본은 같은 증보본계(增補本系)로 분류되어야 하지만, 그 성격에 차이점이 보여서 메이지간본으로 이어지는 것은 아스톤본이라 생각된다. 이는 서울대학본과 제주본(濟州本)의 권2의 표제어 배열, 한국어 본문, 대역 일본어 등에 대해 조사한 결과 이제까지 「대부분 일치한다」고 여겨졌던 두 자료에도 적지 않은 차이가 있다는 것을 알 수 있었다. 한국어 본문보다는 대역(對譯) 일본어에 보다 많은 차이가 나타나는 것을 감안하면, 대역 일본어는 고정된 것이 아니고 학습자의 표기법 등이 어느 정도 반영되어 있다고 생각하는 것이 타당할 것으로 보인다. 또한 권3에 관한 조사 결과는 전체적으로는 세 자료 모두 유사성이 많았으나 표제어의 유무, 배열의 방법에서는 서울대학본과 제주본의 유사성이 높고, 대역 일본어에서는 제주본과 중촌본(中村本)이 유사성이 높다는 것을 확인할 수 있었다.

권4에서는 표제어 배열의 상황으로 볼 때, 서울대학본과 소전본(小田本)은 큰 차이가 있는 부분이 있고, 오히려 소전본과 경도대학본의 유사성이 높다는 사실을 확인할 수 있었다. 그리고 아스톤본은 서울대학본, 소전본, 경도대학본과도 다른 표제어 배열을 하고 있어서 이러한 사실들로 미루어 보아 소전본을 「증보본(增補本)의 조(祖)」라고 하기에는 의문을 남겨 두고 있다.

장기대학본(長崎大學本)『교린수지』의 표제어 한자 배열을 보면, 권1은 아스톤본, 백수본과 모두 차이가 있으며, 권3은 제주본, 중촌본과 유사함을 알 수 있다. 하지만, 권4는 경도대학본과 유사함을 알 수 있고, 대마(對馬)에서 만들어져 계승된 증보본계(增補本系)인 『교린수지』로 나에시로가와[苗代川] 부근에서 전해지고 있는, 고사본계(古寫本系)인 『교린수지』에서는 표제어의 배열에 차이가 있을 뿐만이 아니라 사용되어진 언어에도 차이점이 나타난다. 이는 각각의『교린수지』가 편찬되었을 당시의 목적에 따라 생긴 차이라고 볼 수 있다. 결국 대마번에서 행해진 한국어 학습은 한국을 「교린(交隣)」을 전제로 하여 실시되었고, 주로 한국과의 외교·무역을 위해 필요하였으며, 공적인 장소에서 한국인 「역관(譯官)」이나 「관사(官史)」와의 대화에 중점을 두었으며, 나에시로가와, 사쓰마번[薩摩藩]에 있어서 한국어 학습은 한국인 표류민에 대한 귀국 원조를 목적으로 하였기 때문에,[1] 양자(兩者)에게 사용된 언어의 내용도 그 목적에 따라 차이를

---

1 鶴園裕他 (1997)「江戸時代における日朝漂流民送還をめぐって―『漂民對話』を中心に―」『靑丘學術論集』第11集 韓國文化研究振興財団

보이고 있다고 유추된다.

　이상과 같이 앞에서 기술한 증보본계와, 고사본계의 예를 보면, 증보본계 『교린수지』의 일본어는, 고사본계의 일본어보다 방언이 심하지 않다는 점과 아메노모리 호슈가 대마에 거주했다는 점 등으로 미루어 생각해보면, 역시 아메노모리 호슈가 최초로 작성한 原交隣須知는 증보본계의 자료에 가까운 것으로 증보 부분이 없는 아스톤본의 권1과 같을 것일 가능성이 높다고 할 수도 있다. 혹은 原交隣須知는 보다 더 간단한 것으로 이를 기초로 하여 대마와 묘대천에서, 각각 성장한 것이 현존하는 『교린수지』로 추정할 수도 있다. 최소한 옛 형태가 남아 있다고 하는 경도대학본에 증보란을 덧붙인 것으로 추정하기는 어렵다고 보인다.

2. 『교린수지』의 간본(刊本)

　『교린수지』의 간본에 대하여 살펴보면 첫째로, 메이지 14년본이 남본(藍本)으로 한 것은 어떤 『교린수지』였는가 하는 점으로, 자료를 1본(本)으로 한정하는 것은 곤란하다는 결론을 얻었다. 권1은 아스톤본과 같은 증보본계 『교린수지』의 흐름을 수용하고, 권2, 권3은 복수의 증보본계 사본류(寫本類)를 남본[藍本]으로 한 것으로 생각된다. 단, 권4의 표제어 배열을 살펴본 바에 따르면 서울대학본이나 아스톤본이 아닌, 소전본, 경도대학본(「증보」란은 없으나)에 가까운 것 같다. 또한 메이지 14년본이 간행된 후, 2년이 채 안 되어 메이지 16년본 『교린수지』가 간행되기에 이르는데 그 이유 중의 하나로 메이지 14년본에 인쇄상의 잘못이 많았다는 것을 들 수 있을 것이다. 메이지 16년본(재간본)에는 메이지 14년본에서 붓으로 쓰여져 있던 표제어 한자도 활자(活字)로 조판(組版)되어 있으며 또한 한국어의 정리도 상당히 되어 있는 듯하다.

　아울러 메이지 16년에 출판된 메이지 16년본과 보박본을 대조적으로 비교함으로써 두 자료의 차이를 확인해 보면 주요한 차이점으로 ①메이지

16년본에는 표제어 한자가 있으나 보박본에는 보이지 않는다. ②메이지
16년본에는 보박본에 없는 예문이 200개 정도 있으며, 권으로 보면 권4에
150에 이상이 있고, 권3과 권4에 집중되어 있다고 할 수 있다. ③메이지
16년본에는 없고 보박본에는 있는 예문은 27예로, 이는 권1·2·3·4에
각각 분산되어 있다. ④보박본에서는 메이지 16년本에서 많이 사용되고
있는 원인·이유를 나타내는 접속조사(接續助詞)「ニヨリ」를「カラ」로 바
꿔 쓰고 있는 경우가 많다는 것 등을 알 수 있다.

한편, 메이지 37년본『교린수지』의 새로운 점에 대해 살펴보면 메이지
37년본에 이르러 처음으로 떼어쓰기가 되어 있는 점, 대역(對譯) 일본어도
이제까지의 예와 달리 한자와 히라가나의 혼합문으로 쓰여 져 있는 점이
주목 된다.

龍 늉이 오르니 비 오겟다 (明治 16年本·卷二·水族)
　　龍ガアガッタニヨリ雨ガ降ラウ 。
龍 농이 오르니 비가 오겟다 (明治37年本·魚介)
　　龍が登るから雨が降るだろう 。
(「ニヨリ」→「カラ」といった新しい語彙が用いられている 。)
(推量の助動詞 「だろう」は 、明治 37年本に至って 、初めて用いられ
た 。)

蛤 죠개가 입을 다무럿다 (明治 16年本·卷二·水族)
　　蛤ガ ロ ヲ塞イダ 。
蛤 죠기가 입을 다물엇다 (明治 37年本·魚介)
　　蛤が口をすつかりふさいだ 。
(副詞「すつかり」は 、明治37年本に至って 、初めて見られる 。)

採 키여싸가 무르게 슬머라 (明治16年本·卷四·手運)
　　ホツテキテヤハラカニユデヨ 。
採 키여다가 물으게 슴아라 (明治 37年本·手運)
　　掘って來てやわらかにうでろ 。

(命令形「~ろ」の形は `明治 37年本に至って `初めて用いられた°)

앞에서 기술한 『교린수지』제본(諸本)을 이계렬(二系列)로 분류하면 다음과 같다.

〈配列에 따른 『交隣須知』의 系列〉

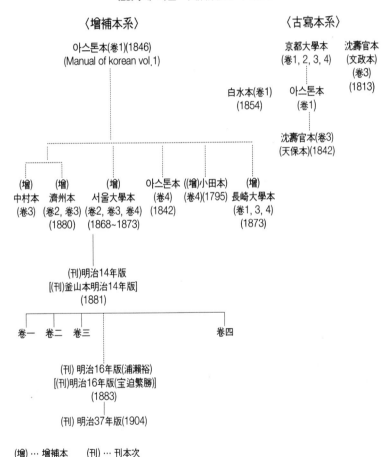

(增) … 增補本   (刊) … 刊本次

다음은 비교적 새로 출간된 『교린수지』 연구서이다.

IV. 사쿠라이 요시유키[櫻井義之]가 소개한 한국어학습서

메이지시대에는 『교린수지』 외에도 많은 한국어교재가 있었으며, 사쿠라이 요시우키[櫻井義之](1974a)(1974b)는 메이지시대(1868~1912)의 한국어학습서로 다음과 같은 교재를 소개하고 있다.

〈표 1〉 明治期の韓國語學習書(1974a)　〈표 2〉 明治期の韓國語學習書(1974b)

書名	書名
韓語入門	韓語會話
韓日善隣通語	校訂交隣須知
正訂隣語大方	日韓會話
明治14年本交隣須知	日韓英會話大全
明治16年本交隣須知	滿韓土語案內
宝迫本交隣須知	日韓會話獨習
朝鮮日本善隣互話	いろは引き朝鮮語案內
日韓英三國對話	韓語研究
日韓通話	最新日韓會話案內
朝鮮医語類集	日韓會話三十日間速成

朝鮮國海上用語集	韓語獨習誌
兵要朝鮮語	韓語教科書
朝鮮俗語早學	對譯日韓新會話
速成獨學朝鮮日本會話篇	韓譯重刊東語初會
日韓會話	韓文日本豪傑桃太郎伝
新撰朝鮮會話	獨學韓語大成
日清韓三國會話	韓語正規
旅行必要日韓清對話自在	日韓會話辭典
獨習速成日韓清會話	韓語
日清韓三國對照會話篇	六十日間卒業日韓會話獨修
日韓對照善隣通語	日韓いろは辭典
朝鮮語學獨案內	獨習日語正則
日話朝雋	韓日英新會話
實地応用朝鮮語獨學書	同文新字典
「日清韓」日國千字文	韓語通
朝鮮語獨習	韓語文典
實用韓語學	文法注釋韓語研究法
韓日通話捷徑	日韓兩國語同系論
	日語大成
	新案韓語栞
	日韓韓日言語集
	國語朝鮮語字音及用字比較例
	國語の發音及語法に關する調査
	局員須知日鮮會話
	日語類解

다음으로 위에서 살펴본 한국어학습서 중에서 『교린수지』와 관계있는 것으로 생각되어지는 『한어입문(韓語入門)』, 『일한선린통어(日韓善隣通語)』, 『일한영삼국대화(日韓英三國對話)』, 『일한통화(日韓通話)』, 『한어회화(韓語會話)』, 『한어통(韓語通)』에 대하여 언급하고자 한다.

○ 메이지 13년간『한어입문(韓語入門)』(宝迫繁勝)

메이지 13년간『한어입문』은 당시로서는 초기의 문법서로서 가치가 있다고 할 수 있다.『한어입문』에서「체언」의 한국어 어휘와『교린수지』의 한국어의 어휘를 비교한 결과『한어입문』에 수록된 어휘를 선택할 때에는 메이지 14년본『교린수지』를 참고했을 가능성도 있지만 이강민(2004)도 지적한 것처럼 서울대학교本『교린수지』와 같은 사본을 참고로 하였을 가능성도 높다고 볼 수 있다. 그리고 宝迫本『교린수지』의 한국어 표기는 메이지 14년본『교린수지』의 한국어 표기에 상당히 가깝다는 것도 알 수 있었다. 즉 호세코 시게카쓰[宝迫繁勝]는『한어입문』을 작성할 때에 서울대학교本『교린수지』와 같은 사본류의 자료를 참고하면서 썼고 3년 후의 宝迫本『교린수지』를 작성할 때에는 메이지 14년본『교린수지』와 같은 자료를 참고로 했을 가능성이 높다고 볼 수 있다.

○ 메이지 13년간『일한선린통어(日韓善隣通語)』(宝迫繁勝)

메이지 13년간『일한선린통어』는 한국어의 음운구조와 발음이 구체적으로 해설되어 있고 당시 부산에 있었던 2천 명의 일본인에게 매우 도움이 되었던 한국어 학습서이다. 그리고 일본어와 한국어의 방언을 다뤘다는 점에서 호세코 시게카츠의 언어에 대한 폭넓은 연구를 이해할 수 있는 저서이다. 그러나 본서는 일본어의 문말 표현에 있어서는「です」와 같은 새로운 언어는 찾아볼 수 없었다. 또한, 경어를「上等」,「中等」,「下等」의 3단계로 나누어 설명하고 있어서 그 분류에 있어서 독특한 분류법이었다고 할 수 있다.「來る」,「する」의 명령형은「ㅋㅋ」,「ㅌㅋ」로 메이지 14년본『교린수지』와 같으며 '各物之名詞'에 있는 단어류가 어떤 자료를 근거로 한 것인가에 대한 것은 이미 이강민(2004)에서도 지적했듯이 서울대학교本『교린수지』와 같은 자료를 참고로 했을 것이라는 점이 밝혀졌으며 단, 어느 하나로 한정하는 것은 어렵고 여러 자료를 참고하였을 것으로 볼 수 있겠다.

○ 메이지 25년간『일한영삼국대화(日韓英三國對話)』

메이지 25년간『일한영삼국대화』는 일본어, 한국어, 영어회화를 나열하여 대비시킨 점과 일본어와 한국어의 관계에 대해서 설명하고 있다는 점에서 귀중한 언어 자료라 할 수 있다.『일한영삼국대화』는 메이지 16년

本『교린수지』를 참고로 한 것이 명기되어 있다. 먼저『일한영삼국대화』의 한국어 표기에 대해서 조사해 본 결과『일한영삼국대화』의 한국어 표기법은 메이지 16년本『교린수지』의 한국어의 표기법과 상당히 비슷하지만 다른 점도 있다는 것을 알 수 있었다. 한편 일본어의 인칭대명사에 대한 조사에서는「君」는 있었으나 1인칭을 나타내는「僕」는 볼 수 없었다. 또『일한영삼국대화』에는 동사「死ぬ」를 사단화(四段化)하지 않고 ナ행 변격활용의 연체형「死ぬる」의 형태로 사용되고 있는 것,「來る」,「する」의 명령형은「來い」,「せよ」가 되어 있는 것에 대하여 언급하였다. 문말 표현에 대한 조사에서는 메이지 16년本『교린수지』에는「デアル」,「ゴザル」가 많이 보이는 것에 비해『일한영삼국대화』에서는「ござります」,「です」가 많이 보였다. 이러한 부분에서 새로이 등장하는 일본어를 찾아볼 수 있었다. 아울러, 원인·이유를 나타내는 접속조사로는「から」의 사용이 많이 보이는데『교린수지』에 있어「から」가 많이 보이는 것은 호세코본(宝迫本)『교린수지』부터이고, 메이지 16년本『교린수지』에는 겨우 두 개뿐이었다. 이러한 부분에서도 새로운 일본어의 등장을 볼 수 있다. 또한「-を乘る」,「-に乘る」에 대한 조사에서는 메이지 16년『교린수지』에는「-を乘る」,「-に乘る」의 혼용을 볼 수 있었으나『일한영삼국대화』에는「-に乘る」만이 보였다. 이상으로부터의 결론은『일한영삼국대화』는 메이지 16년『교린수지』를 주로 참고자료로 하여 작성된 것이지만『일한영삼국대화』에 사용되고 있는 일본어는 확실히 메이지16년『교린수지』보다 새로워진 것을 알 수 있었다.

○ 메이지 26년간 『일한통화(日韓通話)』

메이지 26년간 『일한통화』는 오구라 신페이의 평에서처럼 명치 시대에 있어 신식 회화서의 선구를 이루는 것으로서 가치 있는 한국어 학습서이다. 본서는 체재 등에 있어 『교린수지』와 유사점이 많다. 『日韓通話』의 한국어와 메이지 14년本 『교린수지』의 한국어에 대해 조사한 결과, 『日韓通話』의 한국어는 메이지 14년本 『교린수지』의 한국어보다 새로운 한국어표기의 용례가 많이 있다는 것을 알 수 있었다. 한국어의 문제로서는 원순모음화, 이화현상, 구개음화, 음절 말자음군의 단순화, 모음조화의 붕괴, 「 · 」의 소실 문제 등이 있었다. 한편 일본어에 있어서 인칭대명사 「私」와 「汝」, ハ행사단동사의 음편형, 수동을 나타내는 동사, カ행변격활용의 명령형, 형용사의 연용형, 부정의 조동사, 지정(指定)의 조동사, 추량의 조동사 「だろう」, 원인 · 이유를 나타내는 접속 조사 등에 대해서 조사해 보았다. 그 결과 『日韓通話』의 일본어는 메이지 14년, 메이지 16년에 간행된 『교린수지』에 비해 새로운 일본어의 양상을 나타내고 있는 것을 알 수 있었다. 그리고 같은 『교린수지』를 비교해도 메이지 16년에 간행된 宝迫本 『교린수지』나 메이지 37년本 『교린수지』의 일본어보다 더욱 새로운 일본어 용례가 많이 보인다. 그러나 인칭대명사의 「君」는 볼 수 없고 ハ행사단동사의 음편형과 촉음편형의 혼용은 볼 수 있으며, 「來る」의 명령형인 「こい, こよ, こひ」의 혼용은 볼 수 있다. 또한, 부정의 조동사의 「ぬ, ない, なんだ, なかり」등을 볼 수 있고 단정의 조동사에 「です」와 함께 「じゃ」라는 오래된 형태를 볼 수 있다. 그리고 원인 · 이유를 나타내는 접속조사에 「から」와 함께 「により, ゆえ」가 사용되어지는 등 새로운 일본어와 오래된 일본어의 혼용이 많다는 것을 알 수 있다. 마지막으로 메이지시기의 한국어 학습서가 한국어의 모음과 자음을 어떻게 분류하고 있는가에 대해서 설명하고자 한다.

○ 메이지 37년간 『한어회화(韓語會話)』

메이지 37년간 『한어회화』는 철도에 종사하는 일본인의 실용에 편리하도록 하기 위해 작성되었는데 일반 학습자에 있어서도 유용한 한국어 학습서이다. 그리고 외래어의 가타카나 표기나 현재는 사라진 어휘를 많이 볼 수 있다는 점에서 언어 자료로서의 가치가 있다고 할 수 있다. 먼저 『한어회화』와 『교린수지』와의 관계에 대해서는, 『한어회화』를 작성할

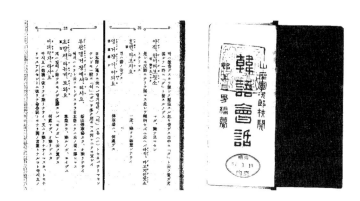

때『교린수지』를 참고로 했을 가능성도 배제할 수는 없으나 한국어 표기를 보면 각각 다른 표현법이 보이므로『교린수지』와 같은 자료를 참고로 했다고 해도 한국어 표기를 그대로 베꼈을 가능성은 낮다고 생각된다. 또한「철도용어(鐵道用語)」에서는 현재는 그다지 사용하지 않는 많은 한국어 어휘를 발견할 수 있었는데 이러한 어휘 중에서 먼저 한자를 그대로 한국어식으로 읽고 난 후에 다시 영어식으로 바꾸어 읽었다는 점은 주목할 만한 사실이다.

한편, 일본어의 인칭대명사에 관한 조사에서「わたし・あなた・彼の人・あの女」는 보이지만「ぼく・きみ」,「かれ・かのじょ」는 사용되고 있지 않음을 알 수 있었다. 때때로 일본어의 개론서에는 메이지시기가 되면「僕」나「君」가 사용되게 된다고 기술하고 있지만, 회화서에서는「僕」는「君」보다도 상당히 늦게 일반화된 것으로 보인다. 동사의 연용형에 대한 조사에서는 촉음편만 보이는 동사도 있고 ウ음편과 촉음편의 혼용이 보이는 동사도 있어 확실히 현대어가 생기기 전에 혼돈된 양상이 보였다. 그중에서도 훈점자료(訓点資料)나 쇼모노[抄物]에 보인다고 하는「行く」,「往く」의 연용형「行いて・往いて」가「行って・往って」와 함께 보이는 것은 흥미로운 일이다. 그러나 이 말은 모리 오가이[森鷗外]의 소설이나 일기 등에도 가끔 보이는 것으로 한국어 학습서의 특색이라고 말하기는 어렵다고 할 수 있다. 또한 カ행 변격활용의 명령형은「こい」로「こよ」는 볼 수 없으며, 형용사의 연용형은「－ク」가 많이 사용되고 있었던 것으로 보인다. 그리고 원인・이유를 나타내는 접속조사는「から」가 중심이었고, 귀착을 나타내는 조사는 「に」와 「へ」의 혼용을 볼 수 있었다. 지정(指定)을 나타내는 조동사에 「です」가 많이 사용된다거나 추량의 조동사에 「だろう」가 보이는 것은 메이지시기 후반이 되어야 보이는 새로운 양상이라고 할 수 있을 것이다. 특히 외래어의 가타카나 표기는 특이할 만 한 사실로 보인다.

○ 메이지 42년간 『한어통(韓語通)』
메이지 42년간 『한어통』는 게일 등의 외국인의 연구가 계기가 되어 작성된 한국어 학습서로 고어와의 관계를 밝히고자 한 점에서 특색이 있다. 먼저 출판 경위, 자료의 구성, 한국어 표기에 대하여 조사하였고 그 결과, 메이지 14년本 『교린수지』, 메이지 16년本 『교린수지』보다도 메이지 37년本 『교린수지』보다 더욱 새로운 한국어가 사용된 것을 알 수 있었다. 일본어의 문제에 대한 문제점으로 인칭대명사, 부정의 조동사, 추량의 조동사에 대해서 고찰하였고, 조사의 문제점으로는 원인·이유를 나타내는 접속조사, 종조사 등에 대해서 언급하였다. 『한어통』과 『교린수지』의 관계에 대해서 고찰하였고 그 결과, 오쓰키 후미히코[大槻文彥]의 분류법에 따라 쓰인 것으로 보이는 『한어통』은 전체적으로 생생한 회화문으로 쓰여 메이지 말기 일본어의 언어 양상이 명확히 나타나고 있음을 알 수 있었다. 뒷부분에 마에마 교사쿠의 「韓語의 歷史的 変化」에 대해서도 언급하였다. 명치 42년에 간행된 『한어통』은 한국어에 있어서도 일본어에 있어서도 시대를 반영한 새로운 언어로 쓰여 진 뛰어난 한국어 학습서였다고 할 수 있다.

V. 나가며

이상의 고찰을 통해서 한국어 학습서 중에 메이지시기 10년대, 20년대, 30년대, 40년대로 시대 변화에 따라 일본어가 새로워지는 양상을 구체적으로 볼 수 있었다. 한국어의 표기법에 대해서는 명치 30년대 후반의 자료는 명치 10년대의 자료와는 달리 확실히 새로운 표기법으로 되어 있음을 알 수 있다. 그리고 이후 1933년에 '한글 철자 통일 법'이 발표되어 표기법이 통일되게 된다. 한편 일본어에 대해서는 마쓰무라 아키라(松村明)(1957)와 같이 메이지시기를 메이지 10년대(동경어의 형성기)와 그 이후(확립기)의 두 가지로 분류하는 방법도 있으나 아울러 메이지 14년본『교린수지』, 메이지 16년본『교린수지』에서 언어의 보수성에 관해서도 고찰할 필요가 있으며, 메이지시기의 회화체를 중심으로 하는 한국어 학습서의 일본어를 살펴본 결과로는 메이지 10년대를 '에도시대의 언어를 보존하고 있는 시기'로 20년대에서 30년대 중반까지를 '동경어의 맹아기', 그리고 30년대 후반부터 40년대를 '동경어의 형성기'로 조금 더 세밀한 분류도 가능할 것으로 생각된다.

이상의 조사 이외에도 상세한 한국어에 대한 조사와 메이지시기의 한국어와 일본어의 문법 체계와 어휘에 관한 문제 등 아직 해결해야 하는 문제가 많이 있으나 그것은 금후의 연구 과제로 삼고자 한다.

제79회 발표, 2007년 6월 8일

조선시대 한·일 사신 접대음식 문화

|

김상보(대전보건대학 교수)

Ⅰ. 한·일 관계

1333년 일본에서는 가마쿠라[鎌倉] 막부(幕府)가 멸망하고, 1338년에는 아시카가[足利]에 의한 무로마찌[室町] 막부가 성립되었다.

1401년 아시카가[足利], 무로마찌[室町,1338~1573]시대의 3代 장군인 요시미쓰[義滿]는 명(明)에 사절을 파견하여 책봉을 받음과 동시에 중국 황제로부터 일본 국왕(國王)으로서의 국제적 인지를 받고 무역 특권을 인정받았다. 다음해 일본 수도인 교토[京都]에 온 명나라의 사절을, 요시미쓰는 그의 별장 북산제(北山弟)에서 맞이하여 성대히 대접하였다. 1405년 요시미쓰는 중 주당(周棠)을 조선왕조에 파견하였다. 수도인 한성에서 이들은 「일본국왕사」로서 대접 받았으며, 1406년 이에 대한 보답의 예로서 조선왕조를 대표하는 보빙사(報聘使) 사절이 교토에 파견된다. 이때에도 요시미쓰는 북산제에서 성대히 조선사절을 대접하였다.

몽고군의 침략이 있은 후 생활이 궁핍하게 된 일본 서국의 무사와 어민들에 의하여 생겨난 왜구에 대하여 요시미쓰는 명나라와 조선에게 왜구 근절을 약속하고 실행하였다.

1419년 세종이 국왕으로 즉위하였다. 세종은 왜구의 금지가 일본 중앙 정권의 손으로 보장된다면 가능한 한 우호적 관계를 갖고 싶다는 생각이 강해졌다. 대마도주인 소씨[宗氏]와 조약을 체결하여 대마도가 왜구의 기지가 되지 않는 것을 보장하는 대신에 무역에 대한 특권과 일본선의 무역 도항 허가장 발급권 및 식량 부족으로 고심하는 대마도에게 매년 쌀과 콩을 주기로 결정하기에 이른다.

한편 일본으로부터의 국왕사(國王使)는 아시카가 정권 하에서 60회 이상이나 조선 정부에 파견되었다. 8대 장군인 요시마사[義政] 때에는 무려 17회나 파견되었는데 일본 국왕사가 한성에 도착하면 융숭하게 대접받고 국왕사는 유구(琉球)왕국으로부터의 중계 무역품인 소목(蘇木)·후추·설탕·한약재·무구(武具)·검도 등을 바쳤으며(仲尾宏,26), 그 회사품(回賜品)으로서 조선정부는 대장경·불전(佛典)·마포(麻布)·면포(綿布) 등을 선물하였다(『세종실록』).

아시카가 정권 중기 이후에는 국왕사 이외에도 대내(大內)·사파(斯波)·세천(細川)등의 다이묘[大名,봉록이 1만석 이상인 넓은 영지를 가진 무사]와 서국(西國)지방의 작은 호족 및 대사원(大寺院)도 독자적으로 조선에 사절을 보냈고 회사품을 조선정부로부터 받아 무역을 함에 따라 조선왕조의 출혈은 심했지만 최대한의 덕으로 일본사절을 대우함으로써 조선왕조의 예의를 일본에 알리고자 하였다(『세종실록』,『성조실록』).

조선초 금구(禁寇)정책의 일환으로 취해진 회유정책에 의하여 일본으로부터 막부(幕府)의 사행[國王使], 영주(領主)의 사행[諸酋使], 대마도의 사객(使客)·도민(島民)·왜상(倭商) 등이 주로 장사를 목적으로 한 내왕이 빈번하여짐에 생겨난 군사적·경제적 문제점을 시정하기 위하여 포(浦)를 한정하여 태종 7년(1407) 부산포(釜山浦)와 내이포(乃而浦 熊川)가 최초로 개항하게 된다(『태종실록』卷14 태종7년 7월 戊寅條).

부산포와 내이포의 개항에 이어 태종18년(1418)에는 새로이 염포(鹽浦)와 가배량(加背梁) 두 곳을 추가로 지정하여 네 개 처가 개항되어 왜인에 대한 개방책과 후대책을 거듭하였다(『태종실록』卷35 태종18년 3월 壬子條). 그러나 왜구의 활동이 근절되지 않았기 때문에 세종 원년(1419) 대마도 정벌이 단행되었고(『세종실록』卷5 세종원년 9월 壬戌條), 이를 계기로 4개의 포(浦)는 폐쇄되었다. 이 폐쇄 기간 동안에도 일본의 여러 섬들로부터 사람들이 꼬리를 물고 오고 가는 통에 역참들이 견디어 내지 못하게 되자 그들이 왕래하는 길을 두 갈래로 갈라놓기도 하였다.

대마도 정벌 이후 세종 4년(1422) 9월 대마도주 소 사다모리[宗貞盛]가 귀순 해 옴으로써 완화책으로 전환하였다. 세종5년(1423) 4월에는 부산포와 내이포를 다시 개항하였고(『세종실록』卷17 세종 4년 9월 丙寅條), 같은 해 10월에는 부산포와 내이포에 왜객의 지공(持供)을 위한 시설까지 준비하는 체제를 갖추게 된다(『세종실록』卷20 세종 5년 4월丙寅條).

세종 8년 (1426), 대마도로부터 거제도의 전지 개간에 대한 요청이 있었으나, 이를 받아들일 수 없게 되자 그 대신 염포를 열어 무역하게 함으로써 왜인에게 도박처인 내이포·부산포·염포의 삼포를 통하여 무역하게 하였다(『세종실록』卷22 세종 5년 10월 壬申條).

왜인들이 무제한으로 요구하는 물자 공급을 통제할 목적으로 세종 25년 (1443)에는 신숙주(申叔舟)의 참여하에 대마도주와 계해약조(癸亥約條)를 맺게 된다(『증정교린지』卷4,「約條」). 계해약조를 통하여 세견선(歲遣船, 무역선)의 수를 50척으로 제한하고, 매년 조정에서 도주(島主, 대마도 도주)에게 사급하는 세사미두(歲賜米豆)는 200석으로 하였으며, 부득이한 경우에 약간의 특송선(特送船)을 보낼 수 있도록 하였으며, 조정은 도주에게 도서(圖書: 입국사증서)를 작성하여 주고 이것을 갖고 있지 않으면 대마도와 일본 각 처의 선박을 받아들이지 않기로 하였다. 한편, 이 해는 신숙주가 통신사(通信使)의 일원으로서 서장관(書狀官) 자격으로 일본에 다녀온 해이기도 하다.

이 계해약조를 바탕으로 한 대일무역은 중종5년(1510) 삼포의 왜란으로 삼포가 폐쇄될 때 까지 삼포는 대일 통교의 중심지였다고 말할 수 있다.

1428년 세종대왕의 사절단은 그 때까지 보빙사(報聘使)·회례사(回禮使)로 불리고 있었던 명칭을 통신사(通信使)로 고쳐 일본에 파견되었다. 이후 임진왜란(1522~1598)전까지 약 7회(도중에 조난·중단된 것까지 포함) 교토로 파견되었는데 (仲尾宏, 24~26), 통신사란 서로 친분을 교류한다는 의미이면서, 한·일 양국의 평화적·우호적 선린관계를 상징하는 명칭이다.

이와 같은 한·일 간의 신의(信義)를 가진 선린 관계의 성립은 도요토미 히데요시[豊臣秀吉]의 무모한 출병으로 깨졌으나 이후 조선 무역과 조선으로부터의 식량 조달에 의하여 경제를 유지해 왔던 대마도 소씨[宗氏]의 노력에 의하여 1605년 2월(3월?) 적극적인 개국·무역론자 이었던 도쿠가와 이에야스[德川家康]와의 회견을 출발점으로 한·일 관계는 다시 궤도에 올라 1607년부터 본격적인 에도[江戸 1603~1867]시대 조선통신사의 막이 오르게 된다.

1607년부터 1811년까지 12회의 조선통신사 중 1~3회까지인 1607년·1617년·1624년의 회답겸쇄환사는 국교재개기이고, 4~7회까지인 1636년·1643년·1655년·1682년의 통신사는 국교안정전기이며, 8회인 1711년의 통신사는 개변기, 9~11회 까지인 1719년·1748년·1764년의 통신사는 국교 안정후기, 12회인 1811년 통신사는 쇠퇴기로 분류되고 있다(김세민 외,64).

에도시대 12회에 달하는 조선통신사의 공식적인 사명은 수호(修好)와 장군의 즉위를 축하하는 것으로 최종 목적지는 2회 째인 1617년은 교토[京都]의 후시미[伏見]까지였고, 12회째인 1811년은 대마도까지였지만 그 이외에는 에도[江戸, 지금의 동경]이었다. 수백 명에 달하는 통신사 파견은 단순히 수호와 장군의 즉위를 축하하기 위한 것만은 물론 아니었다. 남쪽의 대외관계를 보다 안정적인 것으로 해 두고 싶다는 외교적인 배려와 동시에 일본 사정을 자세히 파악해 두고자하는 목적이 있었다(『국역해행총재』).

도쿠가와[德川] 막부(幕府)는 쇄국 정책을 펴고 있었으나, 특례로서 나가사키[長崎]에서 네덜란드 및 중국과 무역을 하고 있었으며 대마도에서는 조선과 무역을 하고 있었다. 도쿠가와 막부가 조선통신사를 맞이한 목적은 조선무역에 의하여 막부의 재정을 풍부하게 함과 동시에 통신사를 맞아 장군의 위광을 천하에 과시하여 도쿠가와 정권의 안태를 백성에게 알려 주는 것 그리고 통신사 접대에 드는 향응을 위한 여러 제 비용 등을 다이묘[大名] 들에게 부담시켜 교묘하게 이들의 경제력을 소모시키고자 하였다(高正晴子, 1064).

이러한 이유에 의하여 도쿠가와 막부가 조선통신사의 대 사절을 맞이하는 데에는 막대한 경비를 필요로 하였다. 1711년의 견적으로는 1회의 내빙에 총액 100만 냥, 동원된 사람은 합계 33만 명이었다고 기록되고 있다(仲尾宏 30~31). 현재의 금액으로 환산하면 약 500억 엔(円)이 되어 후에 막부의 재정이 위협받게 되었다. 1709년 막부의 세입이 76~77만 냥이었기 때문에 1711년의 100만 냥은 엄청난 액수이다(高正晴子,1064).

도쿠가와 5대 장군 쓰나요시[綱吉]때에는 많은 사원(寺院)의 건축과 낭비, 나가사키무역 및 조선 무역에 의한 금·은·동의 국외 유출이 문제되어 막부재정은 위기를 맞이하기 시작 하였다. 1711년에는 6代 장군 이에노부[家宣]의 대에 등용된 아라이하쿠세키[新井白石]에 의하여 화폐개혁·나가사키무역제한·의례 등의 정비를 행하는 등 재정의 정립을 시도하였다. 조선통신사의 빙례 비용도 60만 냥으로 감축하였다. 8대 장군 요시무네[吉宗]의 1719년 개혁에서 보다 많은 종류의 개혁을 행하고 여러 경비의 절감을 실시하였으나 통신사 접대는 막부의 위신과 관련된 문제였기 때문에 1719년의 접대는 1682년의 접대 규모로 하였다(高正晴子, 1065~1066).

조선과의 무역은 은의 유출을 막기 위하여 점차 제한되었으며 그 때문에 조선인삼과 생사의 수입을 감소하고, 1719년 이후부터 조선과의 무역은 쇠퇴의 길로 들어선다. 1811년에는 조선통신사를 에도까지 맞이하는 경제력이 없어져 빙례는 대마도에서 그치게 된다. 비용 또한 23만 냥으로 줄었지만, 일반 서민에게 조선통신사를 맞이하는 행사를 알려줄 수 없는 막부의 위신이 걸려있는 문제였기 때문에 13회째의 통신사 빙례는 오사카 [大阪]에서 행하도록 결정하였으나, 거듭 연기되었고 이 사이에 도쿠가와 정부가 붕괴되어 조선통신사는 막을 내리게 되었다(高正晴子, 1066).

조선통신사 영접 때마다 막부로부터 임무 수행의 대역으로서 다액의 보수를 받고 있었던 대마번에게 있어서는 통신사의 도중하차는 사활이 걸린 문제였다. 대마도는 1800년대 말까지도 통신사 내빙의 일을 계획하였지만 막말(幕末)의 정치적 격동은 환상으로 끝이 났다(仲尾宏, 34).

이러한 한·일간의 긴 역사적 우호 관계 속에서 이루어진 사절 교환에 의하여 양국 간에는 손님 접대예절의 하나로서 음식문화가 전개되었는바, 접대음식에 대한 기록은 조선왕조는 전기(前期)의 『해동제국기』에, 일본의 경우에는 에도[江戶]시기의 『종가기록』 등이 현존해있다. 따라서 이상의 문헌적 기록을 토대로 양국의 접대음식문화가 갖고 있는 문화적 동질성을 구명(究明)하고자 한다.

II. 『해동제국기(海東諸國記)』의 접대상차림

1. 3첩 · 5첩 · 7첩 반상

성종 2년(1471) 「해동제국의 조빙 왕래 연혁과 그들 사신을 접대하는 규정 등에 관한 옛 사례를 찬술토록 하라」는 왕명에 의하여 당시 영의정 겸 예조판서였던 신숙주(申叔舟, 1417~1475)에 의해 편찬된 『해동제국기』는 세종 25년(1443) 서장관(書狀官)으로서 일본을 다녀오고 계해약조에 참여하는 등 그 누구보다 일본을 잘 아는 사람의 입장에서 역사적 사실과 국제 관계에 대한 객관적 판단이 기초가 되어 작성된 것이다.

『해동제국기』에는 「삼포숙공(三浦熟供)」「삼포연(三浦宴)」「경중일공

(京中日供)」「궐내연(闕內宴)」「예조연(禮曺宴)」등 29개 항목에 걸쳐 접대 규정이 상세하게 정리되어 있다. 이 중「삼포숙공」과「경중일공」을 중심으로 살펴보기로 한다.

삼포(三浦)와 경중(京中)에서의 일상식 지급은 두 부류로 분류하였다. 하나는 막부와 여러 큰 제후의 사신인 정사·부사·수행원정관, 그리고 절도사 및 특송사에 해당하고 정관 이상인 자들에게는 조리해서 익힌 음식을 지급하였으며 이를 숙공(熟供)이라 하였다. 다른 하나는 이들 외의 수행원들에게 지급한 하루 두 끼에 해당되는 료(料)가 있었다.

〈표 1〉『해동제국기』에 기록된 삼포(三浦) 및 경중(京中) 숙공(熟供)

대상 \ 飯	早飯	朝夕飯	晝點心
막부[國王]의 사신 (정사·부사·정관*)	車食七果床 三度湯	七楪床의 밥과 국 二樣湯, 二樣炙	五楪床의 밥과 국 一樣湯
막부[國王]의 사신 수행원	車食五果床 三度湯	五楪床의 밥과 국 二樣湯, 二樣炙	三楪床의 밥과 국 一樣湯
여러 큰 제후의 사신·절도사·특송사	乾魚가 主楪인 五果床, 三度湯	七楪床의 밥과 국 二樣湯, 二樣炙	五楪床의 밥과 국 一樣湯

① 정관에게는 朝夕飯에서, 사신 수행원과 같은 5첩상의 밥과 국을 차렸음.

여기서는 숙공(熟供)만을 대상으로 살펴보기로 한다.

〈표 1〉은 사신이 삼포 또는 경성에 머무는 동안 베풀었던 숙공으로, 조반(早飯)과 조석반(朝夕飯) 그리고 주점심(晝點心)에 거식상(車食床)·7첩상·5첩상·3첩상으로 손님접대 하였음을 나타내고 있다. 조반(早飯)을 제외하고 아침밥·점심밥·저녁밥은 신분에 따라 7첩상·5첩상·3첩상이 제공되고 있다.

일상식은 조선조 전기(前期) 왕조의 궁중에서도 5첩을 넘지 않게 차렸다. 세종 4년(1422) 예조에서는

"태상왕을 위하여 수륙재를 올릴 때에는 임금의 집안사람이나 본 예조의

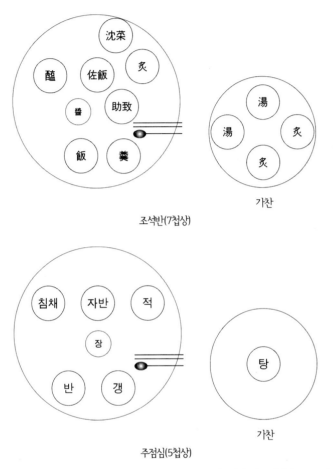

조석반(7첩상)

가찬

주점심(5첩상)

가찬

<그림 1> 일본 막부[國王]의 사신인 정사·부사 정관을 위한 삼포에서의 숙공 및 경중일공(京中日供)(신숙주, 『해동제국기』; 김상보, 『한국의 음식생활문화사』, 324).

관리나 할 것 없이 모두 종전에 규정해 놓은 인원수대로 대언은 1명, 각 궁전의 속고적은 모두 8명, 별감과 어린 내시는 모두 10명, 향불을 피우는 관리, 임금의 집안사람, 본 예조의 당 상관·당하관·축문 읽는 관리는 각 1명으로 할 것입니다. 대언과 속고적 이외에는 밥상을 내지 못하게 하고, 밥상은 5첩을 넘지 못하게 하며, 명정 앞이나 부처님과 중을 대

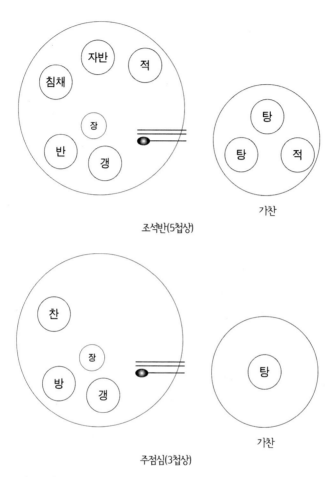

조석반(5첩상)

가찬

주점심(3첩상)

가찬

<그림 2> 일본 막부[國王]의 사신 수행원을 위한 삼포에서의 숙공 및 경중일공
(신숙주, 『해동제국기』 ; 김상보, 『한국의 음식생활문화사』, 324)

접하는 이외에는 만두·국수·떡과 같은 사치한 음식을 일체 금지하게
할 것입니다."

라고 제의하고 있다. 즉 7첩상·만두·국수·떡은 사치의 범주에 속해 있
어 임금의 집안사람이라도 5첩상 이상을 차리지 못하게 하였다는 것이다

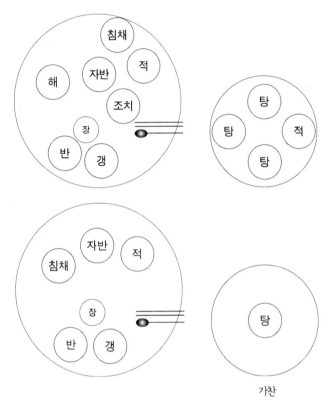

<그림 3> 여러 큰 제후의 사신·절도사·특송사를 위한 삼포에서의 숙공 및 경중일공(신숙주, 『해동제국기』: 김상보, 『한국의 음식생활문화사』, 324)

(『세종실록』 卷16 세종 4년 5월 癸酉條).

　조선왕조 전기(前期)에 보이는 이러한 7첩상·5첩상·3첩상은 음식문화
란 하루아침에 시작되고 소멸되는 것이 아닌 보수성이 강한 존재임을 감
안 한다면 그 성립 시기가 적어도 고려시대로 거슬러 올라간다고 보아야
한다.『해동제국기』역시 '옛 사례를 찬술'한 것이었기 때문에 7첩상·5첩
상·3첩상으로 일본사신을 접대한 시기는 최소한 조선왕조 초기일 것이
며, 고려왕조에서 이미 채택하고 있던 반상차림 이라고 보아도 무리가

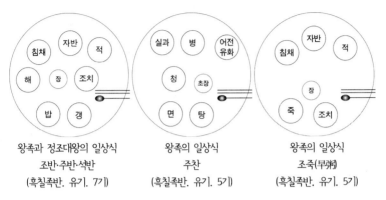

<그림 4> 『원행을묘정리의궤』(1795)에 나타난 왕과 왕족의 일상식
(김상보, 『한국의 음식생활문화사』, 324)

없을 것이다. 이상의 첩 반상은 정조 대왕이 아버님 사도세자와 어머님 혜경궁홍씨의 환갑연를 맞이하여 잔치를 올렸던 기록인 1795년의 『원행을묘정리의궤(園幸乙卯整理儀軌)』에도 보이는데, 『원행을묘정리의궤』에 의하면 어머님 환갑연을 맞이하여 정조대왕께 7첩상을 일상식으로 차려 올렸고, 왕족에게는 5첩상과 7첩상을 차렸다(〈그림4〉). 여기서 5첩(5기)·7첩(7기)이란 종지(種子, 장류를 지칭함, 초장·간장·겨자장·고추장 따위)를 제외한 음식의 종류를 지칭하는 것이다.

어머님 환갑연과 같은 경사스러운 날에 정조대왕께 7첩반상을 차려 올렸다면, 평소에는 이 보다 훨씬 검소한 밥상을 차렸을 것인바, 앞서 지적한 바 있는 조선조 전기(前期)에 채택하였던 5첩을 넘지 않게 차린 궁중의 일상식은 조선왕조 전기(全期)에 걸쳐서 적용되었다고 보는 것이 타당하다. 이『원행을묘정리의궤』의 상차림을 〈표 1〉에 적용시켜 그린 것이 〈그림 1〉에서 〈그림 3〉까지로서, 따라서 조선 전기(前期)에 일본사신에게 제공되었던 7첩상은 적어도 가장 경사스러운 날 임금께 올렸던 일상식 밥상차림과 동격의 수준으로 제공되었던 것으로 정성을 다한 접대였다고 볼 수 있다.

　조선왕조는 귀한 사람을 접대할 때 정찬(正饌)외에 가찬(加饌)을 더 차렸다. 『원행을묘정리의궤』에는 환갑연을 맞이했던 혜경궁홍씨께만은 정찬과 가찬으로 나누어 두개의 상에 차려 올려 정찬과 가찬을 분명히 하고 있다. 일본사신 숙공에서 제공되었던 7첩상·5첩상·3첩상 외에 2양탕(樣湯)·2양적(樣炙) 등은 가찬에 해당된다고 볼 수 있을 것이다.

2. 거식상(車食床)

　막부의 사신 일행에게 제공되었던 거식상은 조반(早飯) 즉 초조반(初朝飯)에 해당된다. 3종류·5종류·7종류의 과일을 차린 상차림으로 이를 거식삼과상(車食三果床), 거식오과상·거식칠과상이라하였다. 네사람이 운반하는 식상[車食床]이다. 지금의 교자상 크기 정도일 것이다.

　3첩상·5첩상·7첩상과 달리 거식상은 다례(茶禮)와 주례(酒禮)가 결합된 다례연(茶禮宴)을 위한 것인데 다만 조반(早飯)이기 때문에 죽을 위주로 하여 차림 의례용 상차림이다.

　'하선다례(下船茶禮) 다음날 훈도(訓導)와 별차(別差)가 편복(便服)을 입고 왜관 대청에 나아가 동쪽벽에서 서쪽을 향해 서면, 정관(正官)이하 봉진압물(封進押物) 등은 모두 서쪽 벽에서 동쪽을 향해 서서 서로 마주보고 읍한 후에 각각 자리로 나가 앉는다. 왜통사(倭通詞)로 하여금 말을 전하고 이어서 찬을 내 놓는데 또 삼색죽이 있다. 5번의 술을 순배한 후에 다시 한잔을 권함이 다례의(茶禮儀)와 같다. 왜사 역시 주찬을 내어 대접한다. 시봉과 반종 등에게도 별도의 장소에서 찬을 준다'

는 것이다(『통문관지』卷5「交隣」).

　5일 동안의 숙공(熟供) 기간 중 2일 간은 조반(早飯) 때에 숙공조반식(熟供早飯式)이 있어 쌍방이 주찬(酒饌)을 내어 대접하는 것이 다례연이다.

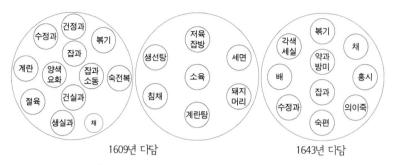

<그림 5> 1609년과 1643년 조선왕조가 명나라 사신에서 제공한 다담(茶啖) 상차
(김상보, 『조선왕조 궁중의궤음식문화』, 70쪽)

1609년	다과	양색요화 · 잡과 · 잡과소동계 · 건정과	유밀과류
		건실과 · 생실과 · 수정과	실과류
	술안주	숙전복 · 복기 · 소육 · 돼지머리편육 · 계란	찜 · 복기 · 구이 · 편육류
		저육장방 · 생선탕 · 계염탕	탕류
		채 · 침채	채류
		세면	국수류
1643년	다과	약과 · 방미자 · 잡과	유밀과류
		각색세실과 · 수정과 · 배 · 홍시	실과류
	술안주	복기 · 숙편	복기 · 편육류
		채	채류
		의이죽	죽류

　　조선왕조는 개국한 이후 50년 안에 사대부에서도 다례를 잊어버렸고, 궁궐에서 조차도 차를 마시지 않았다(『세종실록』, 세종12년조). 그러나 중국 사신이 오거나 궁궐의 공식적인 연회가 있을 때에는 여전히 고려의 의례를 계승하여 차가 등장하였다. 다구(茶具)는 다정(茶亭)에 진열되고, 차와 과반이 셋트가 되어져 나왔다. 이러한 가운데 간소한 연회 때에는 차와 과반이 배선된 후에 술과 술안주가 배선되는 번거로움을 없애주기 위하여 (차 · 다과) · (술 · 술안주)를 하나의 상 안에 모두 차릴 수 있는 다담(茶

談)이라고 이름 붙인 상차림이 등장하였다. 문헌적 초출(初出)은 명나라 사신 접대 기록인 1690년의 『영접도감의궤(迎接都監儀軌)』이다(〈그림 5〉).

두 개의 상 또는 하나의 상차림으로 되어있는 다담을 차와 함께 먹는 다과 및 술과 함께 먹는 술안주로 구분해 보기로 한다.

1609년은 국수를 위주로 한 술안주를 차렸고, 1643년은 의이죽을 위주로 한 술안주로 구성되었다. 다과에서는 그 양과 종류에서 차이가 약간 날 뿐 유밀과류와 실과류로 구성된 것은 같다. 구체적으로 주인과 손님 사이에 어떻게 차와 술이 배선되었는가는 그 기록이 보이지 않으나 『국조오례의(國朝五禮儀)』를 통하여 영접의례를 관찰한 결과에 따르면 차→다담→술의 행주(行酒)로 진행되었으리라고 판단된다.

다례(茶禮)와 주례(酒禮)가 어우러진 상 그것이 바로 다담(茶談)으로 물론 풍악(風樂)도 반듯이 수반되었다. 다시 말하면 거식오과상·거식칠과상이란 다담(茶談) 보다는 보다 격식을 차린 상차림이지만 다담과 같은 성격의 상차림으로 보아도 좋다.

세 번의 탕[三度湯]과 함께 올린 거식상의 유래는 고려왕조로 거슬러 올라간다. 고려 명종 22년(1192) 잔치 때 차리는 유밀과(油蜜果)로 인하여 그 낭비가 극심하였으므로 다음과 같은 왕명을 내렸다.

> '다만 외관의 아름다움을 위하여 낭비함이 한이 없다 .지금부터는 유밀과를 쓰지 말고 과실로써 대신하되, 작은 잔치에는 3그릇, 중간 잔치에는 5그릇, 큰잔치에는 9그릇을 초과하지 말며 찬(饌)도 역시 3가지를 초과하지 않게 하되 부득이하여 더 쓰게 될 경우에는 포(脯)와 젓갈[醢]을 번갈아 들여 정식으로 삼을 것이다.' (『고려사절요』卷13, 명종 22년 5월 條).

이 왕명을 근거로 한다면 거식삼과상·거식오과상·거식칠과상은, 과실 3종류·과실 5종류·과실 7종류를 차린 중간 정도의 등급에 해당되는 상이다. 한편, 『해동제국기』에는 숙공조반식이 아닌 연회연(宴會宴)에서도 이들 상차림이 기록되어 있다. 이를 그림으로 그린 것이 〈그림 6〉으로서

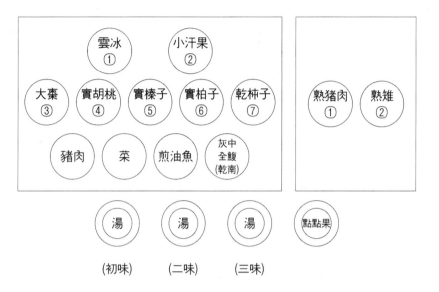

<그림 6> 삼포(三浦)에서 행한 선위사(宣慰使)·차사원(差使員)의 수행원·여러 큰 제후의
사신·절도사·특송사를 위한 연회진설도(신숙주, 『해동제국기』)

보다 분명한 상차림의 성격을 제시하고 있다. 유밀과와 과일로 구성된 7
종류 [車食七果床]의 상에는 종이로 만든 야생화[紙野生花]가 고임으로 고
여 담은 각 과일에 꽂혀있고, 술의 행주(行酒)와 함께 탕(湯)이 세 번 올랐
으며, 차[茶]와 더불어 점점과(點點果)가 제공되었음을 보여준다.

따라서 〈그림 6〉을 참고로 한다면 숙공조반식 때에 올렸던 〈표 1〉의
거식상을 도식화 할 수 있겠으나, 다만 〈그림 6〉은 연회 때에 대육(大肉)
과 함께 올린 술안주를 위주로 한 상차림이고, 〈표 1〉에 나타난 거식상은
죽과 함께 죽을 먹도록 차린 상차림이란 점이 차이가 있다.

숙공조반식을 위한 거식상 상차림의 초출은 명나라 사신 영접을 기록한
1609년의 『영접도감의궤(迎接都監儀軌)』이다. 조반상(早飯床)으로서의 거
식삼과상이 〈그림 7〉과 같이 제시되고 있다.

이 거식삼과상을 표준으로 삼아 〈표 1〉의 거식상을 도식화 한다면 〈그

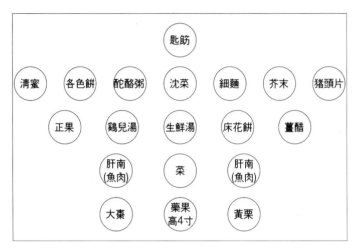

<그림 7> 『영접도감의궤』(1609)에 기록 되어있는 명사신 접대를 위한
거식삼과상 조반상(早飯床)

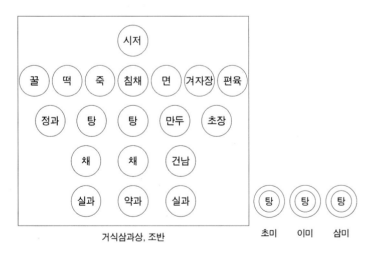

<그림 8> 그림 7를 참고하여 도식화한 일본사신 숙공조반식에서의
거식삼과상 예상도

림 8)과 같은 상차림으로 표출된다.

이 상에는 〈그림 6〉에 나타난 바와 같이 삼과(三果)에는 상화(床花)를 꽂았을 것이다. 15첩상에 미수(味數)가 삼미(三의 味)인 셈으로 〈그림 6〉과 비교시 대육과 점점과가 없다.

〈그림 8〉은 〈그림 6〉을 차렸을 때 보다는 보다 간단한 다례연(茶禮宴) 구성을 위한 상차림이 된다. 다시 말하면 〈그림 5〉의 다담(茶談) 보다는 규모가 크나 〈그림 6〉의 연회상보다는 규모가 작은 다례연을 위한 상차림이다. 〈그림 8〉대로라면 숙공조반식 때 아마도 거식삼과상·茶·술제1의 잔 → 술제 2의잔·초미 → 술제 3의잔·이미 → 술제 4의잔·삼미 → 술제 5의잔으로 진행되었을 것이다(『태종실록』, 태종2년6월 丁巳條)(『국조오례의』).

3. 일본사신 접대 때에 올랐던 상화(床花)

고려왕조를 이은 조선왕조의 연회는 비록 조선왕조가 유교를 채택하였다고는 하나 연회 구조는 고려의 그것을 그대로 계승하였다. 조선왕조에서도 고려왕조와 마찬가지로 길례(吉禮) 때에는 채붕(綵棚)·풍악·꽃이 하나의 셋트로서 연회 때에 수반되었다(『세종실록』). 꽃의 용도와 꽃을 만드는 재료 역시 고려왕조와 같다.

조선왕조는 연회상에 쓰는 상화에 있어 그 등급에 따라 만드는 재료를 달리하고 있었다. 견사(絹絲)로 만든 꽃, 견사로 만든 봉황새, 무늬 없는 얇은 비단으로 만든 꽃(『세종실록』 卷22, 세종 5년 10월 條), 저포화(紵布花) 지화(紙花) (『해동제국기』) 등이 있어서 대접하는 사람의 지위에 따라 재료를 달리하여 만들어 사용하였다.

상화로서 사용된 꽃의 종류로는 연꽃[水波蓮]·홍도화(紅桃花)·월계화(月桂花)·사계화(四季花)·목단화(牧丹花)·국화(菊花)·가자화(茄子花)·유자화(柚子花)·복분자화(覆盆子花)·포도화(葡萄花)·시자화(柿子

花)·과자화(瓜子花) 외에 봉황새·극락조 등이 있었고(김상보, 『조선왕조 궁중의궤음식문화』, 276~277), 이들은 수미산(須彌山) 속의 상징물로서 이루어진 것으로 보아도 좋다. 아름다운 연꽃과 길상(吉祥)을 상징하는 상화(床花)를 연회 음식에 꽃음으로써 다례(茶禮)와 결합된 연회 의례를 더욱더 화려하고 장엄하게 진행하였다.

일본 사신의 등급에 따라 견화(絹花)·저포화(貯布花)·지화(紙花)로 사용되는 상화의 종류를 달리하고 있다.

Ⅲ. 조선통신사 접대음식 753 선(膳)

1. 상차림의 종류

통신사 향응에 관한 일본 문헌은 통신사 일행을 선도한 대마번의 종가(宗家)에 의한 『종가기록(宗家記錄)』에 1682년 이후의 것이 남아있다. 7월 26일 오사카[大阪]에 도착하고 나서 8월 21일 시나가와[品川]에 이르러 낮 휴식을 취할 때까지 왕행 때의 약 1개월간 상차림 종류가 〈표 2〉로서 삼사(三使)와 상상관(上上官)에게는 753선(膳), 553선(膳), 3즙(汁) 15채(菜)를 제공하고 있다.

에도[江戶]에서부터 오사카[大阪]까지의 복행 때에는 숙박지에서는 삼사와 상상관·상관(上官)에게 식품과 은을 제공하였으며 낮 휴식지에서는 조·석의 절반 정도 양에 달하는 식품을 제공하였다. 통신사 일행 중에 있었던 도척(刀尺)과 숙수(熟手)가 막부에서 제공한 재료 및 통신사 일행이 가지고 온 식품 노자를 이용하여 조선식의 음식을 만들어 먹었으리라고 생각된다.

1636년부터 1811까지의 삼사와 상상관에게 제공된 753상차림을 제시한 것이 〈표 3〉인데 에도에서의 국서 교환 후에 있었던 상차림은 그 규모의

축소 없이 1811년까지 계속되고 있으나 왕복 행 때 및 에도 체류 중의 상
차림이 1748년 이후부터 축소된 것은, 전자는 막부의 체면 유지와 관계있
는 것이고, 후자는 1711년 아라이하쿠세키[新井白石]의 재정 개혁과 관계
가 있다(高正晴子, 1067).

〈표 2〉 종가기록(宗家記錄)에 의한 1682년의 왕행(往行)때의 상차림
(高正晴子, 1064)

	조식(朝食)	주식(晝食)	석식(夕食)
삼사(三使)·상상관(上上官)*	3즙(汁)15채(菜)	553선(膳)	753선, 3즙 15채
상관(上官)**	2즙 10채	2즙 10채	553선
중관(中官)***	2즙 7채	2즙 7채	2즙 8채
하관(下官)****	1즙 4채	1즙 5채	1즙 6채

* 삼사 : 정사(正使)·부사(副使)·종사관(從使官) / 상상관 : 당상역관.
** 상관 : 역관·관군
*** 중관 : 노자(奴子)이상
**** 격군 : 격군(格軍)이상

〈표3 〉 삼사(三使)와 상상관(上上官)의 753선(膳) 상차림
(高正晴子, 1067 :『종가기록』)

연대	왕복행 때 및 에도 체류중 상차림	국서 교환후 연회 상차림
1636		753膳 네 번째膳 다섯번째膳
1643	753膳·本膳·2膳·3膳*	
1655	753膳·本膳·2膳·3膳	
1682	753膳·本膳·2膳·3膳	753膳 네 번째膳 다섯번째膳
1711	753膳·本膳·2膳·3膳	753膳 네 번째膳 다섯번째膳
1719		753膳 네 번째膳 다섯번째膳
1748	753膳	753膳 네 번째膳 다섯번째膳
1764	753膳	753膳 네 번째膳 다섯번째膳
1811	753膳	753膳 네 번째膳 다섯번째膳

* 膳은 일본에서는 상을 의미함.

2. 본선요리(本膳料理)의 개요

753선(膳)이 일본의 음식사에 등장한 시기는 무로마찌[室町, 1338~1573]
시대이다. 문헌적 탐색에 의하면 왕이 다스렸던 헤이안[平安, 794~1192]시
대가 끝이 나고, 무가(武家)에 의한 통치가 시작된 가마쿠라[鎌倉, 1185~
1333]시대에 접어들자 그 때 까지 귀족의 정찬으로 등장했던 네다리가 달
린 직사각형의 커다란 상인 다이반[台盤]에 숟가락과 젓가락, 당과자와 과
일, 조포(鳥脯)와 어포(魚脯), 어패류로 만든 회(膾), 밥[飯], 차[茶], 초 · 소
금 · 장(醬)등을 차렸던 대향(大饗)의 상차림 문화는 사라지고, 검소와 실
용을 중시하는 가치관으로 인하여 작은 오시키[折敷]가 밥상으로 새로이
등장한다.

이 오시키는 메이메이젠[銘銘膳]이라는 1인용의 작은 밥상이다. 그래서
사용하는 그릇도 작은 완(椀)으로 발달하고, 이 완형의 식기는 손에 쥐는
편안함에서 직접 국그릇을 입술에 가져다 대는 식사예법이 생겨나게 되었
다. 자연히 국을 떠서 먹는 용도로서의 숟가락은 탈락되었으며, 이후부터
현재까지 젓가락만을 사용하는 문화를 갖게 되었다(김상보,「식생활」,『가
까운 일본나라 일본』, 43).

가마쿠라 시대 이후 선종(禪宗)이 유입되면서 발달하기 시작한 정진요
리(精進料理)와 음다(飮茶) 풍습은 무로마찌 시대의 본선요리(本膳料理,
혼젠요리) 완성에 많은 영향을 주었다. 메이메이젠 위에 음식이 차려져 가
장 화려하고 성대한 연회일 경우에는 7개의 메이메이젠이 배선되는 것이
다. 이 때의 어성(御成)은 753선(膳)의 성격을 분명히 알 수 있게 한다. 우
선 장군(무로마찌 막부의 아시카가[足利] 장군을 지칭)이 도착하면 식3헌
(式三獻)의 의식이 행해진다. 식3헌이란 헤이안시대 후기에 궁중에서 행
해졌던 의식 때 경호를 맡고 있었던 무사들이 3헌을 받았던 그 절차가 그
대로 정착한 것으로 이것이 본선요리에 편입되어 정형화된 것이다(加藤百
一, 7). 이 식3헌에서는 초헌 · 2헌 · 3헌인 3회의 술잔 응수에 수반하여 안

주로서 세 개의 상인 1台·2台·3台가 나오고 식3헌 이후 〈표 4〉와 같은 본선요리가 등장한다.

〈표 4〉무로마치시대 어성(御成)에서의 본선요리(本膳料理)
(熊倉功夫,「日本料理 の 基本の 成立」, 189)

연회구성	酒의 數	상차림	찬품	찬품의 종류
式三獻	초헌	1台		
	2헌	2台		
	3헌	3台		
753膳	1헌	本膳	절인연어·생선구이·해삼창자젓·어회·야채절임·어묵·도미조림	7
	2헌	2膳	문어·해파리·도미국·대형고동·염장숭어알①·새우·야채국	7
	3헌	3膳	小串·게·백조국·새·잉어국	5
		4膳	생선酒浸·건어초조림·고래국	3②
		5膳	초밥·메추리·건오징어·게국	3③
		6膳	가오리국·가물치·적패	3
		7膳	학·붕어·魚署	3
御菓子		御菓子	호두·밤·곶감·다시마튀김·薯蕷·苔·곤냑·밀가루튀김	

① 숭어알을 염장하여 압착 시킨 것
②③ 찬품이 4종류인 듯 하나 실제는 3기에 차린 3종류

어성(御成)에서 나타난 본선요리인 753선 이란 메이메이젠 위에 차려진 음식 그릇이 7기·5기·3기, 그리고 메이메이젠의 숫자도 7선(膳)을 나타내는 것이다.

아즈치모모야매安土桃山, 1574~1602]. 도요토미 히데요시[豊臣秀吉]의 활약을 중심으로 한 시대]시대에 이르면 본선요리는 다도(茶道)와 결합하면서 보이기 위한 의식화한 간반요리(看盤料理)로 발달의 극치를 이룬다. 도요토미 히데요시의 사(死)후 에도[江戶, 1603~1867]시대가 막이 올라 얼마 안 있어 열린 1626년 9월, 막부가 천왕에게 대접한 본선요리는 가장 화

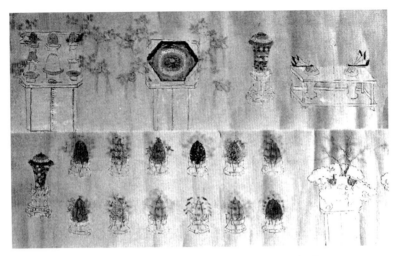

<그림 9> 1626년 에도막부가 천왕에게 제공한 본선요리
(熊倉功夫, 「合理的 食事文化 の 發展」, 195)

려한 간반요리의 전형을 나타내고 있는 것으로 알려지고 있다(〈그림 9〉).

메이메이젠 위에는 고임으로 담은 음식이 올라 있고, 술잔의 응수와 함께 제공되는 고임음식이 기다리고 있다. 이들 음식에는 아름다운 꽃이 제각기 개성을 자랑하면서 꽂혀 있다. 일본역사에서 음식에 꽃을 꽂는 상화(床花)의 등장이 언제부터 시작되었는지는 불분명하다. 그 대략적인 시기는 아즈치모모야마시대일 것으로 추정되고 있다.

3. 본선요리에 등장하는 상화(床花)의 기원

조선왕조 전기(前期)에서 행한 일본 사신 접대는 공식적인 것 외에, 일본 사신의 조회를 받거나(『세종실록』卷28, 세종 7년 6월 條), 새해축하의 식 때의 연회(『세종실록』卷31, 세종8년 正月條) 동짓날 연회(『세종실록』卷 34, 세종 8년 11월 條)등이 있었다. 이때에는 조선왕조의 모든 재상들이 사신들과 함께 어우러져 연회하였다. 세종 25년(1443) 11월 동짓날 축

하의식을 대궐 안에서 하면서 일본사신과 야인들 70여명에게 연회를 차려
주었다. 술에 취한 일본 사신 광엄과 우춘은 음식상 위에 있는 녹색꽃을
달라고 하면서 본국에 가서 자랑삼아 보이겠다고 하여 허락하였다는 기록
이『세종실록』에 나와 있다(『세종실록』卷102, 세종 25년 11월 條).

상화(床花)와 관련된 일본 사신에 관한 『세종실록』의 기록은 세종25년
(1443) 그 당시, 일본에는 연회에 상화가 쓰여지지 않았음을 암시해 주고,
또 일본 사신에 대한 조선왕조로부터의 대접에 의하여 조선왕조의 상화
문화가 일본 식생활문화에도 영향을 미쳤을 것이라는 추측을 제공한다.

한반도의 경우 다례(茶禮)와 결합된 연회 및 상화의 문헌적 출현은 고
려시대로 거슬러 올라가지만 일본은 한반도 보다 훨씬 늦은 아즈치모모야
마(1574~1602)시대로 설정되고, 아울러 세종 25년(1443) 일본사신이 본국
으로 상화를 가지고 갔다는 기록을 참고한다면 에도시대 초기 본선요리
위에 꽂혀 졌던 상화(床花)문화는 조선왕조로부터 받은 연회문화의 영향
이라고 단적으로 말할 수는 없다 해도 추정할 수 있는 단서를 제공해 준
다 하겠다.

4. 753선(膳)

에도시대 때 조선통신사를 위한 향응에 제공된 753선 상차림에는 두 가
지 형태의 유형이 있었다(〈표 3〉). 하나는 1차연의 753선과 이차연의 본
선 · 2선 · 3선이고 다른 하나는 1차연의 753선과 이차연의 네번째선 · 다
섯번째선이다. 전자는 조선통신사가 대마도에서 에도[東京]까지 왕행과 복
행할 때 및 에도 체류 중의 향응이며, 후자는 에도에서 국서를 교환한 후
에 관백이 베푼 향응이다.

앞서 무로마치 막부의 어성에서 있었던 「식3헌(式三獻)」을 기술하였다.
어성의 전반부였던 「식3헌」에서 술잔의 응수에 동반하여 술안주로 올랐던
1台 · 2台 · 3台는 에도시대에 이르면 753선으로 바뀌고 여기에서의 753선

은 다만 보이기 위한 간반요리가 된다. 1태(台)가 7선(膳), 2태(台)가 5선(膳), 3태(台)가 3선(膳)으로 바뀌었다. 꽃[床花]으로 장식한 7종류의 음식이 담겨진 상[膳], 5종류의 음식이 담겨진 상, 3종류의 음식이 담겨진 상이 1차연인 헌부(獻部)에서 간반용(看盤用) 요리로서 술 3잔의 배선과 함께 시계열형의 점진적인 배선이 이루어 진다.

이 때 753선은 먹지 못하고 다만 보기 만 할 뿐이기 때문에 술 제1의 잔·흡물(吸物, 탕), 술제2의잔·흡물, 술제3의 잔·흡물로 구성되어 탕이 술안주로서 별도로 제공되고 있다.

1차연의 헌부가 끝나면 식사 부분인 선부(膳部)로 구성된 2차연이 이어 진다. 2차연은 세부류로 나누어 진행되었다. 첫 번째 부류는 1차연의 753선을 3개의 선으로 간주하고, 네 번째 선, 다섯 번째 선이 배선된 후 과자와 차(茶)가 올려지는 것이며, 두 번째 부류는 먹을 수 있게 준비한 7종류의 음식이 담긴 상, 5종류의 음식이 담긴 상, 3종류의 음식이 담긴 상인 753선이 시계열형으로 배선되며 이후 과자와 차로 이어지는 것이다. 이때에 올랐던 7선·5선·3선을 본선(本膳)·2선·3선 이라고도 지칭하였다. 세 번째 부류는 753선과는 완전히 성격이 다른 공간전개형 배선 방식을 채택한 3즙 15채 (三汁 十五菜)를 하나의 상에 일시에 차리는 형태이다 (〈표 5〉).

〈표 5〉 조선왕조후기 궁중의 생신연과 에도시대 때 조선통신사 접대를 위한 어성(御成)에서의 상차림 배선(김상보, 『조선왕조궁중의궤음식문화』, 279 : 堀內信, 「南紀德川史第 14册」, 8~16)

	1887년 조선왕조 대왕대비 생일 축하연	에도시대 조선통신사 접대를 위한 어성(御成)	
술 제1의잔	진찬(進饌), 진화(進花)	사화채운대(絲花彩雲臺, 제1의술잔)	헌부(獻部) 753선
	수배상(壽杯床, 제1의 술잔)		
		7의 膳(本膳)	
	시접반(匙楪盤)	압(押, 젓가락을 올려놓은 반)	

	초미(初味)	흡물(吸物, 탕, 押위에 올려져 나옴)	
술 제2의잔	수배상(제2의술잔)	사화채운대(제2의술잔)	
		5의 膳	
	이미(二味)	흡물(탕, 押위에 올려져 나옴)	
술 제3의잔	수배상(제3의술잔)	사화채운대(제3의술잔)	
		3의 膳	
	삼미(三味)	흡물(탕, 押위에 올려져 나옴)	
술 제4의잔	수배상(제4의술잔)		선부(膳部)*
	사미(四味)	네 번째 膳.	
술 제5의잔	수배상(제5의술잔)		
	오미(五味)	다섯 번째 膳	
	별행과(別行果)	과자(菓子)	茶部
	茶	茶	

* 膳部부분은 2차연으로서 본표에서는 네 번째 膳·다섯 번째 膳으로 관백이 베푼 어성을 기술하였으나 기타 관연(官宴)에서는753膳이, 혹은 3汁 15菜가 배선되고 있다. 헌부가 주례(酒禮) 부분이라면 선부는 식사부분.

에도시대 연회의 전반부인 1차연에 올랐던 753선에 대한 다음의 기록은 이들 상의 간반적 성격을 보다 분명히 알 수 있게 하므로 소개한다.

"753膳은 에도시대 손님을 맞이하였을 때 최상으로 대접하는 요리로서 일정한 기준과 규정에 의하여 정해진 규칙 하에서 만들어 졌다. 따라서 江戸·名古屋·大阪·蒲刈 ·대마도 등 거의 전국이 똑같이 만들어져 나왔으며, 과일 부분만 계절과 지방에 따라 재료 부분이 다른 정도이다. 일정한 기준과 규정에 의하여 만들어졌기 때문에 쉬워 보이지만 그 재료를 수집하기 위한 고생은 대단한 것이었다…753膳은 酒宴의 場에 나오는 다분히 의식적인 것으로서, 奈良臺의 위에 술잔을, 押 위에는 젓가락 및 탕을 올려놓고 술의 行酒가 이루어지며 이것이 끝나면 모든 것을 치운 후 3汁15菜가 나오는 소위 식사의 부분이 되는 것이다."(柴村敬次郎, 「朝鮮通信使と食」, 78, 82)

최고의 손님을 맞이하였을 때에 본격적인 식사 대접에 앞서 술 접대를 위한 의식용으로서의 보이기 위한 요리 즉 간반(看盤)에 해당하는 753선에 대한 명확한 설명이라고 볼 수 있다. 753선(膳)은 전국 어디에서나 똑같다는 것이다. 이 753선에 대하여 조선통신사들은 다음과 같이 기술하고 있다.

"무릇 성대한 연회에 있어서는 안주 위에 금과 은의 가루를 뿌리고 반드시 물새를 잡아 우모(羽毛)를 그냥 두고 두 날개를 벌려 등 위에 금을 펴서 그 위에 안주를 놓는다. 또 산오리와 야학을 구하여 찬을 만드는데 만약 이 두 가지가 없으면 결례가 된다고 한다. … 존귀한 손님을 향연할 때에는 모두 백목기(白木器)와 생토기(生土器)를 쓰고 금과 은을 칠하며, 젓가락도 또한 白木으로 만들어 쓰고 한번 쓰고 나면 버리고 다시 쓰지 않는다. 잔을 돌려가며 수작할 때에는 반드시 전채(剪綵)·사화(絲花)·금대(金臺)를 쓴다. 음식을 보낼 때에는 얇은 백목판으로 된 그릇에 담는다. 그 모양은 네모진 상자(方箱)와 같은데 운족(雲足)을 조각한 것은 백절상(白折箱)이라 하고, 운족을 조각하지 않고 금과 은을 칠한 것은 화절상(花折箱)이라 한다. 그밖에 존경하는 예절에는 모두 백반(白盤)을 사용한다(강홍중, 『동사록』).

잔치 때에는 753제도가 있다. 처음에 7그릇이 담긴 반을 올리는데 물고기 또는 채소를 가늘게 썰어 높이 괸 것이 마치 우리나라의 과일 반(盤)과 같다. 다음 5그릇이 담긴 반을 올리고 다음에는 3그릇이 담긴 반을 올리며, 물새를 잡아서 그 깃털을 그대로 둔 채 두 날개를 펴고 등은 금칠을 하고, 과실·물고기·고기 등에 모두 금박(金箔)을 올린다. 잔을 받치는 상에는 반드시 전채화(剪綵花, 깎아 만들어서 색칠한 꽃)를 쓴다. 혹 나무로 새겨서 만들기도 하는데 천연색 꽃과 아주 흡사하다. … 성대한 잔치에는 흰 목판 및 질그릇에 금과 은을 칠한 것을 쓴다. 끝나면 정(淨)한 곳에 버리고 다시 쓰지 않는다. 금과 은으로 생선·고기·국수·떡 위에 칠한다. 잔치 자리에 두루미·날기러기를 찬으로 하지 않으면 결례가 되는 것으로 여긴다. 물새를 잡아 그 깃털을 그대로 두고 양깃을 편채로 말려서 금과 은을 칠하고 성대한 잔치를 베푼다. 채색비단을 잘라서

꽃을 만들기도 하고, 더러는 칼로 나무를 깎아서 색칠하여 화초 모양을 만들어 잔치 자리에 놓는다. 정교하기가 진짜에 가까워서 다섯 걸음 밖에서는 그 진위를 가릴 수 없다. 찬을 올리 고 술을 돌릴 때 마다 으레 소장(小將)을 시켜서 한다."(황호,『동사록』)

공복을 입은 왜관이 서쪽 협실로부터 음식을 받쳐오고, 또 사화채운대(絲花彩雲臺)를 받들고와 그 위에 금을 칠한 士杯를 놓고서, 먼저 관백 앞에 바치고 다음에 세명의 사신에게 바친다. 쟁반과 접시가 모두 금인데 一路에 비하여 더욱 정교하고 꽃도 정교하다. 이것은 일본의 큰 경축예식에 쓰이며, 마치 우리나라의 수배상(壽杯床)과 같다….(황호,『동사록』)

네모진 상자와 같은 메이메이젠에 7종류의 음식, 5종류의 음식, 3종류의 음식을 차리고 이를 753제도라고 기술하면서, 이들 상차림은 조선의 과반(果盤)과 모양이 같으며 술잔은 상화(床花)를 올려 놓은 사화채운대(絲花彩雲臺)에 담아올리는데(이 사화채운대를 奈良臺라고도함) 이는 우리나라의 수배상(壽杯床)과 같다는 것이다. 술안주인 탕과 젓가락은 압(押)이라는 반위에 담아 올린다고 하고 있다.

이상의 내용에 의하면 조선왕조의 연회와 일본 막부 어성에서의 연회를 비교할 때 일정한 형식이 〈표 5〉와 같이 제시된다. 조선왕조는 간반(看盤)에 해당되는 진찬(進饌)이 있어 커다란 상에 상화를 꽂은 고임 음식을 차려 연회의 앞부분에 미리 배설되고 이후 술잔을 올려놓은 수배상과 순가락및 젓가락을 담은 시접반이 올려 지며 술제1잔의 안주에 해당되는 초미(初味)가 배선된다.

연회 시작 전 처음에 간반인 진찬이 올라가는 조선왕조와 달리 일본의 어성에서는 술잔을 올려놓은 사화채운대가 배선되고 이후 간반인 7의선과 젓가락 및 탕을 올려놓은 압(押)이 배선된다. 그러니까 조선왕조의 초미가 일본의 경우 흡물(吸物)인 셈이며, 조선왕조는 간반이 진찬에 해당하는 하나의 상인데 반하여 일본의 어성에서는 간반이 7선·5선·3선인 세 개의

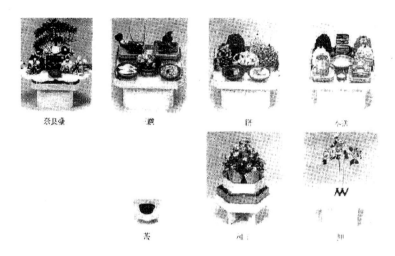

<그림 10> 1682년 가마가리[蒲刈]에서 삼사에게 조·석으로 제공한 753膳중에서
일부분을 복원한 그림.

상으로 구성되었다(〈그림 10〉)

조선왕조 전기(前期)에는 연회할 때 차(茶)를 앞부분에서 배선하였지만
후기에는 연회 끝에 올렸다. 조선왕조 후기에 해당하는 에도시대 때, 조선
통신사를 위한 어성에서도 같은 양상으로 나타난다. 이들 연회 양자는 다
례(茶禮)와 주례(酒禮)가 결합된 연회의례이다.

IV. 맺음말

성종 2년 (1471) 신숙주에 의해 편찬된『해동제국기』에 의하면, 일본사
신을 위한 일상식에서 삼첩상 · 오첩상 · 칠첩상을 조석반(朝夕飯)과 주점
심으로 제공했고, 조반(早飯)에는 죽을 중심으로 하여 차린 거식삼과상(車
食三果床) · 거식오과상 · 거식칠과상을 접대하였다. 조반(早飯)은 숙공조
반식(熟供早飯食)이 있어서 일종의 다례연(茶禮宴)을 행하였는데 거식상

외에 술안주로서 초미·이미·삼미에 해당되는 탕 3기가 추가되었으며, 거식상·차·술제1의잔 → 술제2의잔·탕 → 술제3의잔·탕 → 술제4의잔·탕 → 술제5의잔으로 진행되었다.

거식상은 연회용 상차림이기도 하였다. 연회연을 위한 거식상에는 상화(床花)인 지야생화(紙野生花)를, 고여 담은 과일 위에 꽂은 것으로 되어있기 때문에, 조반상(早飯床)에 올랐던 거식상 위의 고여 담은 과일 위에도 또한 상화를 꽂았을 것이다. 조선왕조 전기(前期)에 나타나고 있는 이러한 상차림문화는 물론 고려왕조 음식문화를 계승한 것이다.

에도[江戶, 1603~1867]시대 조선통신사에게 베푼 음식상 중에는 753선(膳)과 3즙(汁)15채(菜)가 있어, 이들은 통신사 일행 중 정사·부사·종사관·당상역관에게 제공되었다. 753선이란 가마쿠라[鎌倉, 1185~1333]시대에 등장한 1인용의 작은 밥상인 메이메이젠[銘銘膳]에 7기·5기·3기를 차린 밥상으로 3헌의 술 헌수와 더불어 시계열형으로 점차적으로 배선되는 다만 보기만하는 간반용(看盤用)과 식사를 위해 제공되는 것으로 분류하였다,

간반용 753선의 전신은 무로마찌[室町, 1338~1573]시대 연회에서의 식3헌(式三獻)에서 술의 헌수에 따라 시계열형으로 올랐던 1태(台)·2태(台)·3태(台)이지만, 식3헌 이후 에는 식사 부분에서도 본선요리(本膳料理)라고 지칭하는 7선, 5선, 3선이 시계열형으로 배선되었다.

조선왕조 전기(前期)에 일본 사신에게 일상식으로 제공되었던 7첩·5첩·3첩 상과 같은 숫자의 753선이 화려한 연회음식의 하나로서 일본의 음식사에 본격적으로 등장한 것은 이시기로 보고 있다.

아즈치모모야마[安土桃山, 1574~1602]시대에는 본선요리가 다도(茶道)와 결합하면서 간반(看盤)요리가 되고, 상화(床花)가 간반에 꽂혀졌다. 한반도의 경우 다례(茶禮)와 결합된 연회에서의 상화(床花)에 대한 문헌적 출현은 고려시대로 거슬러 올라가나 일본의 경우 한반도 보다 훨씬 늦은 아즈치모모야마시대가 되고 있다.

〈표 6〉 시대적으로 구분한 한반도와 일본의 다례연 구성

	고려왕조 (918~1392)	조선왕조 (1392~1910)	일본가마쿠라시대~ 에도시대 (1195~1867)
918	진다(進茶)·과반(果盤)·다식(茶食) → 진화(進花)→초미(初味)·술제1의잔→이미(二味)·술제2의잔 →삼미(三味)·술제3의잔(『고려사.예지』「팔관회」) ※과반의 내용은 유밀과, 1192년 왕명에 의하여 유밀과 대신 과일로 대신하게함(작은잔치 3그릇, 중간잔치 5그릇, 큰잔치 9그릇)(『고려사』)		가마쿠라(鎌倉, 1185~1333)시대
1338			오시키(折敷)밥상 등장.
			무로마치(室町, 1338~1573)시대
1392			
1418		·태종18년(1418)중국사신을 위한 연회 외에는 연회때 一果床을 쓸것을 명함.(『세종실록 권5』)	
1443		·세종25년(1443) 일본사신 광엄과 우춘이 본인들 음식상에 꽂혀있던 녹색꽃을 본국으로 가지고감. (『세종실록 권102』)	식삼헌(式三獻, 술제1의잔·제1의대(臺), 술제2의잔·제2의대, 술제3의잔·제3의대) → 본선요리(本膳料理, 7·5·3膳)
1471		·일본사신접대 때 3첩상·5첩상·7첩상, 車食五果床 등을제공(『해동제국기』, 1471).	
1573		·일본사신을 위한 궐내연(闕內宴)에서 소일	

1602 1867 1887		과사행상(小一果四行床)→권화(勸花)→茶·果盤·술제1의잔→초미·술제2의잔→이미·술제3의잔→삼미·술제4의잔→술제5의잔·대육으로 진행됨(『국조오례의』) ·진찬→진화→초미·술제1의잔→이미·술제2의잔→삼미·술제3의잔→사미·술제4의잔→오미·술제5의잔→대선→진다(進茶)·과반(果盤, 다식·생실과·유밀과).(『진찬의궤』, 1887)	아즈치모모야마(安土桃山, 1574~1602)시대 ·본선요리가 다도(茶道)와 결합하면서 의식화한 간반요리(看盤料理)로 발달, 상화(床花)등장. 에도(江戸, 1603~1867)시대 ·상화(床花)를 꽂은 간반요리(7·5·3선)→본선요리(7·5·3선) 3즙15채 (三汁15菜) → 茶과자

상화에 대해서는 『세종실록』에 하나의 실마리를 제공해 주는 기록이 실려 있다. 세종 25년(1443) 연회에 참석했던 일본사신이 음식상 위에 꽂혀 있던 녹색꽃을 달라고 하면서 본국에 가서 자랑삼아 보이겠다고 하여 허락하였다는 기록이 기술되어 있다.

아즈치모모야마 시대에 다도와 결합하면서 상화를 꽂은 의식화한 간반요리의 발달 배경이 조선왕조의 연회문화 영향이라고 단적으로 말할 수는 없다 하여도 추정할 수있는 단서를 제공해 준다고 볼 수 있다.

에도시대 조선통신사 접대에 올랐던 753선을 둘러싼 연회문화는 주례(酒禮)와 다례(茶禮)가 결합된 것에서 조선왕조의 연회문화와 (진찬안·753

膳)(시접반·押) (수배상·絲花彩雲臺) (미수·吸物) (茶·茶) (별행과·果子)에서 상당한 공통점을 발견할 수 있고(〈표 6〉), 또한 753선의 상차림 방법은 조선왕조의 과반(果盤)과도 고임음식 형태나 상화에 있어서 공통점이 있음을 밝힌다.

다만 조선왕조 전기(前期)에는 차(茶)와 과반을 연회의 전반부에 배선한 것에 반하여 후기에는 에도시대의 연회 때와 마찬가지로 연회의 끝 부분에 배선되고 있다.

선왕조 전기(前期)에 등장하고 있는 일상식 반상인 3첩·5첩·7첩 반상의 3·5·7이라는 숫자의 근거와 기원에 대해서는 앞으로 심도 있는 연구가 요망된다.

제83회 발표, 2008년 7월 3일

왜구(倭寇), 약탈의 시대에서 공존의 시대로

|

마쓰오 히로키(松尾 弘毅, 九州大學 교수)

Ⅰ. 머리말

'왜구(倭寇)'는 중국대륙과 한반도 연안 등에서 침략·약탈행위를 일삼은 일본인 해적을 가리키는 용어이다. 그러나 각국의 역사자료를 살펴보면 왜구라 불리는 집단은 시기에 따라 그 성질이 크게 다르다는 것이 판명(判明)되었다. 16세기 전반에 중국대륙 연안에 출몰한 해적집단은 당시 관헌으로부터 '왜구'라 불리고 있었으나, 그 실태는 일본인만이 아니라 밀무역을 하는 중국인 상인에 대해 '바다에서 비합법활동을 하는 무법자'라는 의미로 사용되고 있었다. 이러한 차이에서 왜구를 일본인이 주체가 되어 약탈행위를 한 '전기왜구(倭寇)'와 중국인 주체의 밀무역집단인 '후기왜구(倭寇)'로 분류하고 있다.

이번 강연에서는 이들 왜구 중, 건국당초의 조선왕조와 관계가 깊었던 전기왜구를 대상으로 하는데 이 전기왜구에 대한 대책은 건국직후 조선왕조뿐만 아니라 명(明)이나 일본, 유구(琉球) 등 동아시아 제국에 있어 중요하고도 긴요한 과제였다. 이들 동아시아 제국의 국가형성에 있어 전기

왜구는 커다란 영향을 미쳤고, 말하자면 동아시아 사회의 국가적 재편을 촉진시킨 주요인 중 하나로 평가할 수 있다. 게다가 이 왜구에 대한 대응을 기초로 하여 조선왕조와 일본의 통교관계가 구축되었으며, 조선왕조 전기부터 중기에 걸친 한일무역의 초석이었다고 해도 과언이 아니다. 왜구를 단순히 '약탈행위로 한반도에 많은 피해를 초래한 일본인을 주체로 하는 해적집단'이라고만 볼 것이 아니라, 당시의 조선왕조가 국제관계를 진전시켜 가는데 있어 극복해야만 하는 장벽으로 파악하고 조선왕조의 대처를 분석하여 왜구를 어떻게 다스렸는가를 올바르게 평가함으로써 이후의 한일관계에 대한 이해를 원활히 할 수 있다고 생각한다.

II. 전기왜구(前期倭寇)의 제상(諸相)

'왜구'라는 단어는 호태왕비문(好太王碑文)에 그 기술이 있고 14세기의 『고려사(高麗史)』나 건국당초의 『조선왕조실록(朝鮮王朝實錄)』에서도 많이 볼 수 있다. '왜구'라고 하는 용어는 일본인해적을 가리키는 단어가 아니라, 침략을 받은 지명과 함께 '倭, ○○에 침공하다'라고 하는 주술문(主述文)에 의한 형식으로 표현되는 것이 본래의 용례였다. 이것이 변하여 '왜구'는 일본인해적을 나타내는 용어가 되었다.

이 '왜구'라는 용어는 조선왕조·명(明) 등의 당시 역사자료에서 사용된 용어이기 때문에 당연히 일본 측 자료에서는 그 이름을 찾아낼 수 없다. 해적을 가리키는 일본 측의 용어로는 'ばはん'이 사용되어 왔다. 무사의 수호신인 하치만다이보사쓰(八幡大菩薩)을 신앙시하고 있던 해적집단이 달고 있었던 '팔번(八幡)'의 깃발에서 변하여 'ばはん'이라고 칭하게 되었으나 이것은 전기왜구의 시기보다도 이후 시대의 호칭으로, 전기왜구에 대해서는 명확한 명칭을 확인할 수 없다. 또한 왜구에 의한 약탈행위를 나타낸 일본측의 역사자료도 그다지 많지 않다. 쓰시마[對馬]의 도주(島主)

인 소오[宗]氏에 의해 한반도로 갈 때 배를 내보내는 것에 대해 '조선공사 (朝鮮公事)'라고 하여 세금이 부과되고 있었다. 이 '조선공사(朝鮮公事)'의 대상이 되는 한반도로 도항하여 시행하였던 모든 일 중에 해적으로서의 활동도 포함되어 있다고 생각된다. 또한 가마쿠라 바쿠후[鎌倉幕府]의 기록인 『오처경(吾妻鏡)』중 1232년에 고려에서 약탈행위를 한 자의 신병을 인도하도록, 히젠 슈고[肥前守護]의 쇼니 스케요시[少貳資能]가 명한 고문서를 확인할 수 있는데, 히젠 가가미샤[肥前鏡社](현재의 사가켄[佐賀縣]) 가라쓰[唐津]市]에 있는 가가미진자[鏡神社] 다이구지[大宮司] 쿠사노[草野]氏는 이것을 거부하고 있다. 전기왜구에 의한 한반도의 약탈행위 그것이 일본 측 고문서에 기록된 희귀한 사례임과 동시에 이미 가마쿠라[鎌倉]시대인 13세기전후에 큐슈[九州]의 일부 세력이 약탈행위를 자행하고 있었던 것을 알 수 있다.[1]

게다가 '본카닌[犯科人, 한반도에서 약탈행위를 행한 범죄재]'을 가마쿠라 막부 고케닌[御家人]인 쿠사노씨[草野氏]가 나라의 장관(長官)인 수호 (守護)의 명령조차 거부하고 인도하지 않았던 점에서 이 왜구와 쿠사노[草野]氏간에 어떠한 관계가 있었던 것으로 추측된다. 아마 이 당시부터 왜구는 큐슈[九州]의 재지(在地)세력과 결탁, 혹은 재지세력이 왜구의 편성에 관여하는 입장에서 어느 정도 조직적으로 중국대륙이나 한반도로의 해적활동을 전개해 갔던 것은 아닐까 하는 추측도 가능하다.

왜구가 가장 맹위를 떨쳤던 것은 1350년부터이다. 이른바 '경인(庚寅 =1350년)이래의 왜구'인데, 이때의 왜구는 이미 상당히 대규모화 하고 있어 그 행동이 조직적이었다고 지적되고 있다. 배로 200척에서 300척, 1,000명에서 3,000명의 인원이 1,000마리가 넘는 기마(騎馬)로 한반도 내륙 부까지 침공하여 극도로 창궐하였다고 전해지고 있다. 처음에는 쌀 등

---

1 『高麗史』를 참조하면 이미 11세기 단계부터 일본인의 한반도에 대한 해적활동을 확인할 수 있다고 한다. 이것도 전기왜구에 해당되지만 규모가 작고 산발적이기 때문에 이 시기 왜구의 상세한 부분은 명확하지 않은 점이 많다.

의 식량을 주로 약탈하였으나 후에는 인신의 유괴가 해적활동의 주체가
되어 간다. 이렇게 포획된 한반도 사람은 '피로인(被虜人)'이라 부르며, 당
시 인신매매도 이루어지고 있었던 무역도시 하카다[博多] 등에서 매매되었
고, 큐슈[九州]·류큐[琉球] 각지로 전매되고 있었다. 이와 같이 약탈행위
를 행한 왜구는 주로 '삼도(三島)'라 불리는 쓰시마[對馬]·이키[壹岐]·마
쓰우라[松浦] 지방을 주 근거지로 한 재지세력이었다. 이들 지역은 토지의
생산성이 낮아 특히 쓰시마 등은 기후가 불순하여 기근에 빠지기 쉬웠기
때문에 일상의 식량을 구하기 위해 왜구가 되어 약탈행위를 행하였으리라
고 생각된다. 그러나 경인년(庚寅年) 이래 급속히 왜구가 대규모화·조직
화된 이유는 분명하지 않다. 당시의 일본은 특히 큐슈[九州]를 중심으로
'칸노[觀応]의 조오란[擾亂]'이라 불리는 대규모 전쟁상태에 있어 그 전쟁비
용 조달을 위해 재지세력이 조직한 군대를 한반도로 파견하여 해적활동을
저지른 것으로도 생각할 수 있다. 한편으로 무라이 쇼스케[村井章介]씨는
한반도·큐슈[九州]·중국(中國) 대륙 등에서 해협을 낀 지역에 살고 있는
사람들(=Marginal Man)의 존재를 주장하였고, 국가적 조직에 속하지 않
은 사람들이 바다를 건너 교역이나 약탈행위를 전개하였다고 하였다. 이
마지널맨의 제민족잡거(諸民族雜居)가 보다 촉진됨으로써 왜구의 활동도
대규모화되었다고 해석하고 있다. 당시 왜구의 대규모화·조직화가 어떠
한 요인에 유래한 것인가에 대해서는 현재에도 명확한 결말이 나지 않지
만 일본의 경제와 유통의 발달이 그 배경에 있었던 점은 잊어서는 안 될
것이다. 또한 각각의 약탈행위의 규모가 확대되어 한때는 한반도 내륙 부
까지 침공을 허용하게 되었던 것은 사실이지만 항해기술의 발달로 보다
많은 사람이 한반도로 도항할 수 있게 되었던 점에서 다발적으로 왜구가
침몰하게 되었을 가능성도 고려해 두어야만 한다고 생각한다. 예를 들어
당시 좋은 어장이었던 한반도 남서부로 출어할 수 있게 된 쓰시마 사람들
이 그 귀로에서 관선(官船)을 습격하는 사건도 자주 발생하게 되었던 것
은 아닌가 생각된다. 이처럼 습격사건은 조선왕조 초기에도 다수 확인할

수 있어 이러한 왜구와 표리일체인 어민이 한반도로 많이 도항하게 되었던 점도 한반도에서 왜구가 많이 출몰하게 되었던 원인이었음은 틀림없을 것이다. 왜구의 증가는 한반도의 피해확대를 나타내는 한편 이유야 어찌 되었든 왜구를 포함한 보다 많은 사람들이 한반도로 도항하게 된 사실을 나타내주고 있다.

Ⅲ. 조선왕조(朝鮮王朝) 건국직후의 왜구대책(倭寇對策)

1368년에 건국된 중국 명(明) 왕조는 건국 시부터 왜구문제에 대처하지 않으면 안 되었다. 명은 해금(海禁)정책에 의해 자국의 영토를 외해(外海)와 격리하는 강력한 선박출입의 관리시스템을 만들어냈다. 즉 국왕 등 일부 사람의 통교만을 허락하고, 그 이외의 모든 선박을 차단하는 것으로 왜구로부터 국토의 안전을 확보하고자 하였던 것이다. 허가 없이 외해(外海)를 도항하는 선박을 모두 위법으로 판단하는 명의 해금정책은 왜구를 근절하는 데까지는 미치지 못했지만, 그 활동을 견제하는 데에는 크게 기여하였다.

태조 이성계도 조선왕조 건국직후부터 '이역인(異域人)'의 유입문제에 직면하게 되었고 첫째로 해안부에서 맹위를 떨치는 왜구에 대한 대처가 급선무였다. 태조는 우선 조선왕조 건국에 따른 군정의 정비에 맞춰 해안부 군비를 강고히 하였다. 『조선왕조실록(朝鮮王朝實錄)』에 따르면 실로 1420년 전후의 세종대까지 해안부의 성읍(城邑)·봉태(烽台)를 계속적으로 정비했으며, 해안부의 군병의 배치에 대해서도 세밀히 의논하여 유사시에 대비하도록 하였다. 더 나아가서는 남해안에 있는 섬들의 주민을 모두 내륙부로 철수시키는 공도화(空島化) 정책 등도 실시하는 등 거국적으로 왜구에 대비하는 체제를 만들고 있었다.

한편, 태조는 국왕 취임 직후부터 일본의 무로마치[室町] 장군에게 사자

를 파견하여 왜구의 단속을 요구하고 있다.[2] 우선은 교린관계(交隣關係)를
구축하는 것으로 왜구의 단속을 기도하였지만 조선왕조가 바라는 왜구의
규제는 실행되지 않았다. 이에 비해 무로마치 장군과 병행하여 단속을 요
청했던 큐슈[九州] 주변의 재지세력으로부터는 전혀 다른 반응이 돌아왔
다. 당시 무로마치 막부가 큐슈[九州] 무사의 통괄자로 큐슈탄다이[九州探
題]에 임명한 이마가와 료슌[今川了俊]으로부터 실로 천명 규모의 피로인
(被虜人)을 반환 받았고, 왜구를 강력히 단속할 뜻을 통달 받았던 것이다.
나아가 일본 혼슈[本州] 최서부와 큐슈[九州]북동부를 지배하고 있던 오오
우치씨[大內氏]와 큐슈[九州] 남부의 제 세력으로부터도 같은 양상의 다수
의 피로인 쇄환과 왜구 단속의 약속을 통달하는 사자가 파견되었기 때문
에 태조는 이러한 피로인의 송환자에게 후한 대우로 회답하였다. 이러한
후우(厚遇)를 받고자 큐슈[九州]와 류큐의 여러 재지세력이 빠짐없이 피로
인을 한반도로 송환하게 되었으며 피로인 송환을 명목으로 조선으로 사신
을 파견하여 많은 은사(恩賜)를 받으려는 풍조가 생겨나게 되었다. 명(明)
과 일본의 무역은 해금정책에 의해 원칙적으로 국가의 대표자 상호간의 1
대 1의 관계 이외는 존재할 수 없었다. 이에 반해 건국 당초 조선왕조와
일본과의 무역은 매우 많은 일본인 무역자가 조선으로 사자를 파견하여
조선왕조와 관계를 맺는 1대 다수(多數)의 관계라는 특징을 지닌다. 이 특
징이 그 후의 한일무역을 크게 규정하는 원인이 되었지만 이것은 왜구의
존재와 이것을 극복하고자 하는 조선왕조의 대책에 크게 유래하였던 것이
었다고 말할 수 있다.

---

2 일본에 대한 왜구단속의 요구는 이미 고려시대 말기부터 이루어지고 있었지만 당
시의 일본은 남북조시대로 조정이 분열되고 있는데다가 전국적인 전란상태로 상
부권력의 재지세력에 대한 규제력이 낮아 실효성을 수반하지 못하였다. 남북조 합
일이후에도 유력하긴 했으나 이른바 京都의 재지세력에 지나지 않았던 室町幕府
의 규제력은 전혀 변하지 않아 왜구를 단속할 자세는 부족하였다.

IV. 한반도에 정착한 왜구(倭寇)

1. 왜구의 투항

조선왕조가 피로인의 송환과 왜구 단속의 약속을 명목으로 큐슈[九州] 각지의 세력이 파견한 사자(使者)를 수용하고 후대하는 등 일본에 대해 친화적이라고도 말할 수 있는 자세를 내세움으로써 왜구의 모습에도 커다란 변화를 초래하게 되었다. 그것은 왜구 측에서 조선왕조에 대해 평화적인 접속을 요청하였던 것이다.

우선 조선 태조 5년(1396)에 왜구의 수령(首領)인 큐로쿠[玖六] 등이 와서 조선왕조로 투항을 제의하였다. 태조는 이것을 환영하여 그 투항을 즉석에서 수락하였다. 다음 해에는 큐로쿠[玖六] 등에 대해 낮은 지위지만 장군직이 수여되었다. 역사자료에서 명확하게 왜구로 알려진 자의 투항과 더불어 일본인에 대한 조선왕조의 관직 수여는 이것이 처음인데, 큐로쿠[玖六]에 대해서는 왜구의 수령 급이었다고 할 뿐 그 출신과 투항 수용에 이르는 경위는 명확하지 않다. 선왕으로 이 전후에 라카온[羅可溫]이라 불리는 왜구도 조선왕조에 대해 투항을 요청하고 있는 것이 『조선왕조실록(朝鮮王朝實錄)』에 보인다. 이 라카온[羅可溫]에 대해서는 현재 그 출신이 명확하지만 조선왕조는 이 라카온[羅可溫]이 투항을 제의해 온 것에 대해서 매우 큰 충격을 받고 있다. 그것도 그럴 것이 라카온[羅可溫]은 왜구의 최대거점인 쓰시마에서 가장 유력한 왜구세력의 수령 중 한 사람이었던 것이다. 당시 쓰시마는 아직 소오[宗]氏에 의해 도내(島內) 지배가 확립하지 않은 시기였고, 라카온[羅可溫]일족은 소오씨[宗氏] 등도 무시할 수 없는 세력을 가지고 있었다고 생각된다. 이처럼 왜구가 조선왕조로 투항함에 있어 조선왕조와 라카온[羅可溫]사이에는 일촉즉발의 긴장감이 흐르고 있었다. 이하 라카온[羅可溫]의 투항에 대해서 그 내용을 간단히 살펴보고자 한다.

　라카온[羅可溫] 등 왜구 일당은 배 60척을 거느리고 영해(寧海)의 서쪽에 있는 축산도(丑山島)로 침공하였는데, 조선왕조의 관군에 패하였고 그곳에서 '한반도에서 토지를 지급받으면 두 마음 없이 섬기도록 하겠습니다.' 라고 투항을 출원하였다. 당연히 조선왕조측은 왜구의 제의를 신용할 수 없었고 이것을 거부하자는 의견이 대세였지만 관군으로서 라카온[羅可溫]과 싸운 계림부윤 류량(鷄林府尹 柳亮)만이 왕의 위신으로 이것을 허락해야 한다고 아뢰고 라카온[羅可溫]에게도 '투항하여 왕의 위광(威光)을 입으면 한반도에서 많은 지위와 이익을 약속하고자한다.' 고 설명하였다. 라카온[羅可溫]은 투항이 수용된 것을 기뻐하여 자신들이 포획한 피로인을 반환하고, 울주(蔚州)로 들어갔다. 울주의 지사(知事)였던 이은(李殷)은 라카온[羅可溫] 일행 등을 후히 대접하였고 여기에 기분이 좋아진 라카온[羅可溫]은 자식인 都時老[도지로]와 수하 昆時羅[곤지라]를 인질로 류량(柳亮)에게 보내게 되었다. 그러나 공교롭게 류량(柳亮)은 병으로 쓰러져 라카온[羅可溫]을 만나러 가지 못했고, 라카온[羅可溫]은 '투항하면 한반도에서의 지위와 이익을 인정해 준다는 것은 실은 거짓말이며 이대로 상경하면 일당은 모두 함께 몰살당하는 것은 아닌가?' 하는 의심이 생겨버렸다. 큐로쿠[玖六]의 투항과 조선왕조에서의 관직 수직은 이 라카온[羅可溫]의 일련의 투항과 병행하여 이루어졌고, 라카온[羅可溫]의 귀에는 조선왕조가 그 외에도 왜구의 투항을 받아들여 후히 대우하였다는 사실은 듣지 못했다. 의심이 생긴 라카온[羅可溫]에게는 지금까지 한반도에 대해 횡포를 부려 온 자신들을 조선왕조가 받아들여 준다는 것은 아무래도 생각할 수 없다고 여기게 되었고 결국 이은(李殷) 등 울주(蔚州)의 관리를 잡아서 對馬로 도망쳐버렸다. 이은(李殷) 등의 신병은 곧 반환되기는 하였으나 여전히 라카온[羅可溫] 등 왜구가 조선왕조에 대해 불신감을 가지고 있었던 것을 알 수 있다. 한편 태조는 라카온[羅可溫]의 행동을 책망하지 않고 친화적 자세를 관철하였다. 즉 인질로 남겨진 라카온[羅可溫]의 아들 도지로[都時老]와 수하 곤지라[昆時羅]에 대해 직(職)을 줘서 조선왕조에 투항한

자를 널리 수용한다는 것을 보여 주었다. 이것을 안 라카온[羅可溫]은 다시 조선왕조에 대해 투항을 요청했고, 상경을 허락받았다. 조신(朝臣) 중에는 라카온[羅可溫]이 상경하고 있는 틈에 항구에 남아있는 왜구를 토벌해 버리자는 강경의견도 있었고 왜구의 수용에 대해서는 뿌리 깊은 반발도 있었으나 상경한 라카온[羅可溫]일행에 대해서는 환영 연회와 선물이 수여되었고 후에 관직도 주었다.

태조의 뒤를 이은 정종의 시대가 되자 왜구에 의한 한반도의 피해는 급속히 진정되었다. 이것은 가장 유력한 왜구의 일파인 라카온[羅可溫] 등이 투항하였던 것과 라카온[羅可溫]의 투항을 받아들인 조선에서 엄청난 대우를 받고 있다는 점을 안 다른 왜구가 연이어 조선왕조로 투항해 왔기 때문이라고 생각된다.

조선왕조에서는 투항하여 한반도에 거주하게 된 일본인을 '향화왜인(向化倭人)'이라고 불렀다. 나아가 이 향화왜인 중에 라카온[羅可溫]과 같이 수령급인 자에게는 관직을 수여하여 자국 관리로 삼았다. 이처럼 조선왕조로부터 관직을 수여받은 일본인은 '수직왜인(受職倭人)'이라 불렀다. 이러한 정책에 의해 많은 왜구를 조선왕조가 돌봐주게 되었고 당연히 조선왕조로부터 받은 은혜로 인해 약탈행위를 할 필요도 없어졌기 때문에 그 활동은 급속히 보이지 않게 되었다. 명(明)은 해금정책이라고 하는 강경책으로 왜구의 활동을 억압하는 것만으로 일괄하였지만 조선왕조는 왜구를 적극적으로 수용하는 회유책에 의해 왜구 그 자체의 폭력적 측면을 배제하는데 성공하기에 이른 것이다. 조선왕조와 왜구의 공존은 여기에서 시작되었던 것이다.

2. 향화왜인(向化倭人)·수직왜인(受職倭人)의 급증과 조선왕조의 대응

조선왕조는 회유책을 추진하여 일부 왜구에 대해서는 적극적으로 자국에 편입하였다. 이로써 향화왜인이라고 하는 본래 왜구였던 일본인이 많이 한반도에 정착하게 되었다. 조선왕조측이 이러한 향화왜인에게 부여한 대우는 다양하였는데 주요한 것은 기본급인 녹(祿), 월급의 지급과 계절마다 지급하는 의복의 배급이었다. 또한 일시적이긴 하였지만 세금도 대폭적으로 면제되어 향화 직후의 일본인은 한반도에서 일할 필요가 없었다. 게다가 향화왜인에 대해 부여한 최대의 우우책(優遇策)은 조선왕조의 관직수여였다. 관직은 왜구의 수령과 쓰시마의 유력자 등 일부밖에 수여되지 않아 관직을 수여받은 자는 향화왜인 중에서도 유례없는 성공자였다. 일반적인 향화왜인이 지방의 내륙부에 살게 된 것에 반해 수직왜인은 한양에 토지와 주택을 수여받았고 관직에 상응하는 급료도 수급 받는 등 부여받은 대우도 각별하였다. 게다가 조선왕조는 수직왜인에 대해 처첩(妻妾)의 뒷바라지까지 맡아 한반도에 정착한 일본인이 다시 왜구로 돌아가지 않도록 하기 위해 고심하고 있었다. 그리고 조선왕조에 투항한 일본인이 후하게 대접받고 있다는 사실을 들은 자가 계속 한반도로 이주하게 되었다. 이것은 일본국내, 특히 대마(對馬)와 같이 토지가 메말라 생산성이 낮은 지역에서 곤궁하였던 농민 등이 신천지를 구하러 한반도로 건너왔던 경우가 대부분이었는데 조선왕조는 이러한 자들도 거두어들이고 있다.[3]

이러한 정책에 따라 조선왕조는 왜구에 의한 약탈행위의 진정화에 성공하였지만 다시 다른 형태로 자국 내에 많은 일본인을 유입시킨 결과를 초래하였다. 향화왜인(向化倭人) · 수직왜인(受職倭人)에 대한 대우에 드는 조선왕조의 경제적 부담은 방대하였고 그 삭감이 커다란 과제가 되었다. 게다가 유입되어 온 일본인에 대한 대응도 정비할 필요가 생겼다. 조선왕조는 연 4회 행하였던 의복 지급에 대해 연 2회 옷감을 지급하는 간소한 형식으로 변경하거나 지급지를 규제하여 엄밀한 관리를 시행하는 등 제도를 변경해 갔다. 게다가 태종시대에는 일본인의 벌칙에도 대명률(大明律)

---

3 체면상 왕의 덕을 연모해 찾아 온 자들의 기대에 보답한다고 하는 것이었지만, 실제는 일본인의 요구를 거부하면 그러한 강경자세 때문에 어딘가에서 왜구의 약탈행위 재연으로 연결될지 모른다는 잠재적 공포심도 있었다고 생각된다.

을 적용하는 등의 대책을 내세웠고, 점차 한반도에 정착한 일본인에 대한 관리를 엄격히 해 갔다. 여기에는 왜구의 활동이 일단 진정화를 보였던 점에서 막대한 비용을 투입하여 무조건적으로 일본인을 감쌀 필요성이 낮아졌던 점도 배경에 있었다고 생각된다. 대마(對馬)에서의 궁핍으로 식량을 얻기 위해 향화왜인이 되었던 자는 물론 조선왕조로부터 많은 이익을 받기 위해 수직왜인이 된 자들은 서서히 한반도에서 살며 직접 조선왕조를 섬길 메리트가 감소해 갔던 것이다.

3. 귀향하는 왜구(倭寇)

태종후기가 되면 일본으로의 귀국을 원한 수직왜인이 출현하게 되었다. 『조선왕조실록(朝鮮王朝實錄)』에는 라카온[羅可溫]을 비롯한 수 명의 수직왜인이 가족 만나는 것을 이유로 귀국할 뜻을 밝힌 기사를 볼 수 있다. 수직은 조선에서 거주하는 것이 전제이며 당초에는 일시적인 귀국만이 허락되었으리라 생각되지만, 후에는 고령 등을 이유로 일본으로의 완전한 귀향을 요구하게 된다. 이러한 귀국의 실제 이유는 수직에서 얻는 이익이 대폭 삭감됨으로써 한반도에서 거주할 메리트가 없어졌기 때문이었다고 생각되지만 조선왕조는 이러한 요구도 받아들여 일부 수직왜인들의 영속적인 귀향을 허가하고 있다. 이것은 배후에, 그들의 요구를 거부해 버리면 재차 왜구로 돌아가 버릴지도 모른다는 염려가 있었기 때문일 것이다. 더욱이 당시 제멋대로 조선에 건너와 귀착한 일본인의 신병송환을 쓰시마측이 요구해 왔고 경제적 부담을 감소하려던 조선왕조는 여기에 응하여 계속적으로 일본인을 송환하고 있었다. 수직왜인의 영속적인 귀국이 허용된 것은 이 풍조에 들어맞는 시책의 일환이었다고 생각된다.

어쨌든 태종후기부터 일본으로 귀국하는 향화왜인(向化倭人)·수직왜인(受職倭人)은 증가하였는데 그들의 대부분은 일본으로 귀국해서도 왜구로 다시 돌아가지는 않았다. 이것은 그들이 약탈행위를 하지 않아도 조선왕조와 통호관계를 유지하면 이 이상의 이익을 얻을 수 있다는 점을 알았기 때문이며 조선왕조는 이것으로 건국직후부터 최대의 과제 중 하나였던 왜구 수습을 이룩하였던 것이다.

V. 왜구문제에서 무역문제로

1. 조선왕조의 실망과 일본인 수직관행의 중단

왜구에 대한 회유책의 근간이었던 수직왜인에 대한 우우(優遇)는 이익의 감소에 따른 수직왜인들의 귀국에 더해 헤이도젠[平道全]이라고 하는 인물이 일으킨 사건 때문에 조선 측이 수직왜인에 대해 크게 실망하면서 중단되어 버렸다. 이 헤이도젠[平道全]이 일으킨 사건에 대해서도 아래에서 상세하게 다루고자 한다.

헤이도젠[平道全]은 대마도주(對馬島主) 소오씨[宗氏]의 수하 인물로 조선왕조와 쓰시마 간의 교섭에 관한 파이프 역할을 하여 조선왕조의 수직왜인이 되었던 특수한 인물이다. 조선왕조도 그의 존재의 중요성을 인식하고 최종적으로 수직왜인으로서는 고위직인 상호군(上護軍, 正三品職)까지 발탁하여 대마(對馬)와의 교섭에 관한 직무 이외에도 다양한 자문 등에도 응하도록 하였다. 헤이도젠[平道全]이 수직왜인이 되었던 진의는 대마(對馬)의 이익유도에 있었다고 생각되지만 헤이도젠[平道全]은 그 유용성 때문에 조선왕조 내에서의 지위를 견고히 하였다.

헤이도젠[平道全]이 몰락한 원인은 세종 원년(1419)에 이루어진 대마(對馬)의 정벌작전인 己亥東征(기해동정)의 직접적 계기라 일컬어지는 庇仁縣(비인현)의 왜변(倭変)이었다.[4] 헤이도젠[平道全]은 이 왜구와의 대규모

---

4 당시 조선왕조가 행한 회유책에 의해 왜구활동은 수습되고 있었지만, 왜구로 생각

항쟁인 비인현(庇仁縣)의 왜변의 일부인 백령도(白翎島) 전투에 종군하여
실제로 대마(對馬)측 사람과 전투하게 되었다. 헤이도젠[平道全]은 수직왜
인 이면서도 대마(對馬)의 이익을 첫째로 생각하고 있었기 때문에 당연히
그 심중은 편안하지 않았다. 그렇게 복잡한 심경을 품고 있는 상황에서 헤
이도젠[平道全]은 쳐들어 온 왜선 중에서 옛날부터 알고 지내던 대마도인
(對馬島人)과 해후하여 처치사 성달생(處置使 成達生)에게 이 인물의 조
명(助命)을 청하였다. 또한 도젠[道全]은 이 일을 감추고 백령도(白翎島)
전투에서는 마치 자신이 제일의 전공을 세운 것처럼 말을 퍼뜨리고 있었
다. 그럴 무렵 기해동정(己亥東征)에 앞서 한반도에 있던 일본인의 신병이
나포되었을 때 도젠[道全]의 아들인 도오코[望古]가 관리에게 반항하다가
살해되는 사건이 일어났다. 이 사건 직후에 도젠[道全]이 일부러 자신의
전공을 퍼뜨린 일, 백령도(白翎島) 전투에서 싸웠던 상대의 조명(助命)을
요청했던 일이 폭로되어 버렸다. 게다가 이전부터 대마(對馬)에 편의를 꾀
하여 정보를 조작하였다는 혐의를 받아 도젠[道全]은 왜구진압의 공로자에
서 일변하여 포획·외방분치(外方分置)의 처벌을 받고 범죄자가 되어 한
양 밖으로 추방되었던 것이다. 조선왕조는 이 일로 인해 적잖이 수직왜인
에게 큰 실망을 느끼지 않았을까 추측된다.

　태종은 이후에 기해동정(己亥東征)을 단행하였지만 그때 '쓰시마의 사
람들이 와서 항복하면 소오씨[宗氏]의 대관(代官)은 헤이도젠[平道全]의 예
에 따라 수직한다.'고 하여 쓰시마전체가 조선왕조에 항복하는 조건을 충
족시키면 일본인에게 여전히 수직을 할 계획이 있음을 명확히 하고 있다.
쓰시마에 대해 무단적(武斷的)인 자세를 보인 태종조차 수직왜인에 실망
하면서도 여전히 공존의 길을 닫지 않은 것을 알 수 있다. 그러나 후에 쓰

되는 세력에 의한 소규모의 산발적인 해적행위는 여전히 계속되고 있었다. 庇仁
縣의 왜변은 왜구가 수습되었다고 생각한 이후 처음으로 일어난 조선왕조와 왜구
의 대규모 전투이며 당시 군권을 장악하고 있었던 태종은 이것을 중요하게 생각하
여 己亥東征을 결행하게 되었던 것이다.

시마의 사람들이 항복하는 일은 소오[宗]씨측의 획책에 의해 무용지물이
되어 버려 최종적으로 일본인에 대한 수직의 관행도 흐지부지 중단되어
버린다. 그 후에도 이전부터 수직하고 있던 일본인이 한반도에 거주하고
있었던 듯하지만 그 대우는 매우 낮아져서 그 대부분이 관직을 그만두고
귀향하고 싶다고 하였을 정도였다. 또한 이 전후의 향화왜인이 대우가 어
떠하였는가에 대해서는 명확하지 않지만 수직왜인과 같은 양상으로 삭감
되었을 것으로 상상할 수 있다.

어쨌든 이러한 일들로 인해 조선왕조는 왜구를 감쌀 필요성에서 해방되
었던 것이다. 조선왕조 건국당초의 왜구문제는 향화왜인의 수용과 왜구
수령에 대한 수직이라는 대책을 강구함으로써 대우면에서 지출이 매우 많
이 생기는 경제적인 문제로 변모하였지만 여기에 와서 겨우 문제의 진정
화를 보인 것이다.

2. 새로운 통교(通交)시대의 도래와 무역문제

조선왕조에 대한 대일통교정책은 태종후기부터 이미 수습의 조짐이 보
이고 있던 왜구문제에서 무역문제로 비중이 옮겨 갔다. 지금까지 일본인
통교자가 행하고 있던 통교는 왜구의 단속을 명목으로 하여 많은 보상을
얻는 형태였다. 그러나 쓰시마를 중심으로 대량의 무역품을 반입하여 그
것에 상응하는 하사품(下賜品)을 받는 대가주의적 무역으로 변질되었다.
즉 언제 수습될지 모르는 왜구의 존재에 의지한 찰나적 · 임시적인 무역에
서 왜구통제를 단서로 조선왕조와의 사이에 구축한 통호관계에 기초한 항
상적인 무역으로 변천하였던 것이다. 일본에 귀국한 라카온[羅可溫] 등은
'소오다사에몬타로외[早田左衛門大郎]'라 칭하며 조선왕조에 사자를 파견
하고, 이번에는 일본에 거주하며 조선왕조와 무역을 하는 통교자가 되었
다. 일부 왜구도 향화왜인 · 수직왜인이라는 시대를 거친 후에 해상(海商)
이 되어 평화적인 교역자로서 조선왕조와의 새로운 무역을 시작하고 있음

을 알 수 있다.

기해동정(己亥東征) 직후 대마(對馬)와의 이러한 무역은 급감해 버렸지만 이 시기에 쓰시마를 대신해 큐슈탐제(探題)세력이 그 배후에서 실제 무역을 담당한 하카다[博多] 상인(商人)에 의해 빈번한 대규모의 무역이 전개되었다. 남(南)큐슈에서 채굴된 광물에다가 조선왕조에서 선호하는 약재와 염료 등 동남아시아산 물품을 많이 수입하고 있어 그들과의 무역은 조선왕조 입장에서 없어서는 안 되는 것이었다. 또한 기해동정(己亥東征)에서 커다란 타격을 입은 쓰시마세력도 세종 5~6년 전후부터 다시 조선왕조와의 무역에 복귀하였고, 나아가 헌상하사(獻上下賜) 무역을 행하기 위해 다양한 통교자가 파견한 사자가 많이 내조(來朝)하게 되었다. 이렇게 남아 돌 정도로 들여온 일본으로부터의 수입품에 조선왕조는 고심하게 되었다. 나아가 대량으로 내조(來朝)하는 사자의 영접·체재·물품의 수송·일본으로 돌아갈 때의 필요한 식량에 드는 비용 등이 새로운 경제적 부담이 되어 조선왕조가 대처하지 않으면 안 되는 가장 중요한 과제가 되었다.[5] 그러나 일방적으로 일본과의 무역을 제한해 버리면 또 언제 불만이 폭발하여 다시 왜구에 의한 약탈의 시대로 되돌아가버릴지 몰라 조선왕조는 일본 측의 불만을 최소화 하면서도 확대하는 무역을 제한한다고 하는 매우 어려운 대응에 직면하게 되었던 것이다. 그야말로 조선왕조의 대일교섭은 얇은 얼음 위를 걷는 것처럼 위험한 것이었다. 왜구의 활동이 수습되고 무역문제가 주체인 시대가 되어서도 조일(朝日)관계에는 왜구의 존재가 그림자를 드리우고 있어 왜구와의 공존이라는 과제는 형태를 바꾸어 실로 1세기 전후에 걸쳐 조선왕조의 골치를 아프게 한 것이었다.

---

5 경제적 부담은 당시 계산에 의하면 경상도에 올라오는 稅穀 모두를 합쳐도 감당할 수 없을 정도로 거액이었다는 점을 『朝鮮王朝實錄』을 통해 알 수 있다.

VI. 맺는말

조일(朝日)관계는 배후에 왜구재출현의 위협을 느끼면서도 무역문제로 이행하고 있었다. 무역면에서의 욕구가 충족되지 않은 일부 통교자는 항구나 해상에서 폭력사태를 일으켜 왜구로 인식되는 경우도 있었다. 그러나 조선왕조의 많은 배려로 14세기 중엽에 보이듯이 한반도에 대해 대규모의 피해를 초래하는 왜구의 약탈행위는 완전히 없어져 왜구의 재출현을 방지하고자 하는 조선왕조의 다양한 대책은 성과를 거두었던 것이다. 기해동정(己亥東征)과 같이 직접적으로 왜구 타도를 하기도 하였지만 소오다사에몬타로오[早田左衛門大郞]와 같이 왜구였던 자가 수직왜인을 거쳐 평화적 통교자가 된 것은 왜구와의 공존을 선택한 조선왕조의 대책이 매우 유효하였던 것을 보여주고 있다. 이하 그 점을 단적으로 말해주는 에피소드를 소개하며 본 강연을 매듭짓고자 한다.

세종 25년(1443) 대마(對馬)와 이키[壹岐]의 왜구가 연합하여 중국을 약탈하고 돌아가는 길에 이키[壹岐] 왜구의 배가 한반도 남서부에 있는 서여서도(西餘鼠島)에서 조선왕조의 관선을 습격하는 사건이 일어났다. 오랫동안 끊어졌던 왜구에 의한 피해가 일어나 조선왕조 내에서는 큰 문제로 보고 있었는데 이키[壹岐]에 거주하는 도오쿠로[藤九郞]라는 인물이 이 사건의 수모자(首謀者)에 대해 밀고하고 나아가 어떻게 하면 이 사건을 일으킨 왜구를 잡을 수 있을 것인가를 구신(具申)해 왔다. 다음 해 조선왕조는 도오쿠로[藤九郞]의 의견대로 이키[壹岐]에서 사건을 일으킨 왜구의 수색을 단행하여 그 신병을 포획하는데 성공한다. 이 일련의 사건에 주목할 것은 15세기 중기에도 왜구가 존재하고 있었고 일상적으로 결당하여 중국대륙으로 나아가 약탈행위를 계속하고 있었다는 점이다. 이키[壹岐]의 왜구는 서여서도(西餘鼠島)에서 조선 관선을 습격하였지만 대마(對馬)의 왜구는 한반도에서는 왜구활동을 하지 않았다. 게다가 이키[壹岐]왜구에 관한 밀고와 그 신병의 포획방법을 구신해 온 도오쿠로[藤九郞]도 『조선왕조

실록(朝鮮王朝實錄)』에서는 '적만호(賊万戶)' 즉 왜구로 인식되고 있었으
나 그는 한반도에서 약탈행위를 한 적은 한 번도 없고 오히려 이전에 조
선왕조로부터 공식적으로 교역을 허가받았던 인물이었다. 즉 이 시기 왜
구는 해금정책으로 왜구를 물리치려 한 명(明)에 대해서는 여전히 약탈행
위를 하면서도 회유책으로 왜구와의 공존을 꾀한 조선왕조에 대해서는 평
화적인 통교를 하는 자가 태반이었던 것이다. 조선왕조는 많은 경제적 부
담을 지면서도 왜구와 공존하는 것으로 한반도에 대한 약탈행위로 인한
피해를 방지하고 있었던 것이다.

제91회 발표, 2011년 6월 21일

대마도 조선어 통사가 본 조선

오다 이쿠고로(小田幾五郎)의 경우

미노와 요시쓰구(箕輪 吉次, 경희대학교 일본어학과 교수)

Ⅰ. 머리말

오늘 역사를 자랑하는 한일문화교류기금 문화강좌에 초청을 해주신 것에 대해 이상우 이사장님을 비롯한 관계자 여러분들과 바쁘신 와중에 사회를 맡아주신 강원대학교 손승철 교수님, 그리고 서투른 제 발표를 들으러 와주신 여러분께도 깊은 감사의 말씀을 드리고 싶다.

대마도 통사(通詞) 중 그 저작이 알려져 있는 사람으로 오다 이쿠고로[小田幾五郎]라는 사람이 있다. 이 사람은 통신사의 대마도 역지빙례(易地聘禮)에 관해 교섭을 할 때 조선 측 역관과 가장 초기에 실무적인 교섭을 한 사람이다. 통사로서 통역을 맡았으나 교섭의 최종단계에 이르러 대마번으로부터 금족(禁足) 처분을 당하게 된다. 그렇지만 빙례가 성사되어 삼사(三使)들이 대마도에 건너가게 되자 금족 처분이 취소되어 다시금 대통사(大通詞)로서 활약을 한 인물이다. 이 오다 이쿠고로가 왜관을 통해 알게 된 세계가 어떤 것이었는지를 중심으로 서투르긴 하지만 한국어로 발표하도록 하겠다. 일단 제가 한국어로 발표 내용을 쓰고, 적절하지 않은 부분은 수정해주신 발표문으로 준비하였다. 발표 중 듣기 어려운 부분은 발표문을 보아주시면 감사드리겠다.

원래 제 전공은 역사가 아니라 에도시대의 문학인데 십 수 년 전에 한국과 일본의 초서로 작성된 사료를 읽고 해석할 수 있는 인재를 양성하기 위해 국사편찬위원회에 연수과정이 설립되었다. 저는 안식년으로 일본의 대학에 가 있었던 시간을 제외하고는 국사편찬위원회에 소장되어 있는 대마도 종가문서를 수강생들과 함께 읽어왔다. 일본 초서와 에도시대 일본어를 어느 정도 알 것이라는 소문을 당시 편사 실장님께서 들으시고 역사에 문외한인 저를 초청하신 것이었다. 전공이 아니었기에 종가문서 가운데에는 읽기 어려운 문서가 많았지만 지금은 어느 정도는 읽을 수 있게 되었다.

국사편찬위원회에 소장되어 있는 종가문서(宗家文書)는 서계 등 종이 한 장짜리로 된 문서까지 포함해서 전부 목록이 만들어져 있다. 일본에서는 국립국회도서관, 동경국립박물관, 큐슈[九州]국립박물관, 게이오[慶應] 대학 등에 보관되어 있고, 이 또한 목록이 만들어져 있다. 그러나 나가사키현립 대마역사민속자료관에 있는 종가문서는 책으로 되어 있는 문서들이야 거의 다 정리가 끝났지만 책자로 필사한 근거가 된 사료 가운데 종이 한 장으로 이루어진 사료들은 아직 조금 더 정리할 필요가 있다. 이 사료 정리를 담당하셨던 칸사이[關西]대학 이즈미 초이치[泉澄一] 교수님께서는 아직도 그 전체적인 숫자가 분명하지 않다고 하셨다.

대마도 종가문서(宗家文書)는 대마번이 에도[江戶]시대 260년간, 그리고 명치유신 당시의 정부가 이즈하라[嚴原]번으로부터 외교권을 정부 관할 아래로 전부 이관하기까지 현재의 업무일지와 같은 문서를 매일 여러 종류 작성하여 보관하던 것이다. 양이 너무 많아서 이 문서들을 혼자서 다 읽는다는 것은 불가능하다.

따라서 오늘 발표도 종가문서의 하나인 조선어 통사 오다 이쿠고로가 남긴 저작 가운데의 극히 일부에 지나지 않는다.

II. 대마번 통사 연구의 현황

대마번 조선어 통사에 관해서는 게이오대학 명예교수로 작년 12월, 한 일문화교류기금 주최 학술회의에서 기조강연을 맡으셨던 다시로 카즈이 교수님, 아메노모리 호슈[雨森芳洲]의 통사 육성에 관한 사료를 정리하여 출판하신 이즈미 초이치 교수님, 그리고 요네타니 히토시[米谷均]교수님, 쓰루타 케이[鶴田啓]교수님의 선행연구가 있을 뿐이다. 한국 내에서도 오 바타 미치히로[小幡倫裕] 교수님과 허지은 교수님의 연구가 있으나, 한국 측 역관에 대한 김양수 교수님과 정광 교수님을 비롯한 자세한 연구와 비 교하면 대마번 통사에 대한 연구는 아직도 많은 부분이 부족하기에 지금 부터의 과제라고 해도 과언이 아닐 것이다. 에도 막부가 성립된 이후 1700년까지의 백년 정도에 대해서는 통신사를 수행한 통사의 인원수만 간 신히 알 수 있는 정도로 대마도에 어떤 이름의 통사가 있었는지조차 분명 하지 않은 것이 실정이다.

선행연구를 보충할 수 있는 것이 있다면 겨우 제 8차 임술 통신사 때의 일본 측 통사의 이름에 지나지 않는다. 『동사록(東槎錄)』을 보면 통신 정 사(正使), 부사(副使), 종사(從使)가 탄 배에 각 2명씩의 통사들, 기타 화 물선과 역관을 수행한 12명의 통사들의 이름이 남아있어 총 18명의 통사 들을 확인할 수 있다. 한자 등에 약간의 차이가 있긴 하지만 이들의 이름 은 종가문서에서도 볼 수 있다. 그 외에 27명 정도의 이름이 종가문서에 기록되어 있으니 1682년 임술 사행에서는 모두 45명 정도의 통사의 이름 을 확인할 수 있다. 그러나 임술년 이전의 대마번 통사들의 이름은 자세히 밝힐 수가 없다. 아메노모리 호슈가 통사 양성을 주장하기 전의 통사들은 그 이름조차도 확실히 알 수가 없는 것이 현재의 실정이다.

III. 오다 이쿠고로의 생애

대마번 통사는 상인(商人) 출신으로 그들이 갖고 있던 지식과 교양을 조선의 역관들과 비교할 수는 없다. 때문에 통사가 남긴 저작도 거의 존재하질 않는다. 제가 아는 범위에서는 에도시대 260년간에 걸쳐 저작을 남긴 통사는 5명에 불과하다. 학습서 『인어대방(隣語大方)』을 편집한 후쿠야마[福山] 아무개라는 사람이 있는데, 혹 후쿠야마 덴고로[福山傳五郎]가 아닐까 하는 추측은 있다. 오다 시로베[小田四郎兵衛]가 쓴 저작으로 『어심조선각서(御尋朝鮮覺書)』가 있고, 같은 종류의 책은 많이 남아 있으나 작자는 미상이다. 또 전에 대마번 통사였다가 불상사가 생겨서 통사를 면직당한 후 조선과 조선어에 관계된 일을 하지 않으면 대마도를 떠나도 좋다는 허가를 받고 야마구치현으로 건너간 마쓰바라 신에몬[松原新右衛門], 본명 고마쓰바라 곤에몬[小松原權右衛門]이 쓴 『조선물어(朝鮮物語)』가 있는데 이 책은 현재 교토부립자료관 등에 소장되어 있다. 한국 국립중앙도서관에 소장된 『조선국지유래(朝鮮國之由來)』필사본의 후반 부분이 이 책의 일부에 해당된다. 그 외에 『최충전(崔忠傳)』을 번역하여 『新羅崔郎物語』를 쓴 와타시마 지로사부로[渡嶋次郎三郎]가 있으며, 마지막으로 오늘 발표할 오다 이쿠고로가 있다.

부산에서 배를 타고 대마도 이즈하라[嚴原]에 도착하면 배를 대는 부두 맞은편에 해안사(海岸寺)라는 절이 있는데 바로 그 절에 오다[小田] 일족의 묘소가 있다. 제가 2004년에 조사를 간 적이 있는데 이쿠고로의 묘비에는 1831년 10월 22일에 사망한 것으로 되어있다. 그의 저작 『통역수작(通譯酬酢)』서문에 따르면 그 해에 이쿠고로가 77세인 것으로 나오는데 역으로 계산해 보자면 이쿠고로는 1755년생인 것을 알 수가 있다.

에도시대 사료에 의거해서 오다 이쿠고로의 생애 전체에 관해 언급한 것은 스즈키 토조[鈴木棠三] 교수님의 『상서기문(象胥紀聞)』해설 밖에 없다. 그러나 『상서기문』 해설에는 계보(小田家家譜)에 1754년 11월 28일생으로 되어 있고, 몰년은 1831년 10월 22일로 되어 있다고 한다. 1831년 77세 때 현재 국사편찬위원회에 소장되어 있는『통역수작』서문을 쓰고 같은 해 사망한 것을 비문으로 확인할 수 있기에 아직 확인할 부분이 남아있으나, 이쿠고로가 1755년생이며 1831년에 77세였다는 것을 전제로 국사편찬위원회에 소장되어 있는 종가문서 중, 오다 이쿠고로가 써서 대마도에 헌상한『[通詞=付御書付寫]』와 대마도 종가문서 가운데 통사에 관해 나와 있는 기록들을 토대로 그 일생 동안의 활동을 살펴보도록 하겠다. 그 당시 관청에서 문서를 작성할 때는 연호 없이 날짜만 썼고, 후에 기록을 정리할 때 연호를 썼기에 그 연호에 대해서는 이해가 안가는 경우도 있고, 『[通詞=付御書付寫]』에도 이쿠고로가 잘못 기억한 듯 한 것도 있어 부분적으로 이해가 잘 가질 않는다. 또 이 이쿠고로 문서의 앞부분은 파손이 심하고, 마지막 부분은 글씨가 난잡해서 굉장히 해독이 어렵다. 난잡한 부분은 죽기 직전 유언으로 쓴 것이 아닌가 추측할 만한 내용도 포함되어 있다.

이쿠고로는 1767년에 유학허가를 받아 왜관에 왔다. 이때, 그의 나이가 13세였다. 요즘으로 놓고 말하자면 초등학교 6학년이 부모 슬하를 떠나 홀로 왜관에 건너온 것과 같은 것이다. 에도시대 남자들은 사카야키[月代]라고 해서 이마에서 머리 한가운데까지 머리를 잘랐는데, 성인식을 맞이하지 않은 사람은 이마의 윗부분에도 머리가 있었다. 이를 마에가미[前髮]라고 한다. 『통역수작』서문에 마에가미를 하고 왜관에 왔다는 기술이 남아 있다. 이쿠고로가 왜관으로 오고 2년 후인 1769년, 왜관에 체류하던 일본인은 833명이었다. 그 후로 2년이 지난 1771년 3월 23일, 날씨가 맑은 날 왜관에 호랑이가 들어와서 호랑이를 사냥한 사건이 발생했다. 한 마리는 서관(西館)에서 죽이고, 나머지 한 마리는 통사옥(通詞屋) 근처에서 죽였다. 당시 통사옥에는 양국의 역관들과 통사들이 많이 있었는데 이쿠고로는 역관 이명화(李明和)와 함께 벚꽃나무에 올라가서 이를 구경했다고 한다. 호랑이 두 마리를 죽인 다음 왜관에 있던 사람들이 한 마리 고기를 먹었는데 맛이 없었다는 이야기가 『통역수작』에 나온다. 이 때 호랑이를 죽였던 사람은 무사가 아니라 신분이 낮은 자였는데 그 공적을 인정받아 후에 무사로 승진을 했다. 두 마리 중 한 마리는 대마도로 보내졌다. 이 사건은 대마번의 무위를 자랑할 만한 일인지라 일본 국내에 널리 전해졌고 현재에도 관련된 여러 기록이 남아있다.

1774년 12월 14일, 현지에서 학습한 후 더더욱 공부를 하라는 명령이 내려지며 당시 20살이었던 이쿠고로는 고토바 게이코 고멘후다[詞稽古御免札]가 된다. 이쿠고로 자신도 20세부터 77세로 죽기 직전까지 57년간 일을 했다는 기록을 남기고 있다. 그리고 1755년 1월 9일에는 고닌츠지[五人通詞]가 된다. 이제야 겨우 통사라는 이름표를 달게 된 것이다. 통사가 되고 1777년 2월 13일부로 이와미[石見] 지쿠젠[筑前] 兩漂民迎通詞라는 임무를 맡고, 같은 해 5월 4일부로 이순(二巡), 삼순(三巡) 표민송회통사(漂民送賄通詞)의 임무를 맡게 된다.

『[通詞=付御書付寫]』에 따르면 1779년 10월 14일부로 게이코쓰지[稽古通詞]가 됐다고 한다. 『館守日記』에는 11월 19일 날 본인이 통보를 받았다고 되어 있다. 게이코쓰지란 오늘의 인턴과 같은 것인데 본격적으로 실무적인 통사 일을 배우는 단계이다.

1787년 4월 26일부로 병을 이유로 대마번에 사직을 신청하였으나 근무태도도 좋고, 성격도 좋았던지라 사직 신청은 받아들여지지 않았다.

본인의 말에 따르면 정미(丁未)년 왜관에서 대마도로 돌아가 같은 해 나가사키킨반쓰지[長崎勤番通詞]로 부임하라는 명령을 받아 6년간 나가사키에 있었다고 한다. 정미년은 1787년으로 일본 연호로 텐메이[天明] 7년이다. 그러나 1780년 12월 29일부로 나가사키킨반쓰지라는 임무를 맡게 되었다는 대마도 종가문서 기록도 있으나 이 기록은 후에 정리한 기록으로 날짜에는 문제없으나 연호를 잘못 썼을 가능성이 있다. 그 증거로 1784년과 1785년 기록에 나가사키킨반쓰지 오다 이쿠고로의 이름이 발견된다. 그 때 나가사키에 없었던 이쿠고로가 나가사키까지 가서 표민들과 같이 대마도에 온 것이다. 또 1781(天明 1)년, 1782(天明 2)년, 1785(天明 5)년 1786(天明 6)년 기록에도 이쿠고로가 왜관 관수와 만났다, 사카노시 타[坂之下]로 갔다는 기록들이 많이 있다. 1780년부터 6년간 나가사키에서 근무했다는 기록은 연호를 잘 못쓴 것이다. 그 후 1792년 이후에도 왜관 에서 통사 근무를 하고 있는 기록을 확인할 수 있기에 6년간 근무했다는 본인의 말에 따르면 나가사키킨반쓰지는 정미년 1787(天明 7)년부터 1792(寬政 4)년까지의 일이라 볼 수밖에 없다.

대마번은 왜관을 통해서 조선과 교역을 하였는데 교역 물품 중에는 물 소 뿔이나 후추와 같은 것들이 있었다. 이는 나가사키에 내항하는 네덜란 드와 중국의 무역선에서 구매할 필요가 있었기에 나가사키에는 이를 보관 하는 창고가 딸린 건물이 있었다. 그리고 표류민들이 여러 지역에 표착을 했는데 이들은 반드시 나가사키로 보내져 막부의 나가사키 부교(奉行)가 사정을 확인한 후, 대마도를 경유하여 부산에 송환해야 했다. 때문에 나가 사키에는 표류민들을 위한 통사가 주재할 필요가 있었다.

1789년 9월 4일부로 본통사(本通詞)가 되었다는 기록도 있는데 나가사 키에 있었을 때이었다.

1792년 11월 24일부로 왜관 근무를 임명받았다. 이어 1795년 12월 14 일, 대통사(大通詞)가 되어 왜관에 있게 된다. 이 전후 시기는 대마번과 조선정부가 후에 대마도에서 치러지는 역지빙례(易地聘禮)를 위한 교섭을 하고 있던 초기 단계였다.

대마도 역지빙례(易地聘禮) 교섭에 대한 공적을 인정받아 1803년 4월 21일부로 허리에 칼을 차도된다는 허가를 받았다. 에도시대에는 무사(武 士)가 아닌 사람도 와카자시[脇指]라는 약간 짧은 칼 하나는 허리에 찰 수 가 있었다. 그러나 작은 칼과 큰 칼 두 개를 찰 수 있는 사람은 무사 밖에 없었다. 무사가 아닌 사람 중에서 칼 2개를 찰 수 있는 것은 특별히 허가 를 받은 자에 한했다. 이쿠고로는 교섭의 공적으로 무사와 같이 칼 두 개 를 허리에 차도된다는 허가를 받은 것이다. 또한 1806년 11월 3일부로 이쿠고로는 그의 자식을 대마번의 무사인 오오고쇼(大小姓)의 집에 양자(養子)로 들여도 좋다는 허가를 받았다. 이는 대단히 예외적인 일인데 초닌 [町人]의 자식이 무사가 되는 것을 의미하는 것이다. 매우 특별한 대우를 받았음을 알 수 있다. 후에 자식들이 입양을 가지는 않았으나 장남은 통사가 되고 차남은 무사의 신분을 갖게 된다.

그러나 1807년 11월 11일, 갑자기 이쿠고로와 동료 통사들의 근무 태도에 문제가 있다는 소문에 의해 왜관 안에서 금족 하라는 처분이 대마번에서 내려진다. 이 시기는 대마도 역지빙례에 관한 교섭이 재차 행해지던 시기였는데 그 교섭을 담당하는 통사의 자리에서 제외를 시킨 것이다. 그 후 3년 동안 이쿠고로는 통사 일을 할 수 없음은 물론 대마도에도 돌아갈 수 없고, 대마도에서 친척이 올 수도 없는 상태로 왜관 서쪽에 있던 연립주택에 칩거를 하게 된다. 바로 이 시기에 쓰기 시작한 것이 『통역수작』이라는 책이다. 그러다가 1810년에 대마도로 귀국하라는 명을 받아 금족처분이 풀리지도 않은 채로 대마도에 돌아가게 된다. 1811년 통신사가 이미 대마도로 건너간 후인 5월 7일, 어떠한 이유에서인지 갑자기 금족처분은 철회되고 대통사로서 빙례의 자리의 임석하게 된다.

1813년에는 병으로 온천에서 치료를 하고자 150일간 휴가를 신청해 이를 허가 받았다. 1815년에는 대마번이 조선어 학습 장소로 이쿠고로의 집을 지정하고, 이쿠고로를 조선어를 가르치는 지도자인 조선사계고지남역(朝鮮詞稽古指南役)에 임명했다.

1820년 5월 18일부로 왜관 부임을 명받고, 1822년 윤1월 10일부로 대통사의 직위에서 물러나 사계고지남역두취(詞稽古指南役頭取)가 되었다. 5인통사(五人通詞)가 되고나서 47년 동안 통사 생활을 한 것이다. 1831년 77세 때 이쿠고로 본인의 말에 따르면 5인통사가 된 후, 57년 동안 통사와 조선어 교육 담당자로서 후진 통사를 양성한 것이다.

그는 1831년 77세의 나이로 세상을 떠났다. 13세 때 왜관으로 건너와서 부모와 아내, 자식들도 대마도에 남겨둔 채 나가사키에 근무한 6년간을 제외하면 환갑을 맞이할 때까지 대부분을 초량 왜관에서 지낸 역대 통사들 중에서도 희유(稀有)한 인물이다.

왜관 근무를 중심으로 이쿠고로 생애를 정리하면 다음과 같다.

1755년생. 11월 28일 출생?

1767년에 왜관에 왔음.

1771년 3월 23일, 호랑이 사냥을 이명화(李明和)와 함께 구경.

1774년 12월 14일부, 사계고어면찰(詞稽古御免札)이 됨.

1776년 6월 18일보다 전에 5인통사(五人通詞)가 됨.

1777년 2월 13일부로 이와미(石見) 지쿠젠(筑前) 양표민영사(兩漂民迎通詞). 같은 해 5월 4일부로 二巡, 三巡 漂民送賄通詞.

1779년 10월 14일부 계고통사(稽古通詞). 『관수일기(館守日記)』에는 11월 19일 날 본인이 통보를 받았음.

1781(天明1)년, 1782(天明2)년, 1786(天明6)년, 1786(天明6年)년 왜관에 거주하여 통사 일을 한 기록이 있음.

1784년과 1785년 기록에 장기표민영사(長崎漂民迎通詞).

1787년 4월 26일부로 병을 이유로 대마번에 사직을 신청하였으나 근무태도도 좋고, 성격도 좋았던지라 사직 신청은 받아들여지지 않았다.

1787(天明7)년부터 1792(寬政4)년까지 장기근번통사(長崎勤番通詞).

1789년 9월 4일부로 본통사(本通詞)가 되었음.

1792년 11월 24일부로 왜관 근무를 임명받았음.

1793년 2월 19일, 대통사소전상사랑(大通詞小田常四郎) 후임으로서 표어목부전도칠랑좌위문(表御目付畑嶋七郎左衛門)과 같이 초량에 도착.

1795년 12월 14일부로 대통사(大通詞).

1803년 4월 21일부로 대도허가(帶刀許可).

1806년 11월 3일부로 자식을 대마번의 무사인 오오고쇼(大小姓)의 집에 양자(養子)로 들여도 좋다는 허가를 받았음.

1807년 11월 11일, 왜관 안에서 금족처분. 이 시기에 『통역수작』을 쓰기 시작함.

1810년 대마도로 귀국하라는 명을 받아 금족처분이 풀리지도 않은 채로 대마도에 돌아감.

1811년 5월 7일, 금족처분 철회
1813년 병으로 온천에서 치료를 하고자 150일간 휴가를 신청.
1815년 이쿠고로의 집을 지정하고, 조선사계고지남역(朝鮮詞稽古指南役).
1820년 5월 18일부로 임시 임무로 왜관에 부임했음.
1822년 윤1월 10일부로 대통사의 직위에서 물러나 사계고지남역두취(詞稽
　　　古指南役頭取)가 됨.
1831년 10월 22일 77세로 별세.

　이쿠고로가 어떤 인물이었는지에 관한 여러 증언이 남아있다. 대마번의
중신(重臣)이 왜관 주재 최고 책임자인 관수(館守) 도다 타노모[戶田賴母]
에게 보낸 편지에 "이쿠고로는 아직 젊은 사람이나 천성이 성실하고 어학
능력도 뛰어나며 여러 면에서 신경을 많이 쓰는 사람"이라고 칭찬을 남기
고 있다. 대마번에서 조선에 관한 일을 감독하고 있던 관청인 조선어용지
배(朝鮮御用支配)에서는 "인품이 성실하고, 언어 능력도 아주 뛰어나다"
는 평가를 하고 있다. 또 대마도 역지빙례에 관한 교섭이 행해질 때의 관
수였던 도다 타노모는 이쿠고로가 아주 성실한 사람이었다고 말하면서,
"다른 일본인들 앞에서 하지 않는 말도, 조선 역관들은 이쿠고로에게는 전
부 말해버릴 정도의 인품이 있다"고 증언을 남기고 있다.
　이쿠고로의 조선어 능력은 역관과 주고받은 대화를 대화 형식 그대로
화제별로 편찬한 그의 저작『통역수작』이, 사실 거의 모두 조선어로 진행
된 대화였던 것으로 미루어 그 탁월함을 짐작해볼 수 있다.『통역수작』에
는 일화가 있다. 당시 서울에서 신분이 높은 사람이 왜관을 구경하러 와서
이쿠고로와 조선어로 대화를 나누었는데 그 때의 평가를 인용하자면 "중
국에서 온 통사들은 상대방 신분을 무시하고, 어색한 표현을 하는 것이 일
반적인데 이쿠고로는 지금 들으신 것 같이 조선어가 완벽하다"며 조정의
고관들에게 설명할 정도이었다. 이렇듯 거의 완벽한 언어 능력을 가진 사
람인데다가 호기심도 왕성하고 글쓰기도 좋아하던 사람이었기에 조선에서
비밀로 취급할 만한 사항까지 역관들에게 물어 다 기록을 남긴 것 같다.

IV. 비밀문서로서의 이쿠고로의 저작

이쿠고로가 쓰고 남긴 문서에는 공용(公用)기록도 많이 남아 있다. 이들은 역관과 공식적인 자리에서 교섭한 내용을 기록하고 대마번에 보고한 것들이다. 공용 기록이 아닌 오다 이쿠고로의 저작도 많이 있으나 그 내용을 확인할 수 있는 것으로는 조선어 학습 사전인 『교린수지(交隣須知)』의 필사본, 『상서기문(象胥紀聞)』, 『초량화집(草梁話集)』, 그리고 조금 전에 몇몇의 내용을 소개해드렸던 『통역수작(通譯酬酢)』이 있다. 이 저작들은 대마번 외의 다른 사람에게 보여주면 안 되는 문서였으나 『상서기문』은 필사본이 작성되어 번외로 유출되었기에 현재는 너무나도 많은 필사본이 남아 있다.

대마번 외의 사람에게 보이면 안 되는 이유는, 이 저작들 안에는 막부를 비롯한 다른 다이묘[大名] 밑에 있는 사람들이 알면 안 되는 내용이 포함되어 있기 때문이다. 대마도는 조선어 및 조선의 국내 사정을 알리고 싶지 않아했다. 즉, 조선어와 조선에 관한 정보를 독점하여 통제함으로써 일본 내에서 대마번의 위치를 지키려고 했었던 것 같다. 특히 장사에 관한 일을 비밀로 다루었는데 통신사가 건너 갈 때마다 일찍이 통신 사행원들에 붙어 접대를 담당하는 모든 이들에게 혈관을 찍은 서약서를 제출하게 했고, 통사 등 초닌[町人]에게는 다른 번 사람들이 왜관을 통한 교역에 관해 물었을 때 모르는 척을 하라고 엄명을 내렸다.

이쿠고로가 쓰고 남긴 책은 후진 통사들과 대마번에게는 매우 유익한 내용이었으나 번외에는 비밀로 해야 할 내용들이 많이 들어 있다. 그러나 이러한 금지 조항과는 반대로 『상서기문』은 번외로 유출되어 많은 필사본이 남게 되는데 이는 결코 이쿠고로의 잘못이 아니다. 필사본을 작성한 사람은 이쿠고로가 아닌 다른 사람으로 그 사람이 필사한 책이 번외에 유출한 것이며 당시 이쿠고로 자신은 『상서기문』을 대마번에 제출하고 포상까지 받았다.

내용을 확인할 수 있는 문서 중, 학습서와 한국어로 번역되어 출판된 『상서기문』에 관해서는 언급하지 않도록 하겠다. 오늘은 『초량화집』, 『북경노정기』, 『통역수작』이 세 저작의 내용을 통해 극히 일부에 지나지 않지만 다른 번의 사람들이 보면 안 되는 내용이란 것이 대체 무엇인지, 이쿠고로가 조선 역관에게 어떤 이야기를 듣고 기록을 남겼는지에 관해 살펴보도록 하겠다.

1. 『초량화집』-왜관

초량은 말할 것도 없이 부산 서쪽의 옛 지명으로 현재도 초량동이나 초량역과 같은 이름이 여기저기에 남아있다. 고관(古館)이 좁아져서 1676년 초량, 현재의 용두산 공원 주변으로 왜관이 이전되었다. 왜관이 있었던 초량에 관한 이야기를 모은 책이기에 『초량화집』이란 서명을 붙인 것이다. 책 안에는 왜관 규모를 비롯하여 왜관 안에서 일본인을 초대하여 연향을 베풀었던 연대청(宴大廳) 등과 같은, 일본인 거류 지역 바깥쪽에 있었던 주요 건물에 대한 상세한 설명과 도면 등도 실려 있다. 본래 일본인 거류 지역의 주변에 자라는 수목은 사람 키보다 커서는 안됐는데 당시는 밀매매와 여성을 일본인들이 거류하는 지역으로 끌어들이는 사건이 없어졌기에 별도로 수목에 대한 관리는 하지 않았다고 한다.

일본인 거류 구역과 그 바깥쪽 사이에는 수문(守門)이라는 문이 있었다. 이 외에 연대청으로 통하는 북문(北門), 일본어로 나카가와[中川]라고 불렀던 왜관 내를 흐르는 강이 바다에 맞닿는 곳에 수문(水門)이라 불리는 문이 있었다. 일본인이 왜관 내에서 사망해서 대마도로 보낼 때 이 수문(水門)을 통해서 보냈기에 무상문(無常門)이라고도 불렀다. 수문(水門)의 열쇠는 부산이 관리하고 보관하였다. 일본인 거주구역 입구에 있는 수문(守門)과 연대청으로 통하는 북문은 안과 바깥쪽에 이중으로 문이 달려 있어서 일본 측과 조선 측이 서로 열지 않으면 완전히 열리지 않는 구조로 되어 있었다. 밤이 되면 열쇠를 부산에서 가져갔다고 하나 열쇠를 보낸 후에도 잠시 동안은 문을 개방하고 문지기를 붙였다는 기록이 있으니 당최 무엇을 위한 열쇠였는지 이해가 가질 않는다. 일본 측에 열쇠 관리에 대한 기록이 없으나 일본 측은 같은 시각에 문을 닫았을 텐데 조선 측에서 관리하던 문을 개방해 두었다면 일본인들은 저녁에 나가려고 마음만 먹으면 나갈 수 있던 상태였던 것 같다.

전부터 일본인들이 자신들의 요구를 조속히 들어줄 것을 요구하며 허가 없이 왜관 밖으로 나가는 일이 자주 있었기에 일본인 거류지역 입구에 있었던 수문(守門)에서 부산 쪽으로 4km 정도 떨어진 곳에 설문(設門)을 설치하고 설문을 낀 산 측과 바다 측에 돌담을 만들기도 했다. 설문이 설치된 곳에 이전에는 마을이 하나 있었는데 어느 날 이 마을의 어린이가 울고 있는 것을 어떤 사람이 듣고, 아이가 일본인의 핏줄이라고 하면서 아이와 엄마를 모두 죽인 사건이 있었다. 그 후에 마을을 옮기고 그 장소에 설문을 만들었다는 설문에 관한 유래도 적혀 있다.

일본인 거류 지역에도 높이 6척 정도의 돌담이 있었다. 아무리 밤에 수문(守門)이 닫혀 있다 해도 나가려고 마음만 먹으면 돌담을 넘기만 하면 되는 셈이다. 때문에 복병(伏兵)이 순찰을 돌았는데 이 복병은 활을 쏘는 군관(軍官)이라고 기록되어 있다. 북문은 일본 측 사절(使節)들을 대접하는 날에는 아침부터 하루 종일 열려있었다는 기록도 있다. 다시 말해 일본 측 관리가 문을 열면 그 날은 언제든지 나가는 것이 가능했던 것이다.

수문(守門) 근처에는 매일 아침 생선이나 야채 등을 파는 시장이 열렸는데 이걸 조시(朝市)라고 한다. 상시 500명이나 600명 정도의 일본인이 거주하고 있기에 이들이 생활을 꾸려가기 위해서는 아침 시장은 중요한 것이었다. 전에는 생선 등은 노녀가 가지고 와서 품질이 좋았는데 후에 남자만 조시에 오게 되고 부산 아침 시장에서 사온 것을 되팔게 돼서 품질이 나빠졌다는 기록이 남아 있다. 이것은 이쿠고로의 체험에 의한 것이나 수문(守門)과 북문의 관리에 관한 기록, 그리고 복병들이 활의 사수(射手)

인 것 등, 일본인으로서는 본래 알 수 없는 일도 많이 기록되어 있다. 이 기록들이 역사적으로 사실인지 아닌지에 관해서는 확인이 불가능한 것도 다수 있으나 단순한 소문이라 해도 어떻게 조선 내부의 정보가 일본 측에 누설되었을까? 이에 관한 해답 역시 『초량화집』에 나와 있다. 『초량화집』은 증보(增補)와 수정이 거듭된 책인데 개정판 가운데 본래 일본 동향을 조정에 자세히 보고해야 하는 조선 관리들이 반대로 조선 내 정보를 일본 측에 이야기하고 있다고 기록되어 있다. 일본 측 정보를 수집해야할 사람들, 일본 측에서 보면 조선 측 파견한 간첩이 실은 일본 측 간첩과 같은 존재가 된 셈이다. 말하자면 이중간첩과 같은 것이다.

조선의 내정을 보다 넓고 깊이 알게 될수록 『초량화집』은 증보와 개정이 계속되어졌다. 조선의 내부 정보 외에도 요즘은 장사가 지극히 부진하다는 것까지 적혀있다. 왜관을 통한 교역에 관해 대마번은 비밀로 삼았기 때문에 이 책이 대마번 바깥으로 유출되는 일은 곤란한 일이었다.

2. 『북경노정기』-조선왕조와 청 나라와의 알력

『북경노정기』라는 책은 왜관에서 서울까지, 서울에서 의주까지, 의주에서 북경까지의 여정을 기록한 책이다. 단순한 내용인 것 같으나 임진왜란 이후 일본인은 서울로 올라가는 것이 금지되어 있었다. 따라서 임진왜란 이후 국내의 여정이 어떠했는지에 관한 자세한 내용을 알 수가 없었다. 서울까지 가진 않았지만 왜관에서 부산과 동래까지 간 적은 있다. 물론 이것도 금지되었던 일인데 일본인들이 자신들의 요구를 들어주지 않자 허가도 없이 문밖으로 나간 것이다. 이것을 남출(濫出)이라고 한다.

임진왜란 이후에 일본인들이 서울 안에 들어온 것은 단 두가지 경우 밖에 없다. 한가지는 국교 재개를 위해 교섭을 하러 온 사자들, 두 번째는 청나라가 성립된 직후, 현재의 러시아 연안에 일본 선박이 표착하자 표류민들은 심양을 거쳐 북경으로 보내졌는데 북경에서 육로로 한반도를 경유하여 왜관으로 인도되는 도중에 서울에 체류를 한 경우다. 대마번은 그 간의 사정을 자세히 조사해서 대마도 종씨(宗氏) 계보에 이 사건을 기록하고 있다. 서울까지나 의주까지는 어느 정도 알 수 있었지만 의주에서부터 북쪽으로는 알 수가 없었다. 이쿠고로는 연행사(燕行使)들이 해로로 가지 않아 육로로 가는 것만 알고 있었다. 지금이야 구글 세계지도를 보고 부산에서 북경까지의 길이야 금방 알 수 있지만 구글 지도도 없던 마당에 어떤 역참(驛站)을 통해 연행을 다녀왔는지 당시의 대마번으로서는 알 도리가 없었다. 남출을 했다고 하더라도 동래가 끝이었기에 북쪽 지역에 대한 자세한 지식이 없었던 것은 당연한 것이다.

이쿠고로가 책이나 각종 정보에 근거해서 나름대로 북경까지의 여정을 작성해 놓은 것은 있었으나, 그것이 맞는 것인지는 확인할 방법이 없었다. 그러다가 기회가 생겨 역관에게 확인을 받게 되는데 그 결과 완성된 책이 바로 이 『북경노정기』라는 책이다. 그러나 이쿠고로가 적은 내용을 확인만 해주었다고 하여도 북경까지의 여정과 북경의 사정에 관해 역관은 말을 해서는 안 되는 일이다.

서울에서 반나절 정도 떨어진 곳이 고양(高揚)으로 연행사들이 여행을 떠난 날 이곳에서 머물렀다는 기록이 있다. 이 고양과 서울 사이에 인왕산이 있다. 5리 정도 되는 이 험난한 산길을 북경에서 오는 사자들에게 이용하게 했는데 정작 일반인들은 평탄한 길이 있어서 그 길을 이용했다는 기록이 있다. 북경에서 오는 사자들이 이용한 길은 산길이라 경치가 좋았음에 틀림없지만 굳이 험난한 산길로 가게 한 데에는 다른 이유가 있는 것 같다. 개성에서 금천 사이에도 험한 계곡과 많은 산들이 계속되는 70리나 되는 산길로 오게 했다. 다른 평탄한 길이 있으나 북경에서 사절단이 올 때는 평탄한 길을 막아 숨긴다고 되어 있기에 단지 풍경이 좋고 경치가 많은 아름다운 길로 안내하려는 의도는 아닌 것 같다. 서울로 들어가는 길과 개성에 들어가는 길을 일부러 험난한 길로 골라 안내한 것에는 사실 군사적인 이유가 있는 것으로 당시 조정이 걱정하던 바를 예상할 수가 있다. 이런 지리적인 것들은 외국인에게 말해서는 안 되는 것이었다.

중국의 지리와 풍속에 관해서도 많은 기록이 있다. 이는 역관이 북경에 갔다 왔을 때의 체험에 의한 것으로 추측된다. 그 중에는 길을 갈 때 지나가는 여인에게 접근하는 것이 금지 사항이나 유녀는 금하지 않았기에 여러 나라 사신들이 그 곳에 가서 놀았다고 한다.

개성과 서울로 들어갈 때 중국에서 온 사신들에게 이용케 한 길이 험난했다는 기록에서 조선왕조가 청나라에 대해 지닌 경계심을 엿볼 수 있으나 이러한 군사적 비밀 사항에 속하는 것을 역관이 이쿠고로에게 말했다는 것은 에도시대 중기 이후, 역관들이 보기에는 일본은 그만큼 경계할 필요가 없는 나라로 여겨졌던 것일지도 모른다. 이쿠고로에게는 왜관의 관직(館直)과 더불어 역관들 또한 중요한 정보원이었다.

3. 『통역수작』-실의(實意)

『통역수작』은 총 12권인데 주제별로 풍의(風儀), 풍악(風樂), 선상(船上), 외국(外國), 건곤(乾坤), 부설(浮說), 무비(武備), 관품(官品), 여성(女性), 주례(酒禮), 음식(飮食), 예의(禮義)로 구성되어 있다. 무비라는 군사에 관한 주제어에서도 알 수 있는 바와 같이 이 책은 본래 말해서는 안 되는 조선 내정을 집대성한 서적이다. 책의 형식은 역관과 이쿠고로와의 대화체로 되어 있는데 대부분은 이쿠고로가 질문하고 역관이 대답을 하는 식이다.

『통역수작』에서 특징적인 것은 서로 진심으로 대화를 한다는 것이다. 실의(實意) 즉 진심으로 대화를 한다는 것은 거짓 없이 솔직하게 사실을 말한다는 것으로 이쿠고로는 이를 성신(誠信)으로 이해하고 있다. 그러나 솔직하게 말한다는 것은 경우에 따라서 국내의 사정까지 명백하게 말하는 경우도 있을 수 있기에 본래 금지되어 있었다. 따라서 역관은 이는 비밀이니 타인에게 말해선 안 된다며 가끔 입막음을 하기도 했다. 그러나 솔직하게 서로 반론을 펼칠 때도 있었다.

당시에 일반적으로 조선 역관들은 일본의 편을 들고 일본의 통사들은 조선의 편을 들었다고 여겨졌던 것 같다. 어느 날 조선의 군관이 활을 가지고 수문(守門) 내로 들어가려 하자 역관이 이를 강하게 제지한 적이 있다. 이쿠고로가 이를 보고, "그렇게 엄격하게 말하지 않아도 괜찮다."고 하자, 역관은 "서울 양반들을 비롯하여 국내 모든 사람들이 역관이 일본을 편애한다고 보고 있으므로 좋은 기회인지라, 일본의 사정을 자세히 알리고자 무기를 갖고 수문(守門)으로 들어가려는 것을 일부러 강하게 억제한 것이다."고 말을 한다. 이에 대해 이쿠고로는 "역관이 일본을 편애한다고 동래부사가 느끼면 공식적인 교섭에 지장이 생길 가능성이 있다. 그리고 일본에서도 일반 사람들이 일본 통사는 조선을 편애해서 교섭을 하고 조선 역관은 일본을 편애하는 것처럼 생각한다. 그러나 때때로 성신(誠信)이라는 생각에 입각해서 이야기하지 않으면 성신이 기골이 없는 상태가 되므로 역관의 생각에 동감이다."고 했다는 대화가 나온다.

왜관 내에서 행해지는 관례를 서울 사람들이 모르는 것은 당연한 일이다. 군관이 몰랐다고 하더라도 무기를 지참해서 수문(守門) 안에 들어가는 것은 성신(誠信)과 교린(交隣)에 반하는 행동이 된다. 그러나 역관이 이를 제지했으므로 일본 편을 든다고 생각하는 사람들도 있었을 것이다. 게다가 평소 조정의 관리들은 역관들이 늘 일본 편만 든다고 생각하고 있었기에 역관 입장에서는 일본 편을 드는 게 아니라 성신과 교린을 위하여 왜관 내의 관례라는 것을 알려주려고 굳이 엄하게 말을 한 것이다.

무장을 해제하지 않고 수문(守門)으로 들어가는 군관을 제지한 것은 일본의 편을 든 것이 아니라 성신과 교린에 반하는 행동이었기에 말했다는 것이 당시 역관의 논리였고 이쿠고로 역시 이 논리에 동조하였다. 당시 왜관을 그린 그림을 보아도 수문(守門) 내의 역관이나 군관들이 어느 하나도 무기류를 지참하고 있지 않다. 아메노모리 호슈[雨森芳洲]가 『조선풍속고(朝鮮風俗考)』라는 책에도 썼듯이 활이란 것은 조선에서 가장 중요한 무기의 하나로 왜관 복병(伏兵)도 사수(射手)들이었다. 일본인이 거류하는 지역에 활을 가지고 들어가는 것은 일본인에게 군사력을 자랑하려는 행동으로 비칠 수가 있었던 것이었다.

이 군사력과 무위를 자랑하는 것에 대해 일본 측이 비판하던 것이 있는데 그것은 바로 삼혈총(三穴銃) 발포에 관한 것이었다. 이쿠고로는 통신사가 일본에 건너가서 건물 안으로 들어갈 때 삼혈총을 발포하는 것은 무위를 자랑하는 것에 지나지 않고 예의에도 어긋나므로 중지해야 한다고 주장을 한다. 이에 대해 역관은 삼혈총은 무기가 아니고 종이를 채워 발포하는 것으로 소리를 내고자 할 뿐이며 악의(惡意)를 제거하기 위함이라고 반론을 한다. 그러자 이쿠고로가 "일본에서 발포하는 것은 불경(不敬)한 일이다. 하물며 대마도 외의 타 지역 사람들이 보면 이상하게 생각할지도 모르고 이것이 원인이 되어 양국이 싸울지도 모른다. 조선을 편애하는 내가 보아도 이것은 좀 곤란하다."고 재차 반론을 편다. 역관은 다시 "삼혈총은 소리를 내는 도구로 무기가 아니다. 그 증거로 바다를 가는 배가 요선(僚船)을 놓쳤을 때 위치를 알리고자 삼혈총을 발포한다."고 반론해 양자 의견은 좀처럼 좁혀지질 않았다. 사실 이쿠고로도 삼혈총을 들어 본 적이 있기에 무기가 아닌 것쯤은 잘 알고 있었다. 그러나 총포류의 소리였기에 일본 국내에서 발포하면 곤란하다고 주장을 한 것이다.

양측은 이 삼혈총을 둘러싼 논쟁에서 자신만의 입장을 주장하며 양보를 하지 않는다. 그러나 이 논쟁은 결코 싸움이 아니다. 성신과 교린이라는 것은 실의(實意)로써 서로 속이지 않고 무력으로 싸우지 않으며 진실로 상대를 대하는 것으로 어중간하게 양보하지 않고 분명히 서로의 입장을 밝힐 때야 말로 그 의의가 있는 것이다.

이쿠고로가 조선을 편애했다는 것을 짐작할 수 있는 단서로 나가사키 근무 중의 일화가 있다. 조선인 표류민들이 나가사키의 대마도 저택에 체류하고 있었는데 당시 통역을 맡았던 이쿠고로가 하인을 데리고 나가 잠시 자리를 비우게 되었다, 당시 저택에는 일본인은 하녀 하나밖에 없었기에 이쿠고로가 돌아와서 하녀에게 표류민들이 방탕한 짓을 하지 않았느냐 물어보자 하녀는 "표류민들은 얌전한 사람들인 것 같다. 이쿠고로가 부재 중일 때에는 표민옥(漂民屋)에서 나오지 않고 한 사람도 내가 있는 곳에 오질 않아 쓸쓸하게 지냈을 뿐이다."고 대답을 했다. 이에 대해 이쿠고로 는 훗날 역관에게 믿음직스럽다고 평을 남긴다. 각각의 나라의 입장에 서 서 치열한 논쟁을 벌일 때도 있었으나 서로 인정해야 할 것은 인정하고 있 었던 것 같다. 그러나 성신과 교린의 이념에 의거하여 무언가를 말할 경우 때에 따라서는 상대방 나라의 편을 드는 것처럼 보일 수도 있는 셈이다.

어떤 역관이 부산 주변 바다에서 조개 독이 발생했을 때 노령의 몸을 이끌고 일본인들에게 연락을 주기 위해 일부러 왜관까지 내려 온 적이 있 다는 기록이 도다 타노모[戶田賴母]가 남긴 문서에 있다. 일본 측에서 보 면 독실한 사람이지만 조선 측 보면 일본을 편애하는 것으로 보일 수도 있었을 것이다.

이쿠고로가 상대방 역관에게 일본을 편애한다고 말한 적도 있다. 그렇 게 말한 이유는 역관이 다음과 같은 이야기를 했기 때문이다. "조선의 정 치 형태를 일본과 같은 식으로 하자는 의견이 제기된 적이 있다. 바꾸면 당장은 괜찮아도 나쁜 사람이 많아 후세 정치가 어지러워질 가능성이 있 기에 중지되었다. 일본은 마을마다 절이 있고 이 절에서 문맹인 백성을 가 르치고 있어 제도가 구석구석에까지 미치고 있다." 이런 식으로 역관이 조선과 일본을 비교하면서 정치 비판을 전개하였는데 이쿠고로는 이를 듣 고 일본 편애라고 말을 한다. 역관은 타인 귀에 들어가선 안 된다고 했지 만 이쿠고로는 결국 자신의 저작에 기록했기에 역관의 부탁을 어긴 꼴이 된다. 이쿠고로가 역관과 마찬가지로 일본의 정치를 비판했다거나 일본의 내정에 대해 이야기했다는 대화는 본서에 볼 수가 없다. 그러나 대마도에 헌상하려 한 책이니 그러한 이야기가 없는 것도 당연한 것이다.

아메노모리호슈[雨森芳洲]가 저술한 것으로 여겨지는 책 가운데 『유년 공부(酉年工夫)』라는 조금 야한 이야기를 한글로 필사한 필사본이 있다.

『통역수작』 안에도 여악(女樂)이나 기생(妓生)에 관한 여러 이야기가 수록되어 있다. 이쿠고로는 한 역관에게 여자에 관한 일로 충고를 한 적이 있다. 이쿠고로가 아내가 있는 한 역관이 동래에 집을 차려 따로 여자를 둔 것을 알게 되자 "당신도 어느 정도 나이가 있으니 스스로 경계해야 한다."고 말했다. 이를 듣고 역관이 "아들이 없어 아내에게 허락을 얻은 것이다. 이 여자를 통해 아들이 태어났기에 서울에서 아내가 내려와 그 여자에게 사의를 표했다. 동료 역관들은 이를 알아도 아무 말도 하지 않는데 당신은 실의로 충고를 해주었으니 고맙다."고 대답을 하였다. 조선 역관들이 다른 일본 측 통사에게는 말하지 않는 것도 이쿠고로에게만은 실의에 기반을 두고 어떤 이야기든 나누었던 것 같다.

다만 여기서 주의하지 않으면 안 될 것이 하나 있다. 허가 없이 나갈 수 없는 설문(設門) 바깥으로 일본인들이 나간 적이 있다. 일본인들이 남출(濫出)을 해서 역관들이 몹시 곤란해 하자 새로 부임해 온 관수(館守)가 남출한 일본인들을 귀관(歸館)시킨다. 당시의 역관이 일본인들이 무슨 이유로 갑자기 귀관을 했는지 불안해하며 일본 측 통사에게 사정을 확인했더니 이쿠고로 이전에 대통사를 맡았던 오다 조시로[小田常四郎]가 추측하여 말하길 "관수는 역관이 평소 양국 간의 용무가 중요한 것을 확실히 알고 있는 사람인지라 늘 칭찬하고 있었다. 그런데 그 역관이 근무하는 기간 중에 설문(設門) 밖으로 남출해서 일본인들이 자신들의 요구를 주장하면 그 역관에게 폐를 끼치게 된다. 또 그 역관은 독촉하지 않아도 근무를 게을리 하는 사람이 아닌 것을 관수가 잘 알고 있었기에 귀관시켰던 것이 아닌가."라고 말을 했다. 역관은 너무나 감격하여 "일본 측이 요구한 사항에 대해서 확실히 처리하겠다. 관수를 만나 사례를 표하겠으며 이러한 고마운 생각을 역관 모두에게 알려주면 고맙겠다."고 말한다. 그 후에 왜관에 필요한 물품이 순조롭게 들어왔다는 이야기가 보인다. 관수가 어떠한 의도로 남출을 중지시킨 것인지 진실은 기록에는 남아있지 않다. 대통사 오다 조시로[小田常四郎]의 말은 사실 일종의 흥정이었으며 역관은 그의 말에 완전히 넘어갔다고 볼 수도 있다. 이쿠고로 때에도 아마 그러한 흥정이 있었을 것이다.

이쿠고로의 금족과 역지빙례(易地聘禮) 때 통신사가 대마도에 건너간 후 돌연 금족 처분이 철회된 것에는 분명 무언가 사정이 있을 것이다.

V. 맺음말

통사는 흔히 말하는 외교관이 아니므로 기본적으로 개인적인 생각을 주장하는 입장에 있지 않다. 대마번의 주장을 조선 측 역관에 알릴뿐이다. 때문에 개인적인 생각에 따라서 행동하는 것은 본래 해서는 안 될 일이다. 공식적인 대화, 이것을 공간(公幹)이라고 한다. 공간으로 회담할 때 일본 측 통사는 원칙적으로 두 명이 동석하고 두 명이 보고서를 작성해서 회담 내용을 대마번에 제출해야 했다. 공간은 때로는 굉장히 험악한 분위기 속에서 목숨을 걸고 진행된 적도 있던 것 같다.

이쿠고로의 저작은 역관들과의 공간(公幹)이 아닌 비공식적인 대화에 근거한 책이다. 때문에 본래 대마번에 보고할 필요는 없었다. 더군다나 당시 개인적으로 역관과 만나서 이야기 하는 것 자체가 금지되어 있었는데, 역관들과 개인적인 이야기를 나누면 대마도의 내정이 새어버릴 가능성이 있고 또 밀매매가 행해질 수도 있었기 때문이다. 이쿠고로의 경우는 통사 역할에만 충실하고 왜관에서 장사는 일절 하지 않았다고 대마번에 보고하고 있다. 때문에 그는 경제적으로 매우 어렵기도 했다.

통사로서 57년간 한결 같이 대마번을 위해서 일했고 조선 측 역관들도 이쿠고로를 절대적으로 신뢰했다. 이쿠고로가 왜관에서 금족 처분을 받아 머리와 수염이 제멋대로 자란 체 초라한 차림으로 칩거하자 이를 차마 볼 수 없었던지 한 역관이 금지령을 위반하고 한밤중에 6척 정도의 돌담을 넘어 일본인 거류지역으로 들어와 이쿠고로를 찾아온 적이 있다. 그는 돈과 한복을 가져다주려고 했다. 이쿠고로는 다른 사람과 만나는 것은 금지되어 있다며 거절을 했다. 그러자 역관은 "우리들은 당신과 이야기하지 말라는 명을 받지 않았다. 우리들과 교섭이 잘되지 않았기 때문에 당신이 이리 되어 버렸다. 동료 역관들과 상의하고 왔다. 옷을 갈아입고 이 돈을 가지고 왜관을 떠나 서울로 가시오. 돈은 서울까지 여비로 충분할 것이다. 서울로 가면 역관들이 당신을 잘 돌봐서 생활을 어렵지 않게 해주겠다."고 이야기를 했다. 그러나 이쿠고로는 이를 사양했고 역관은 돌아가야만 했다. 후일 다른 역관은 낮에 이쿠고로가 칩거하고 있는 곳 앞에서 배회하다가 하인에게 돌을 던지게 했다. 이쿠고로가 무슨 일인가 문을 열었더니 그가 눈물을 흘리며 "후일에…."라고 이야기하며 가버렸다. 그 후 역지빙례(易地聘禮)가 실현되어 통신사가 대마도에 도착한 후에 이쿠고로의 금족 처분은 철회가 된다.

한밤중에 돌담을 넘어 서울로 도망가면 이후의 생활까지 보장해주겠다고 말할 정도의 매력이 이쿠고로에게는 있었던 것 같다. 그러한 매력을 가진 이쿠고로이기에 가지각색의 이야기를 들을 수 있었고 조선 내부의 정보가 충분히 담긴 저작을 남길 수 있었던 셈이다. 역관은 비밀에 속하는 일이니 다른 사람이 알지 못하게 해달라고 했으나 이쿠고로는 비밀을 포함한 모든 일을 기록했고 대마번에 헌상까지 했다. 대마번이 고용한 통사로서 그 사명을 완수했다고 볼 수도 있으나 역관과의 신의에는 어긋나는 일이었을지도 모른다. 그러나 이것은 대마번에 고용된 통사의 숙명이자 한계일 것이다.

이쿠고로의 저작에 의해 양국 간의 공식 문서만으로는 알 수 없는 왜관을 둘러싼 실정을 어느 정도 밝힐 수 있을 것 같다. 지금까지는 극히 일부만의 인용에 지나지 않았으나 이쿠고로의 저작 전체는 충분히 주목할 가치가 있으며 오늘의 발표가 이쿠고로를 비롯한 대마번 통사에 관한 연구의 필요성을 인식하는 계기가 되기를 바라며 발표를 마치겠다.

제93회 발표, 2012년 3월 27일

참고문헌

鈴木棠三,『象胥紀聞』, 村田書店, 1979.

泉 澄一,「韓學生員用帳」,「詞稽古之者仕立記錄」(『雨森芳洲全書3』 所收)関西大
　　學出版部, 1982.

_____,「朝鮮詞稽古御免帳」(『雨森芳洲全書4』 所收)関西大學出版部, 1984.

安彦勘吾,「草梁話集」「帝塚山短期大紀要」人文・社會科學編26, 1989.

田代和生,「対馬藩の朝鮮語通詞」「史學」60卷4號, 1991.

_____,『倭館』, 文藝春秋社, 2002.

米谷 　均,「対馬藩の朝鮮通詞と雨森芳洲」「海事史研究」48, 1991.

鶴田 　啓,「日韓雙方の史料から見る接觸の場」「東京大學史料編纂所研究紀要」11,
　　2001.

小幡倫裕,「対馬通詞小田幾五郎의 朝鮮文化認識」「사회과학연구」6, 2002.

栗田英二,『象胥紀聞 對馬島通事가 본 18世紀 韓半島文化』 이화문화사, 2005.

허지은,「쓰시마 朝鮮語通詞 오다 이쿠고로의 생애와 대외인식:『通譯酬酢』을
　　중심으로」「동북아역사논총」30, 2010.

箕輪吉次,「小田幾五郎『草梁話集』について」「일어일문학연구」71/2, 2009.

_____,「小田幾五郎『通譯酬酢』 小考-朝鮮贔屓와 日本贔屓」「일어일문학연구
　　」74/2, 2010.

_____,「小倉文庫本『北京路程記』について」「일어일문학연구」75/2, 2010.

* 追記(2014년, 3월 10일) 나가사키현립대마역사민속자료관 소장 一紙物의 목록
　인『対馬宗家文庫史料一紙物目録』은 2009년 3월에 간행되었음.

조선전기 왜구,
교류자와 위조(僞造)교류자에 대하여

|

케네스 로빈슨(Kenneth R. Robinson, 동북아역사재단 초빙교수)

Ⅰ. 머리말

신분을 위조한 일본인들의 무역과 교섭, 교역, 해적행위는 조선 초기 한일관계의 세 가지 형태였다. 여기에서 '무역과 교섭'은 조선 정부와 협상하거나 조선에서 무역을 하기 위해 일본에서 만들어진 위조 신분을 통해 이루어졌다. 이와 같은 세 가지 형태의 교류는 14세기 말부터 1592년에 임진왜란이 발발할 때까지 다양한 시기에 걸쳐 여러 가지 방식으로 나타났다.

15세기 초 일본의 왜구와 교류자들에 대한 조선 정부의 정책이 성공을 거둠에 따라 앞서 언급한 교류의 세 가지 형태 중 해적행위와 교역이 서로 연계되었다. 교역과 위조 신분은 위조된 신분을 통한 교역을 가능하게 만든 조선 정부의 정책과 긴밀히 연결되어 있었으며 신분을 위조한 일본인들이 조선에서 행한 무역은 15세기 중반부터 임진왜란 직전까지 이어졌다.

지금까지의 내용을 요약하자면 다음과 같다.

첫째, 조선 정부가 무역을 장려하면서 왜구의 공격이 종식되었다. 둘째, 평화로운 교역이 서부지역에 거주하던 일본인들에게 새로운 가능성을 제시해 주었고 조선 정부가 15세기에 도입한 무역규제는 위조 신분의 제작과 신분 위조자들이 조선에서 행한 위조 무역에 일조했다. 셋째, 조선 정부는 15세기와 16세기 서일본과 중부일본에 거주하던 엘리트 가문에 대한 정보를 가지고 있지 못했고 이것이 위조신분의 사용과 확산에 도움을 주었다.

본 발표는 한국어로 이루어지는 미국식 발표의 형태를 띨 것이다. 즉 특정 주제의 세부사항에 집중하기 보다는 광범위한 주제를 제시한 후 그에 따르는 문제들에 대해 논의할 것이다. 주제가 중요한 이유에 대해 이야기하고 관련 문제들이 이러한 주제에 어떠한 방식으로 연결되어 있는지 설명하고자 한다.

II. 왜구

왜구의 공격이 시작된 14세기 말에 한국과 일본에 새로운 정부가 들어섰다. 한국의 경우에는 물론 고려왕조가 조선 왕조로 전환되었던 것이고 일본의 상황은 조금 더 복잡했다. 14세기 초 동일본에서 가마쿠라 막부[鎌倉幕府]가 멸망한 후 두 명의 황족이 교토에서 일본에 대한 통치권을 주장했고, 이 두 인물이 세운 정부는 각각 남조와 북조로 불렸다. 북조가 남조를 물리친 1392년까지 내전이 계속되었고 그 결과 일본 지방에 대한 통치가 악화되었다. 이러한 상황은 일본의 주요 섬인 혼슈[本州], 큐슈[九州], 그리고 쓰시마[對馬], 이키[壹岐]의 서부지역에서 고려와 조선에게 중요한 의미를 지녔다.

14세기말 일본인들은 나가사키[長崎] 북부의 마쓰우라[松浦] 지역, 쓰시마, 이키에서 한반도로 항해하여 식량을 구하기 위해 연안지역을 침탈하기 시작했다. 이때 일본인들이 한국인들을 일본으로 납치하고 불교사원에서 물건을 가져가기도 했던 것으로 보인다. 1401년부터 1420년까지 이러한 약탈행위가 수 백 차례에 걸쳐 이루어졌으나 평화로운 상호교류를 위해 조선 정부가 도입하기 시작한 무역정책과 규제가 왜구의 공격을 종식시키는 데 크게 기여했다.

III. 조선 정부의 무역규제

조선 정부의 관료들은 일본과의 교류를 교토의 쇼군[將軍] 일가에게 한정할 수 없다는 사실을 알고 있었다. 조선 정부는 과거 왜구였던 이들을 포함한 일본인들과의 교역을 장려해야 했으며 조선 정부가 시행한 무역규제의 핵심적인 특성 중 하나는 일본인들의 무역을 관장하기 위해 하나의 '계층구조'를 고안했다는 점이었다. 1471년에 완성된 일본인 및 류큐인[琉球人]들과의 관계에 대한 조선 정부의 보고서에 이러한 계층구조가 명확하게 설명되어 있다.

조선 정부는 외국인들을 네 개 등급으로 구분했고 네 등급 중 일부는 보다 세부적으로 분류되기도 했다. 이 등급 중 첫 번째는 일본 국왕(쇼군)과 류큐의 국왕이었고 두 번째 등급은 교토 중앙정부에서 일하던 가문들과 서일본에 기반을 두었던 오우치[大内]일가였으며 세 번째 등급은 '특사'를 파견한 시기의 쓰시마 번주[藩主]와 큐슈[九州] 탐제였다. 북큐슈의 관직이었던 큐슈[九州] 탐제는 1370년대에 최초로 임명되었을 때는 막강한 권력을 소유했으나 1420년대 중반에 이르러서는 거의 힘을 쓰지 못했다. 네 번째 등급에는 앞서 언급한 세 등급에 속하지 않은 모든 일본인들이 포함되었다. 여기에는 무역상을 파견했던 때의 쓰시마 번주, 쓰시마의 다른 사람들, 그리고 일본의 기타 모든 교류자가 포함되었다. 여기에 더해 조선 왕조가 조선군에서 명목상의 직위를 부여한 일본인들이 또 하나의 그룹을 형성했다. 이들은 조선 정부가 제공한 군복을 조선 국왕을 만날 때 착용했지만 조선군에 복무하지는 않았고 일본에 거주했다.

그러나 이러한 모든 일본인들이 조선을 실제로 방문하지는 않았고 대리인을 보냈다. 1420년대부터 조선 정부는 조선 방문과 조선에서의 교역에 다양한 규제를 부과하기 시작했다. 시간이 흐름에 따라 이러한 규제의 수가 증가하고 복잡해졌다. 1471년에 기록된 규제를 통해 조선 정부가 일본의 교역을 어떻게 관리했는지 알 수 있으며, 이러한 규제의 중요한 특성 중 하나는 각각의 등급에 허용되는 교역의 양과 질에 차등을 두었다는 것이다.

조선 정부가 가장 많은 교류자를 배치한 등급이기 때문에 이번 발표에서는 네 번째 등급에 중점을 둘 것이다. 다수의 무역 사절단이 네 번째 등급에 포함되어 있었고 조선 정부는 네 번째 등급에 속하는 일본 교류자들에게 구리로 만든 개인용 인장을 발행했다. 이 인장에는 해당 교류자의 이름이 새겨져 있었는데 성과 달리 이름은 개인의 고유한 것이었기 때문이다. 일본 교류자들은 이러한 인장을 자신의 대리인이 운반하는 서계(書契)에 부착했다.

모든 무역 사절단과 쇼군이 파견한 통신사는 쓰시마에서 멈춰야 했는데 이는 조선 왕조의 요청에 의한 것이었다. 조선 왕조는 일본 교류자들이 쓰시마 번주로부터 조선 방문에 대한 허가를 취득할 것을 요구했다. 대리인은 서계와 여행허가증을 가지고 경상도의 항구로 향했다. 개항장의 수는 시기에 따라 달랐으나 일본인들이 진입할 수 있는 항구의 수가 세 곳까지 확대된 시기도 있었다. 그러나 16세기 대부분의 기간에는 부산포만이 개방되었다. 일본 역사가에 따르면 1392년부터 1504년까지 4,632명의 사절단과 통신사가 일본으로부터 출항했다.

일본인들의 위조 신분은 조선 정부를 통해 조선에서 무역을 하기 위해 일본에서 만들어졌다. 각각의 위조 신분은 앞서 설명한 네 개의 등급 중 하나에 부합하고 한국 관료들이 쉽게 알아볼 수 있도록 설계되었다. 15세기 중반부터 1592년에 이르기까지 위조 신분의 사용에는 몇 가지 패턴이 나타났고 위조 무역에 관여한 일본인들은 엄청난 창의력을 발휘했다. 이들은 조선 정부가 서일본과 중부일본의 사람들과 사건들에 대한 상세한 정보를 가지고 있지 않다는 사실을 파악하고 있었다.

예를 들면 1459년 중부 큐슈[九州]에 기반을 두었던 치바 모토타네는 매년 한 척의 무역선을 보낼 수 있는 허가를 취득했다. 치바 모토타네는 조선 왕조에 사절단을 두 차례 더 보낸 후인 1464년에 사망했다. 그러나 모토타네의 무역 사절단은 적어도 1504년까지 계속됐다. 진짜 치바 모토타네가 허가를 취득한 것일까? 그의 사망 후 모토타네의 인장을 사용한 자는 누구였을까?

또 다른 사례는 오우치 노리유키의 인장이다. 조선에서 무역을 했던 노리유키는 서일본에 거주했던 노리유키(のりゆき)와는 다른 한자를 사용하여 '자신의' 이름을 작성했다.

1466년부터 일본인들은 조선 국왕이 불교에 대해 가지고 있었던 관심을 이용하기 위해 힘을 모으기 시작했다. 1455년부터 1468년까지 조선을 통치한 세조는 불교를 강력하게 지지했다. 조선을 방문한 일본인들이 이를 알게 되었고 곧 새로운 위조 신분에 사용할 개인 인장을 요청하기 위한 수단으로 불교를 이용하기 시작했다. 1466년부터 1468년까지 일본인들은 새로 제작한 위조 신분을 통해 33차례 이상 무역 사절단을 파견했다. 그러나 조선 정부는 신규 교류자 중 누구에게도 연례 교역을 위한 개인용 인장을 발급하지 않았다.

이러한 위조 무역 사절단을 기획한 일본인들은 실제 항구, 항만, 마을, 내해 주변과 혼슈 서해안을 따라 위치한 관문에서 위조 무역 사절단을 파견했다. 위조 무역 사절단의 '근거지' 중에는 교류자들이 조선 국왕과 아직 관계를 수립하지 않은 상태인 지역도 있었다. 이 정도로 신중하게 위조 무역을 계획했다는 사실을 통해 쓰시마 주민들이 위조 무역의 원천이었다고 추측할 수 있다.

위조 교류자들의 직업은 지방 관료부터 해적까지 다양했으나 불교승은 포함되어 있지 않았고 신토신사[神道神社]와 관련된 위조 교류자가 사절단을 보낸 경우도 있었다. 그러나 이 사절단이 사용한 이름의 주인은 1446년에 사망한 상태였다. 위조 신분의 직업이 다양했던 것 또한 많은 일본인들이 불교신자라는 사실을 통해 세조에게 깊은 인상을 주려는 의도였을 수 있다. 1468년에 세조가 사망하면서 이러한 노력이 막을 내렸다.

1466년 세조는 금강산 방문을 마치고 돌아왔다. 여기에서 위조신분을 설계하는 데 있어서 또 하나의 기발함을 엿볼 수 있다. 서울에서 '주린'이라는 일본 스님을 맞이한 세조는 일본 쇼군에게 전달할 서신을 주었고 주린은 일본으로 돌아갔다. 그런데 이때 주린은 일반적인 항로였던 내해를 통해 교토로 가지 않고 혼슈섬의 서해안을 따라 북쪽으로 항해하여 오바마[小浜]항에 정박한 후 도로를 이용하여 교토로 이동했다. 1470년에 주린은 교토를 떠나 조선으로 향했는데 이때에는 내해를 이용했다.

1467년과 1470년에 혼슈 서해안과 내해를 통해 주린을 안내했다고 주장하는 일본 엘리트 계층의 대리인들이 조선에 등장했다. 그러나 조선 정부는 이들에게 개인용 인장을 부여하지 않았다. 즉 조선 왕조는 주린을 에스코트 했다는 이 인물들을 일본 교류자로 인정하지 않았던 것이다. 이는 조선 왕조가 이들이 지닌 신분의 진위를 의심한 결과였을 수 있다.

무로마치[室町] 막부의 위조 관료에 관한 이야기로 넘어가 보자. 이 교류자들은 두 번째 그룹을 통한 교역을 위해 만들어졌다. 첫 번째 위조 막부 관료가 1455년에 조선 국왕을 맞이했는데, 이때 후원자가 하타케야마 일가를 파견하여 하타케야마 요시타다를 당시 무로마치 막부에서 두 번째로 높은 직위, 즉 쇼군 바로 아래 직급이었던 관령에 임명했다. 교토에 거주하던 진짜 하타케야마 일가는 관령을 지닐 수 있는 자격을 갖춘 세 가문 중 하나였다. 놀라운 일은 아니지만 일본인들은 위조 신분을 제작하기 위해 이 세 가문 중 나머지 두 가문 또한 이용했다. 간단히 말해 1455년에서 1474년 사이 파견된 30개 이상의 무역 사절단이 사용한 십여 명이 넘는 막부 관료의 이름과 관직은 위조된 신분이었던 것이다.

교토의 진짜 쇼군은 1474년 조선 국왕에게 1470년에 무역 사절단을 보낸 두 명의 막부 관료가 위조된 신분이었음을 알렸다. 쇼군은 이러한 사절단의 존재에 대해 알지 못했고 승인한 바도 없었다. 그 후 쇼군은 향후 위조 막부 관료가 만들어지는 것을 방지하기 위해 새로운 신분확인 시스템을 도입할 것을 제안했고 조선 정부가 이에 동의하여 1474년 말 아부제를 도입했다.

조선 국왕은 일본국왕의 특사와 막부 관료들의 특사로 하여금 서계 및 방문허가증과 함께 상아로 만든 부절을 제시할 것을 요구했다. 이 부절은 반으로 나뉘어져 1부터 10까지 번호가 부여되어 있었다. 각각의 반쪽에는 번호의 일부가 새겨져 있었고 나머지 반쪽은 조선 왕조가 보관했다. 관료들은 특사가 제시하는 부절의 오른편 반쪽을 왼편 반쪽과 대조하여 확인했다.

일본인들은 그 다음 세기 동안 다양한 수단을 고안했고 상아 부절을 가지고 있을 때와 가지고 있지 않을 때 두 가지의 상황에서 위조 무역을 시행할 수 있는 방법을 강구했다. 15세기 말에는 아부제의 허점을 찾거나 회피할 수 있는 방법을 꾀했다.

아부제 시행을 향한 조선 정부의 의지가 처음 시험대에 오른 것은 1479년의 일이었다. 상아 부절을 가지고 있지 않았던 사절단이 아부제를 피해가는 데 실패한 것이다. 1482년 진짜 쇼군이 보낸 진짜 특사가 진짜 상아 부절을 제시했고 조선 정부가 이를 받아들였다.

2년 후인 1480년, 또 다른 위조 막부 관료가 보낸 위조 대표자가 도착했는데 이 사람은 상아 부절을 가지고 오지 않은 이유에 대해 길게 설명했다. 이 사절단에 관여한 일본인들은 직접 상아 부절을 제작하려고 했다.

사절단을 보낸 위조 막부 관료는, 서계를 통해 서울에서 교토로 상아 부절을 가져간 1474년의 통신사는 중부 일본의 전쟁으로 인해 내해를 거쳐 항해할 수 없어서 대신 혼슈의 서해안을 따라 북쪽으로 향했고 악천후로 선박이 경로를 벗어나 '북쪽 야만인들의 나래북적국(北狄國)]'의 해안까지 밀려났다고 설명했다. 위조 '쇼군'과 이 막부 관료가 1474년에 보낸 특사의 행방을 알게 된 것은 불과 '1년 전'의 일이었다. 이 특사를 복귀시키고 조선 국왕의 국서와 교토에 전달한 선물을 가져오기 위해 바로 한 척의 배가 파견되었으나 관령은 이 구조작업에 대한 보고를 받지 못한 상태였으며 국서와 선물이 없는 상황에서 쇼군이 조선 국왕에게 무례하게 행동할 것을 우려한 위조 막부 관료는 쇼군(즉 위조 쇼군)에게 전달할 수 있도록 국서의 내용을 알려줄 것을 조선 국왕에게 요청했다는 설명이었다.

이 책략을 계획한 이들은 이러한 설명이 위조 막부 관료가 상아 부절을 소지하지 않은 상황을 정당화시켜주기를 희망했다. 그렇게 함으로써 새로운 아부제로 진짜 아부제는 일본 국왕의 참여나 감시기능을 배제하지 않고 위조 일본 국왕이 상아 부절을 감독할 수 있는 시스템이었다. 셋째, 새로운 부절을 가지고 있으면 1474년의 진짜 상아 부절로 인해 중단될 상태였던 위조 막부 관료를 통한 교역을 부활시킬 수 있었을 것이다. 기술적으로 계획을 이행하면 조선 왕조는 새로운 상아 부절이 위조 일본 국왕의 손에 들어가 있다는 사실을 알 수 없었을 것이다.

끝내 조선 정부는 새로운 상아 부절을 발급하지 않았다.

수 십 년이 지난 후 중부 일본에서 정치적인 분쟁과 다툼이 계속되면서 쇼군이 교토에서 추방되었다. 쇼군은 서부 혼슈에 자리를 잡고 오우치 일가와 함께 살았다. 오우치 일가는 서부 일본의 정치에서 막강한 권력을 행사하고 있었으며 이미 100년 동안 조선 정부와 정당하게 거래를 해온 가문이었다. 망명 중이었던 쇼군은 1474년에 발급된 진짜 상아 부절 중 일부를 수여함으로써 오우치 일가에게 보상했다.

교토의 새로운 쇼군이 요청하여 조선 정부가1504년에 새로운 상아 부절을 보내왔다. 쇼군은 자신을 지지해준 가문이자 수 십 년 간 조선 정부와 정당하게 거래해온 오토모 일가에게 이 상아 부절을 맡겼다. 새로운 상아 부절로 인해 서일본의 오우치 일가와 추방당한 쇼군이 가지고 있었던 부절은 효력을 상실했다.

그러나 교토의 쇼군은 1504년에 새로 발급된 부절 중 두 개를 또한 오우치 일가에게 주었다. 교토와 서일본에 있었던 이 상아 부절들이 어떻게 사용되었는지는 명확히 밝혀지지 않았다. 그러나 16세기에 일본 국왕이 조선에 보낸 모든 통신사는 서일본에서 만들어진 위조 쇼군의 통신사였던 것으로 보인다. 그리고 위조 쇼군뿐만 아니라 위조 막부 관료들까지 1504년에 발급된 상아 부절을 사용했다. 이와 같은 상호교류와 교역의 두 가지 패턴이 16세기까지 계속되었고 도요토미 히데요시[豊臣秀吉]가 1580년대 후반에 중국 침공과 관련하여 조선 정부를 압박하기 시작한 후로 새로운 중요성을 지니게 되었다.

1510년 세 곳의 개항장[삼포(三浦)]에서 발생한 사건이 위조 무역에 변화를 가져왔다. 개항장과 일본과의 교역에 대한 조선 정부의 관리가 보다 엄격해지자 세 곳의 개항장에서 일본인들이 폭동을 벌였던 것이다. 폭동 사태는 수개월에 걸쳐 불규칙적으로 이어졌다.

이에 1512년 조선 정부는 번주를 제외한 모든 쓰시마 주인들에 대한 무역특혜를 철폐했다. 이로 인해 쓰시마 번주만이 무역선 파견을 허가할 수 있게 되었고 조선으로 보낼 수 있는 무역선의 수가 약 74척 에서 25척으로 감소했다. 또한 쓰시마가 아닌 다른 곳에 기반을 둔 교류자들에게 발급된 개인용 인장의 오용을 막기 위해 조선 왕조는 포상으로 수여된 경우를 제외하고 모든 개인용 인장을 확인하겠다는 계획을 천명했다. 1460년대와 1470년대 초에 발급된 인장이 50년 가까이 사용되어온 상황이었다. 1510년에 조선의 관료들은 "인장을 받은 사람 중 많은 이들이 사망했을 것이다"라고 말했다. 조선 정부는 1510년에서 1512년까지 일본인들과의 교류를 중단했다.

1510년 이후 정확히 언제 조선 정부가 개인용 인장 발급을 재개했는지는 확실하지 않으나 1519년, 1520년, 특히 1530년대에 인장이 발급된 사례가 있다는 것은 알려져 있다. 이때 인장을 받은 이들은 위조된 신분을 사용했고 조선 정부도 이 사실을 알고 있었을 것이다.

16세기 전반에 걸쳐 일본 교류자에게 개인용 인장을 수여함에 있어서 세 가지의 패턴이 나타난다. 그 중 첫 번째는 새로운 교류자에게 수여하는 것이고 두 번째는 기존 교류자에 발급한 개인용 인장을 재발급하는 것, 세 번째는 이전 교류자의 후임자로 확인된 사람에게 권한을 갱신해 주는 것이었다. 보다 자세히 설명하자면 조선 왕조는 성종이 즉위한 1469년 말 이전에 교역에 참여했던 교류자의 후계자들에게 개인용 인장을 발급하지 않았으나 성종이 즉위한 후 거래를 시작한 교류자의 후계자들에게는 개인용 인장을 발급했던 것이다.

다시 말해, 조선 왕조는 15세기 말에 신분 위조자들의 무역을 허가했음을 인식하고 있었고 16세기에 신분 위조자들의 무역을 허락했다는 것도 알고 있었다. 안타깝게도 16세기에 이러한 신분 위조자들이 조선에서 어느 정도의 빈도로 교역을 했는지는 알려지지 않는다.

그러나 1544년에 있었던 왜구의 공격으로 인해 조선 정부는 다시 한 번 일본과의 교역을 중단하게 되었고 이 상태가 1547년까지 이어졌다. 그리고 이후로는 부산포만을 일본 무역선에게 개방했다.

다음의 자료는 위조 신분을 통한 일본인들의 무역에 대한 조선 정부의 인식을 보여준다. 1570년대 초와 1580년대 초에 사용된 57개의 개인용 인장 중 쓰시마 외부에 기반을 둔 교류자들을 위해 조선 왕조가 제작한 개인용 인장의 수는 44개 이상이었다. 현존하는 23개 인장 중 조선 정부가 1552년과 그 이후에 제작한 개인용 인장의 수는 13개 이상이며 현존하는 23개의 개인용 인장은 모두 쓰시마에 보관되어 있었다.

한편 1540년대부터 조선 주변의 바다를 휘젓기 시작한 왜구의 해적행위는 1560년대까지 이어졌다. 1563년과 1567년에 조선에 통신사를 보낸 위조 쇼군은 조선 국왕에게 위조 일본인들을 위한 개인용 인장을 추가로 발급해 줄 것을 요청했다. 명종과 그의 대신들은 이러한 새로운 교류자들이 신분 위조자임을 알고 있었을 것이다. 그렇다면 왜 이러한 교역을 허가 했을까? 조선 왕조는 교역이 쓰시마에서 관리되고 있다는 것을 알고 있었 고 왜구의 공격은 예방하기가 까다로우며 여러 가지 문제를 초래한다는 사실을 인식하고 있었다.

조선 정부는 어느 정도는 왜구의 공격을 방지하기 위한 목적에서 16세 기 후반에 위조 무역을 허락했던 것으로 보인다. 즉 16세기 후반 조선 정 부에게 있어서 교역은 국방정책이었던 것이다.

16세기에 위조 쇼군이 파견한 통신사가 빈번하게 조선으로 항해했으나 이 시기 조선의 국왕들은 교토에 통신사를 보내지 않았다. 1470년대에 성 종은 일본으로 두 차례 통신사를 파견했으나 그 중 하나는 악천후로 침몰 했고 나머지 하나의 통신사에 속해있던 특사는 쓰시마에서 병에 걸려 조 선으로 귀국하던 중 사망했다. 그 후로 한국의 통신사가 교토에 도달한 것 은 1590년의 일이었다.

1580년대 중반으로 돌아가 보자. 이 시기에는 무역, 위조 신분, 위조 쇼 군, 한국 통신사의 부재가 혼재되어 나타난다. 명 및 조선과의 외교관계에 대한 도요토미 히데요시의 관심에는 조선 국왕을 예속시키고 명을 정벌하 려는 열망이 담겨있었다. 조선에 대해, 그리고 조선 정부가 중국 정부와 맺고 있는 관계, 조선과 일본의 관계에 대해 가장 잘 알고 있던 일본인들 은 도요토미 히데요시의 이와 같은 열망에 우려하였다. 전쟁이 발발하면 경제적인 어려움을 겪게 될 쓰시마와 하카타[博多]의 엘리트 계층은1587년 부터 최악의 상황을 예방하기 위한 노력을 기울였다.

1587년, 쓰시마 번주는 조선 정부에게 히데요시가 일본을 통일했음을 알렸다. 그러나 이때 쓰시마 번주는 조선 국왕이 굴복할 것을 요청한 히데 요시의 뜻을 전하는 대신 선조에게 새로운 지도자를 축하하는 의미에서 통신사를 보낼 것을 요청했다.

1589년, 히데요시는 쓰시마 번주로 하여금 조선 국왕에게 개인적으로 찾아와 복종할 것과 명에 대한 공격을 지원하지 않을 경우 조선을 침공하겠다는 경고를 전달할 것을 명령했다. 이에 번주는 위조 통신사를 조직했다. 과거 위조 특사로 조선을 방문한 경험이 있었던 위조 특사는 조선 국왕에게 일본에 통신사를 파견할 것을 제안했다. 그러나 선조와 그의 대신들은 이 손님들이 (1587년의 손님들처럼) 조선 정부에게 유리한 방향으로 히데요시의 메시지를 왜곡함으로써 자신들을 위험에 빠뜨리고 있다는 사실을 깨닫지 못했다.

1590년에 쓰시마는 왜구의 공격에 참여한 경험이 있는 몇 명의 사람을 조선으로 보냈다. 이를 기회로 같은 해 선조는 히데요시에게 통신사를 보냈다. 황윤길과 김성일이 이끈 이 통신사는 일본의 군사적 준비성을 평가하고 일본이 공격을 감행할 것인가의 여부를 판단하는 것을 목표로 하였다. 그러나 통신사가 교토에 도착했을 때 히데요시는 동일본에서 적군을 포위하고 있었기 때문에 히데요시가 돌아오기를 기다려야 했다.

조선의 특사들은 15세기부터 조선에서 무역을 했던 네 가문의 지도자들을 위한 선물을 가지고 갔다. 그러나 이 일가 중 두 가문이 각각 1551년과 1559년에 정치적인 권력을 잃었음을 알게 되었고 나머지 두 일가가 어떠한 힘이나 중요성을 가지고 있는가에 대해 의구심을 품게 되었다. 다시 말해 조선 정부는 정당한 자격을 갖추었다고 여겨지던 교류자들이 수십 년 전에 위조 신분이 되었다는 것을 알지 못했다. 쓰시마와 하카타의 엘리트 계층이 필사적으로 이어가고자 했던 위조 무역이 조선 정부가 생각했던 것 보다 광범위하게 이루어졌음이 드러났다. 이는 지난 100년 이상의 시간 동안, 그리고 최근 수 년 간 일본에서 일어난 변화에 대해 조선의 관료들이 얼마나 위험할 정도로 무지했는지를 보여주는 것이었다.

IV. 결론

15세기에 서부 혼슈와 큐슈(九州)에 실제로 거주했던 사람들이 조선에서 실제로 무역을 했다. 그러나 15세기 말과 16세기에 몇 명의 실존 인물과 신분 위조자들이 조선 정부와 교역을 했는지는 판단하기가 어렵다. 그럼에도 불구하고 쓰시마 주민들의 무역 외에도 16세기에는 쓰시마 외부에 기반을 둔 교류자의 이름으로 행해진 무역의 상당 부분이 쓰시마에서 관리한 위조 무역이었다. 조선 정부는 위조 무역이 발생하고 있다는 사실을 알고 있었고 부분적으로는 왜구의 공격으로부터 남해안 지역을 효과적으로 보호하기 위한 방안으로서 이를 허락했다. 그리고 쓰시마 번주가 근방을 항해하는 의심스러운 선박에 대하여 전해준 정보의 범위 안에서 왜구의 공격을 막는 데 성공했다.

그러나 조선 정부는 교토의 일본 정부와 직접 연락하는 것을 고집하지 않았고 히데요시가 대륙전쟁의 위협을 가하며 조선 국왕의 굴복을 요구할 때까지 오다 노부나가[織田信長] 또는 도요토미 히데요시와 같은 일본의 지도자나 쇼군과 직접 소통하려 하지도 않았다.

히데요시가 조선이나 조일관계에 대해 무지했던 것은 16세기 쓰시마와 하카타의 엘리트 계층으로의 이전과 교토 정부의 국가 간 관계에 대한 혼란 때문이었다. 위조 쇼군들과의 교류는 히데요시가 1587년에 자신을 일본의 새로운 지도자로 소개했을 때 조선이 혼란을 겪은 이유 중 하나였다.

즉, 조선 국왕과 관료들은 16세기에 일본으로 통신사를 보내 일본의 정치와 전쟁에 대한 정보를 습득하지 않았고 왜구 문제에 대해서만 우려하고 있었다. 이러한 이유로, 그리고 쓰시마의 엘리트들이 히데요시의 뻔뻔한 요구를 전달하지 않았기 때문에 선조와 그의 대신들은 히데요시가 쓰시마와 하카타 사람들을 통해 보낸 신호를 충분히 파악할 수 없었던 것이다. 조선 왕조는 1590년 겨울에 교토에 통신사를 보냈고, 이때는 이미 쓰시마 외의 일본에 대한 정보를 얻기에는 너무 늦은 시기였다.

제97회 발표, 2013년 7월 10일

한일관계의
현재

외교와 문화교류

|

히라노 겐이치로(平野 健一郎, 와세다대학 정경학부 교수)

Ⅰ. 머리말

저는 와세다[早稻田]대학의 히라노 겐이치로[平野健一郎]입니다. 역사 (歷史)와 업적(業績)을 가진 한일문화교류기금이 주최하는 71회 한일문화 강좌에서 여러분들에게 이야기할 수 있게 된 것을 매우 영광으로 생각합니다. 초청해 주신 기금의 이상우 이사장님에게 깊이 감사말씀 드립니다.

현재 저는 와세다[早稻田]대학의 정치경제학부에서 국제 관계론을 가르치고 있습니다. 이번 학기는 서울대학교 국제대학원의 초빙교수로서 '아시아와 세계'라는 과목의 강의와 연습지도(演習指導)를 하고 있습니다. 서울대학교에 초청해주신 김용덕 원장님에게 감사말씀 드립니다.

오늘은 '외교와 문화교류'에 대해서 저의 견해를 말씀드리겠습니다.

외교와 문화교류·국제교류와의 관계에서는 최근 세계적으로 새로운 움직임이 나타나고 있습니다. 여러분도 아시는 바와 같이 최근 '퍼블릭디플로머시'라는 말을 들을 수 있게 되었습니다. 얼마 전에는 '해외홍보'라는 말이 있었습니다만 최근에는 '퍼블릭디플로머시'입니다. 이 '퍼블릭디플로머시'란 무엇이겠습니까? 마찬가지로 최근의 경향으로서 구미제국(歐美諸

國), 예를 들어 미국, 영국, 독일 등 국제문화교류의 선진국에서 국제문화
교류 기관과 대외홍보기관이 하나로 합쳐버리는 경향이 있습니다. 이 국
제교류기관과 대외홍보기관의 재통합이라는 최근의 경향은 그 쪽 국가 예
산의 삭감이 직접 원인이라고 합니다만 외교와 문화교류의 관계가 변화하
고 있음을 보여주고 있는 것처럼 생각됩니다.

주지하시다시피 일본에서는 외무성에 '문화 교류부'라든지 '문화 사업부'
라는 부(部)가 있어서 정부의 문화교류정책을 담당하고 그 관할 하에 '국
제교류기금'이 있으며 그 외곽에는 민간의 국제교류·문화교류기관이나
조직이 무수히 많은 구조로 되어있습니다. 국제교류기금은 최근 독립행정
법인이 되었습니다만 외무성 문화교류부의 감독을 받고 있음에는 변화가
없습니다. 외무성과 국제교류기금에서도 최근 빈번하게 '퍼블릭디플로머
시'를 거론하게 되었습니다.

한편 민간의 국제교류·문화교류는 한때 대단히 활발했지만 최근에는
그 열기가 식은 것처럼 보입니다. 일본 경제가 어려워 자금이 민간 활동으
로 들어오지 않고 있다는 사정도 있어서 별로 화려한 활동은 못하지만 실
제로는 한층 활발하고 광범위하게 그리고 착실히 전개되고 있다고 말씀드
리는 것이 정확하겠습니다. 그런데 외교와 문화교류·국제교류가 겹치는
부분에서 최근 '퍼블릭디플로머시'라는 말이 들리게 된 것은 왜일까요. 이
문제를 넓게 역사적으로 생각하면서 '외교와 문화교류'의 관계를 생각해보
려고 합니다.

또한 저 자신은 '퍼블릭디플로머시'라는 말을 별로 사용하지 않습니다.
이 분야에 있어서 최근 저의 활동을 조금 소개 해드린다면 3~4년 전에
일본의 문화청 장관으로부터 일본의 국제문화교류의 마스터플랜을 만들도
록 자문을 위촉받은 위원회의 멤버로서 답신(答申)의 기초를 담당했습니
다. 위원회가 자문을 받은 것은 2001년 9·11 직후로서 답신(答申)을 제
출한 것이 이라크전쟁 개시 직후였습니다. 9·11과 같은 비극을 되풀이하
지 않기 위해서도 국제교류를 활성화하지 않으면 안 된다는 취지의 답신

안을 만들었습니다. 그런데 '이라크전쟁이 시작되어버리면 문화교류란 별로다'고 하는 사람이 기초위원 속에도 있었을 정도입니다.

실제로 이라크 전쟁이 시작되어버렸기 때문에 답신은 거의 임팩트가 없었습니다. 마치 문화교류가 '문명의 충돌'에 패(敗)한 것 같았습니다. 그후 국제교류기금 사람도 '퍼블릭디플로머시'를 거론하게 되었습니다. 그뒤 저 자신은 일미(日美)플부라이트 교류계획 50주년 기념사업에 약간 관여하게 되었고 그 일환으로 이루어진 국제교류를 생각하는 심포지움의 기록을 일본어와 영어로 편집하였습니다.

또한 젊은 연구자들과 오랜 동안 공동연구를 한 성과를 『전후 일본의 국제문화교류』라는 타이틀의 논문집으로 만들어 금년 초에 출판하였습니다. 그 두 권의 책은 이상우 이사장님께 초청해 주신 답례로 드리고 싶습니다. 이 두 권의 책을 편집·감수하며 얻은 감상을 간단히 한마디로 말씀드리자면 '전후 일본의 문화교류·국제교류는 결국 일본외교에 좌우 당하고 거기에 봉사한 것이구나'하는 것입니다.

본 주제에 들어가기 전에 하나 더 중요한 것을 말씀드리지 않을 수 없습니다. 그것은 오늘 이야기의 주제가 최근의 한일관계·일중관계의 전개와 깊이 관련되어 있다는 것입니다. 이사장님으로부터 의뢰를 받고 제가 이 테마에 대해서 무엇을 이야기할까 하고 생각했던 무렵부터 죽도(竹島)/독도문제(獨島問題), 교과서문제(敎科書問題), 역사인식(歷史認識), 야스쿠니[靖國]참배문제, 센카쿠[尖閣]열도, 가스전 개발, UN상임이사국 문제 등을 둘러싸고 한일관계, 일중관계가 악화되고 특히 일본국민 입장에서는 매우 어렵게 되었습니다.

민간의 문화교류·국제교류의 노력에 따라 겨우 안정된 관계로 발전하는가 하던 참에 일본 정부의 정책, 그보다는 일본수상의 생각이나 태도로 사태가 급히 암전(暗轉)되었습니다. 외교와 문화교류·국제교류의 관계는 도대체 어떤 것일까요. 다시 한 번 생각해보려고 합니다.

II. 외교와 문화교류의 관계

원래 외교란 국가와 국가 간의 관계이므로 국경이 없다면 외교는 존재하지 않습니다. 국경이 있어서 비로소 외교가 생겨나는 것입니다. 따라서 역으로 이야기한다면 국가 외교의 궁극적 목표는 전쟁을 해서라도 국경을 사수하는데 있다고 이야기해도 과언이 아닐지 모릅니다. 국경이 명확하게 획정되지 않아서 애매하거나 혹은 국경이 중첩되어 있다면 국가외교의 세계는 불안정하여 언제까지도 평화에 도달할 수 없습니다. 국경이 빈틈없이 확실히 정해져있지 않으면 그 세계는 안정되지 않겠지요.

다른 한편 문화교류·국제교류는 국경이 없는 곳, 혹은 국경이 애매한 곳에서 이루어져왔습니다. 국제교류는 그야말로 국경이 있는 곳에서 그 국경을 초월하는 활동으로서 전개되어 왔습니다만 문화교류는 본질적으로 국경의 유무와는 관계가 없습니다. 문화가 서로 다른 곳에서 이루어지는 것이 문화교류입니다. [문화가 다르다고 하는 것은 국가가 다르다고 하는 것이겠지요. 때문에 문화교류도 국경을 초월해서 이루어지는 것이 아닐까라고 말할지 모르지만 그것은 다릅니다. 현대에 와서는 국경의 내부에서도 문화가 서로 다른 지방이나 민족 간에 문화교류가 이루어지고 있으며 더욱 활발해져야 하겠지요. 옛날에는 예를 들어 한국과 일본 사이에 국경같은 것이 없었던 무렵 문화교류가 활발히 이루어졌음은 말씀드릴 필요도 없습니다. 되풀이됩니다만 문화교류는 본질적으로 국경의 유무와는 관계가 없습니다. 이 점이 국제교류는 국경을 초월하는 활동으로서 국경을 필요로 하는 것이기 때문에 문화교류는 국제교류와는 별개로 생각할 필요가 있습니다.

외교는 국가·정부가 담당합니다. 외교의 주체는 정부입니다. 그렇다면 국제교류·문화교류도 국가·정부가 담당해야할까요? 또 하나 외교와 국제교류·문화교류의 차이는 그것을 누가 담당하는가 하는 주체의 다름에 있다고 생각합니다.

국제교류 · 문화교류를 담당하는 주체는 민간 그리고 보통사람들입니다. 보통사람들이 자신의 문화와 다른 문화를 알게 되고 흥미를 가져 좀 더 알고 싶다고 생각하여 교류를 하거나 다른 문화로부터 배우기도 하고 혹은 그것을 자신의 것으로 만들려고 교류하든지 하는 것이 문화교류입니다. 바꾸어 말하자면 사람들이 자신의 생활과 연관 지어 스스로 행하는 것이 문화교류입니다.

근대에 와서 국가도 문화교류를 시행하게 되었습니다. 국가가 문화교류의 주체가 되기도 했던 것입니다. 거기에는 크게 세 가지 정도의 이유를 생각할 수 있습니다.

첫째로 국가가 사람들을 국민으로 하고 사람들을 국경 속에 가두어두는 것처럼 되었으므로 사람들 간의 문화교류가 국경에 좌우되는 것처럼 되었다, 즉 국경에 통제 당하게 된 것입니다. 국경이 생겼기 때문에 문화교류가 국가의 일이 되었다고 말 할 수 있습니다.

둘째로 국가가 스스로 강해지기 위해서 문화의 힘을 필요로 하게 되었습니다. 외국의 뛰어난 문화를 수입하여 자국의 문화를 개선한다면 국가가 강해질 수 있다는 것을 알았기 때문입니다.

셋째로 근대에 와서 국가가 문화의 후원자(patron)가 되었습니다. 근대 이전에는 왕후귀족(王侯貴族)이 문화의 후원자였으나 근대국가에서는 정부가 예산을 사용하여 문화를 지원하고 혹은 지배하게끔 되었습니다. 이러한 이유에서 문화교류는 국가 정부가 담당하는 것이라는 생각이 널리 퍼졌습니다. 예를 든다면 근대의 유학생은 정부가 외국에 파견하고 국가가 필요로 하는 지식을 습득하여 귀국, 국가의 건설, 국가의 강화에 공헌하는 것입니다.

그렇게 하여 문화교류는 국가의 정치에 봉사하였던 것입니다. 철도 · 통신이라든가 학교 등 문화교류에 따라 얻어진 근대문화는 국민을 하나로 통합하는데 강력한 효과를 발휘하여 국가건설, 국가의 강화에 매우 유효하였습니다.

정치와 문화는 분리할 수 없습니다. 문화교류로써 타국에 앞서 선진문화를 도입하여 국민 통합에 성공한 국가가 더욱 강해지려고 국경을 확대하고 타국을 식민지화하여 제국(帝國)이 되었습니다. 이 시대에 일어난 또 하나의 변화는 사람들이 어떤 나라의 '국민(國民)'이 되어 스스로를 국가와 동일화하였던 점입니다. 그 결과 사람들은 문화교류를 국가에 빼앗기고 국가가 문화교류를 독점하는 것이 당연하다고까지 생각하게 되었습니다. 이 변화는 다음 시대에 커다란 문제를 남기고 개선하지 않으면 안 되는 과제가 되었던 것입니다. 강국이 된 국가는 이번에는 자국 문화에 지나친 자부심을 갖게 되고 자국문화를 수출하는 것을 문화교류로 간주하게 되었습니다. 본래 문화교류란 사람들이 자신의 생활을 보다 좋게 하기 위해서 다른 사람들의 문화를 배우고 그것을 사용하는 것에 의미가 있는 것입니다. '빌린다'는 것뿐 아니라 '빌려준다'고 하는 일도 있지만 그것은 문화의 교환이지 강요는 아닙니다. 그런데 강국화한 나라에서는 정부뿐만 아니라 국가와 일체화(一體化)된 국민조차도 자국문화를 절대 우월한 것으로 여기게 되어 타국이나 다른 사람들에게 강요하게 되었던 것입니다. 문화교류가 명백히 외교수단으로 사용되게 되었습니다.

Ⅲ. 전후(戰後)의 문화교류

아주 대충이긴 하지만 문화교류를 축(軸)으로 해서 근대의 세계사를 간추려보면 이상과 같이 됩니다. 근대국제관계역사가 파국에 다다른 것이 제2차 세계대전이었습니다. 문화교류의 방식에도 통절한 반성이 필요하게 되었습니다. 특히 근대의 역사를 숨 가쁘게 달려온 일본, 일본의 국민에게는 통절한 반성이 요구되었습니다. 문화교류에 대한 반성은, ①문화교류를 국가·정부에 맡기지 않고 자신들도 시행한다, ②자국 문화를 강요하지 않는다, 타문화를 겸허하게 배우고 상호교류를 한다, ③국가에도 문화교류·국제교류를 행하게 한다. 이를 위해서는 국가를 문화적이며 민주적으로 바꾼다는 세 가지였습니다.

전후 일본국민은 자신들이 문화교류를 활발히 전개하게 되었습니다. 또한 타국문화를 겸허히 배우기 위해서 상호교류를 실천해왔습니다. 즉 ①과 ②의 반성은 상당한 정도로 실행에 옮겨졌다고 생각합니다. ③의 반성에 대해서는, 국가·정부도 문화교류·국제교류를 시행하는 것이 국제사회의 평화와 안정에 기여할 것이라고 생각했습니다. 국가와 국가가 정치, 군사, 경제면에서 분쟁을 되풀이하는 것은 문화교류로써 부드럽게 만드는 것이 유익할 것이라고 생각했기 때문입니다. 저희들도 어느 시기까지 정부는 문화교류를 정부사업으로서 추진해야한다고 주장했습니다. 일본정부뿐만 아니라 모든 정부가 그렇게 해야 된다고 하는 생각입니다. 일본정부의 경우 문화교류·국제교류의 추진을 정당화하는 근거는 국민간의 교류에 의해서 상호이해를 심화시킬 수 있다는 것입니다. 확실히 국민간의 국제적인 상호이해가 깊어지면 국제적인 평화와 안정의 가능성은 높아지는 것입니다. 그러나 차차 알게 된 것은 국가·정부가 문화교류·국제교류의 목적인 상호이해가 진정한 상호이해는 아니었던 것입니다. 상대국 정부나 국민에게 자국 사정을 잘 이해시킨다는 것을 '상호이해'라고 한 것입니다. '상호이해'라고 해도 '상호'가 아니고 일방통행이었습니다. 자국의 정치·외교가 제대로 굴러가지 않는 것은 상대국 국민들에게 이쪽의 이해가 부족하기 때문이다, 그렇기 때문에 문화교류·국제교류에 의해서 이쪽의 정보를 더욱 흘리면 제대로 될 것이다. 라고 하는 사고입니다. 상호교류에 따른 상호이해가 아니고 일방통행에 의한 일방적 이해의 강요입니다. 일방통행에 의한 일방적인 이해의 강요 같은 것이 제대로 될 턱이 없지만 일본정부뿐만 아니고 문화교류 선진국이라고 하는 나라들의 정부는 거의 모두 같습니다. 이렇게 해서 다시 문화교류가 외교의 도구화하고 있습니다. 이런 경향에 저는 실망하고 있습니다.

IV. 현대의 문화교류

이러는 사이에 1980년대 경부터 세계는 크게 변화하고 국제적인 사람, 물건, 돈, 정보교류가 급격히 활발해졌습니다. 경제관계가 국경을 넘어서 진전하고 국경을 구멍 뚫린 상태로 바꾸었습니다. 국제적인 사람, 물건, 돈, 정보의 교류가 급증한 결과 정부가 통제할 수 없는 문화교류 · 국제교류가 갑자기 늘어났습니다.

정부가 담당하는 문화교류 · 국제교류는 사람들이 직접 행하는 문화교류 · 국제교류라는 넓은 바다 속에 빠져버릴 것처럼 되었습니다. 사람들이 행하는 문화교류 · 국제교류를 통제할 수 없는 것이라면 역으로 그것을 이용하자고 하는 생각도 각국 정부에 있는지 모르겠습니다. 실은 사람들에 의한 문화교류 · 국제교류와 정부가 담당하는 문화교류 · 국제교류 간의 관계를 어떻게 할 것인지 하는 것은 국가입장에서는 항상 문제입니다만 지금은 압도적인 민간의 문화교류 · 국제교류를 보면서 국가는 단념하지 않을 수 없게 되었는지 모릅니다. 이러한 때 정부 · 국가가 제창하기 시작한 것이 '퍼블릭디플로머시'입니다. 한 주일 전의 『조일신문(朝日新聞)』기사에 따르면 2기(期)째 미국 부시정권은 '홍보외교'를 새롭게 하기 위해서 '퍼블릭디플로머시'를 강화하는 정책을 분명히 했습니다. 1기(期)째 부시정권은 2001년의 9 · 11사건 후 이슬람 세계를 향해서 미국 가치관의 훌륭함을 선전하는 비디오를 제작, 아랍계의 TV 등에 전파하려고 했으나 커다란 반발을 초래하여 실패하였습니다. 2기(期)째 새로운 시도를 하고 있지만 홍보외교 담당 국무차관에 임명된 인물이 가정 사정을 이유로 아직도 취임하지 않았으며 취임은 상당히 훗날이 될 것 같다는 것입니다. '퍼블릭디플로머시'를 가장 중시하고 있는 부시정권이지만 이처럼 의욕이 있는지 의심하게 됩니다. 아랍 · 이슬람세계에 있어서 대미(對美) 이미지를 개선하는 것이 부시정권의 '퍼블릭디플로머시'의 목적입니다.

그러나 CM비디오 등의 미디어를 이용한 전략에서 일방적으로 미국을 선전한다고 해도 효과가 오른다고 생각되지 않습니다. 미국 대 이슬람이라는 문명 간의 대립을 완화시키기보다는 오히려 가일층 부추기는 것이 아닐까요. 본심인지 어떤지도, 성공할지 아닐지도 모르지만 부시정권의 시도에서 알 수 있는 것이 한 가지 있습니다. 즉 '퍼블릭디플로머시'의 목적이 아랍 · 이슬람세계 사람들에게 미국을 좋게 생각하도록 하는데 있다고 하는 것입니다. 사담 후세인을 전형으로 아랍 · 이슬람세계의 지도자를 자신의 생각처럼 만들 수 없었던 미국 정부가 이번에는 아랍 · 이슬람세계의 일반 사람들에게 작용을 하려고 하고 있는 것입니다.

즉 '퍼블릭디플로머시'의 '퍼블릭'은 선전외교의 대상이 일반대중이라는 것을 보여주고 있습니다. 문명 간의 대립을 부추기는 것 같은 선전을, 일방적으로 사람들('퍼블릭')에게 강요하는 것이기 때문에 이것은 도저히 문화교류 · 국제교류라고는 말 할 수 없는 대용품입니다.

부시정권의 '퍼블릭디플로머시'가 '퍼블릭'을 대상으로 한 '디플로머시'였던데 대해서 또 하나의 '퍼블릭디플로머시'가 있을 수 있습니다. '퍼블릭'이 행하는 '디플로머시'입니다. '퍼블릭' 즉 사람들이 행하는 '디플로머시'(외교)라고 하면 우리들은 금방 매력을 느껴버립니다. 민중끼리 직접 교류할 수 있다면 진정한 상호교류가 가능해져 평화로운 조건이 증대하고 바람직한 문화교류도 가능할지 모르겠다고 생각하게 되는 것입니다. 그러나 '디플로머시'는 결국 정부 · 국가의 외교이며 '퍼블릭디플로머시'라고 하면 결국 부시정권이 하려고 하는, 사람들을 대상으로 한 선전외교가 되어버리는 것이지요.

9 · 11이후의 세계에서는 문화교류와 외교를 결부시키려고 하면 '퍼블릭디플로머시'가 되어버려 문화교류는 외교의 도구로 끝나버리겠지요. 문명의 대립을 일으키는 '퍼블릭디플로머시'에 흡수되어 버린다면 문화교류는 미묘한 문화와 문화의 관계를 취급하는 것이 불가능합니다. 국제교류도 사람과 사람과의 관계를 보다 좋게 하기 위한 작용이 어렵게 됩니다. '시저의 것은 시저로'라는 말이 있습니다. 국가 · 정부가 '퍼블릭디플로머시'를

제창하여 문화교류·국제교류를 그 일부로써 이용하려고 하던 시대에는 외교와 문화교류를 분리하여 외교는 국가·정부에 맡기고 사람들은 문화교류·국제교류에 전념한다고 하는 것은 어떨까요. 외교와 문화교류를 실제로 분리한다고 하는 것은 어려울지도 모릅니다. 그러나 사고방식으로서는 외교와 문화교류를 분리하여 '퍼블릭디플로머시'는 그것을 담당하고 싶어 하는 국가·정부에 넘겨버린다는 생각입니다.

V. 사람들의 임무(任務)

정부에 외교와 '퍼블릭디플로머시'를 일임한다고 해도 그것은 지금에 와서는 방대하게 늘어난 문화교류·국제교류의 극히 일부분에 지나지 않습니다. 사람들은 문화교류와 국제교류를 민간차원에서 더욱 활발하고 착실하게 계속해야만 합니다. 글로벌라이제이션의 시대, IT혁명의 시대인 오늘날에는 의식하든 아니든 상관없이 사람들은 문화교류·국제교류를 점차 활발히 추진하게 됩니다.

한국의 TV드라마 '冬のソナタ'(겨울연가)의 열성 팬이 된 일본의 중년 부인들을 야유하여 '열렬추종팬에 지나지 않는다.'든가 '결국 정치에는 이길 수 없다.'고 말하는 비평가가 있습니다. 그러나 그 부인들은 국가·정부는 넘을 수 없는 국경을 넘을 수 있었고 다른 문화에 자연스럽게 감동할 수 있습니다. 다시 말하면 저도 마찬가지입니다만 그 부인들이 한국 땅에 체재하여 한국을 조금이라도 더 이해하기를 기대합니다. 많은 사람들이 국경을 초월하려는 움직임, 그에 따른 문화교류와 국제교류의 증대는 글로벌라이제이션과 IT혁명과 상호 작용하여 그것만으로도 국가·정부에 커다란 임팩트를 주는 것입니다. 그러나 사람들은 문화교류·국제교류를 통해서 더욱더 적극적인 역할을 할 수가 있습니다. 직접 상호접촉이 가져다주는 상호이해는 접촉이 증대함에 따라서 더욱 깊어져 보다 정확한 역

사이해를 초래할 가능성이 있습니다. 그것이 움직임이 둔한 정부·국가를 움직이게 할 수도 있다고 생각합니다.

　사람들의 국제 이동과 접촉이 늘어나면 반드시 상호 이해가 깊어진다고는 할 수 없을지 모릅니다. 접촉이 늘어나면 오히려 마찰이 늘어나 우호에 반발하는 사람도 나옵니다. IT혁명에 따라서 여러 가지 성격과 방향성을 가진 정보가 국경을 넘어 순식간에 전파되기 때문에 사람들의 생각, 행동, 여론은 가일층 예측불능, 제어불능이 된다고 걱정하는 사람도 있습니다. 그러나 그러한 마찰, 혼돈도 정부·국가를 움직여 외교적 해결을 모색하게 된다면 의미가 있다고 저는 생각하고 있습니다. 사람들에게는, 민간차원에서 문화교류·국제교류를 더욱 활발하게 하여 진정한 상호 이해와 지식을 증대시켜 스스로를 되돌아보고 최종적으로는 국가·정부를 더욱 민주적이며 문화적으로 바꾸어 나갈 의무가 있습니다. 경청해주셔서 감사합니다.

제71회 발표, 2005년 4월 28일

독도문제와 한일관계

|

호사카 유지(保坂 祐二, 세종대학교 교수)

한일간에 독도영유권문제가 일어난 지 50년이 지났다. 1950년대에는 한국과 일본이 서로의 영유권주장을 담은 문서를 교환하면서 논쟁을 벌였다. 그 후 한국의 독도실효지배를 불법점거로 규정한 일본정부와 소위 독도문제란 존재하지 않고 독도는 한국의 고유영토라고 주장하는 한국정부는 서로 양보하지 않는 채 현재까지 오고 있다.

그러나 필자는 독도문제는 일찍이 해결이 가능했던 문제가 아닐까 생각한다. 그 책임은 일본 측에 주로 있지만 일찍이 이 문제를 해결하지 못하게 만든 한국 측 요인에 대해서도 생각해 볼 필요가 있다고 본다.

Ⅰ. 한국정부의 소극적인 태도

한국정부는 그동안 '독도문제란 존재하지 않는다.'는 전제 하에 일본 정부나 일본의 관변학자들의 주장을 정확히 반박해 오지 않았다. 한국정부는, 독도문제로 인해 한일관계가 악화되는 것을 우려해, 관계자료 수집은 어느 정도 진행해 왔으나 그것을 정리해 논리를 구축하는 단계인 본격적인 연구 활동을 거의 해오지 않았다.

이에 비하면 민간학자·단체들은 오히려 적극적인 자세로 독도문제를 연구해 왔다. 그러나 한국정부와 민간학자·단체들 사이에는 충분치 못한 의사소통문제로 인해 서로 대립되는 양상마저 보여 온 것이 사실이다.

그 대표적인 예가 일본과의 배타적 경제수역 협상을 둘러싼 관민 갈등이다. 소위 '중간수역(일본에서는 공동관리 수역이라 함)'속에 독도가 포함되었다는 사실을 놓고 관과 민은 첨예하게 대립했다. 민간학자들의 일부는, 일본이 독도를 자신들의 배타적 경제수역의 기점으로 내세우고 있음에도 불구하고, 한국정부는 울릉도를 가점으로 내세웠기 때문에 이런 중간수역이 생겼다고 주장해, 한국정부의 잘못을 공격해 왔다. 한국정부는 이에 배타적 경제수역과 독도영유권은 별개의 문제라고 하여 아무리 중간수역에 독도가 포함되었다 하더라도 독도주권은 한국이 갖고 있다고 주장해 왔다. 그러나 그동안 서로가 상대방을 설득하기 위해 자신의 입장을 충분히 설명하지 못한 부분이 적지 않았다.

그런 가운데 2006년 4월, 일본이 독도인근수역에 해저조사를 위해 탐사선을 파견한다고 통보해옴에 따라 독도를 둘러싼 한일 간 갈등이 고조되었다. 이것은 6월에 있는 국제해저지명위원회에서 한국이 울릉분지의 한국식 해저지명을 제안한다는 소문을 일본 측이 감지해 일어난 일이었다. 이 사건을 계기로 중간수역이란 사실상 공동 관리구역이 아니라 한일 간에 아직 협의가 안 된 경제수역이라는 것이 밝혀졌다.

II. 새로운 기구의 출범

그 후 독도영유권문제가 배타적 경제 수역문제, 해저지명설정문제 등으로 확산되어 드디어 한국 측도 배타적 경제수역의 기점으로 독도를 내세우기 시작했다. 이에 일본이 오히려 전면적 충돌을 피한 것인지 남쪽에 있는 도리 섬을 기점으로 내세웠다고 보도되기도 했다. 4월 이후, 청와대뿐만이 아니라 외교통상부, 해양수산부 등, 독도영유권문제와 관련이 있는 부서에서는 이 문제에 대한 전담 기구의 필요성을 느끼기 시작했다.

이에 2006년 9월말에 '동북아 역사 재단'이 출범하여 독도, 동북공정, 역사교과서문제 등에 대해 적극적으로 대처해 나가겠다는 성명을 발표했다. '동북아 역사재단'의 출범으로 한·중·일을 둘러싼 역사와 영토 등의 갈등해결에 대한 새로운 페이지가 열렸다고 할 수 있다.

현 노무현 정부는 기본적으로 역사문제 해결에 적극적인 태도를 보여 온 정부로 인정된다. 그러나 현재까지의 한국정부의 소극적 태도가 완전히 사라진 것은 아니다. 한반도를 둘러싼 환경의 변화에 따라 과거의 소극적 전략으로 얼마든지 돌아갈 수 있다는 문제점을 내포하고 있다는 것이 현재의 상황이다.

III. 아베정권과 북핵문제

2006년 9월에 일본에서 고이즈미 정권에 이어 아베정권이 출범했다. 아베 신조 일본총리는 한국과 중국과의 관계개선을 공언하며 10월 둘째 주에 중국과 한국을 차례로 방문했다. 그런데 때마침 북한이 핵실험을 감행해 아베 총리를 맞이한 자리에서 중국과 한국은 북핵문제에 대한 대처방안을 중심적인 의제로 다루지 않을 수 없었다. 야스쿠니 신사문제나 독도 영유권문제 등 현재까지 갈등을 빚어온 의제들을 언급할 충분한 여유조차 없다는 결과를 초래했다.

여기서 가장 큰 문제는 북핵문제 해결을 위해 일본과 협력해야 할 현재 상황이 독도 영유권문제 등에서 새로운 사실이 발견되어 발표되어도 오히려 한국 측이 그것을 소극적으로 취급하려는 움직임을 보이고 있다는데 있다.

1. 1905년의 독도 시마네 현 편입을 일본정부가 사실상 자인

필자와 연합뉴스는 2006년 8월부터 태정관 지령문(1877)를 일본정부(외무성)와 각 정당에 보내 독도와 울릉도를 일본과 관계가 없다고 인정한 이 문서에 대해 어떻게 생각하느냐 등, 질의를 실시했다. 그 결과는 다음과 같이 나타났다.

〈주요뉴스-1〉 日 정부, '독도 시마네 현 편입' 허구성 사실상 자인

[연합뉴스 2006-11-20]
(서울=연합뉴스) 김용수 편집위원 = 일본 정부가 1905년 단행된 독도 시마네[島根] 현 편입 조치의 불법성과 '독도 고유 영토설'의 허구성을 사실상 자인했다.

일본 외무성은 1877년 메이지[明治] 정부가 '독도와 울릉도는 일본 영토가 아니다'고 확실히 인정한 '태정관 지령문'을 어떻게 생각하느냐는 연합뉴스의 서면 질의에 대해 "현재로서는 답변할 수 없다"고 밝혔다.

태정관 지령문이란 메이지 시대의 최고 국가기관이었던 태정관[太政官, 다조칸]이 독도와 울릉도가 일본 영토인지를 조사한 뒤 1877년 3월 "독도와 울릉도는 일본 영토와 관계가 없으니 명심하라"고 내무성과 시마네 현에 지시한 공문서다. 한국 학계는 이 문서를 일본 정부가 독도를 조선 영토로 공식 인정한 '결정적 사료'로 보고 있다.

외무성의 이 같은 궁색한 답변은 "태정관 지령문이 사실이라면 '늦어도 17세기 중반에는 일본이 독도를 실효적으로 지배해 영유권을 확립했고 1905년 각의 결정을 통해 영유권을 재확인했다'는 일본의 주장은 완전히 허구가 아니냐."는 국내 학계의 지적을 사실상 인정한 것이나 마찬가지다.

연합뉴스는 지난 9월 중순 아소 다로[麻生太郞] 일본 외상과 자민, 민주, 공산, 사민, 공명당 대표 앞으로 '1905년 일본 각의의 독도 시마네 현 편입 결정에 관한 질의서'를 보냈다.

주된 질의 내용은 ▲'태정관 지령문'이 존재한다는 사실을 알고 있었는지 ▲알고 있었다면 독도 영유권과 관련해 매우 중요한 문서인 태정관 지령

문에 대해 지금까지 왜 한 번도 언급하지 않았는지 ▲태정관 지령문에 따르면 '17세기 중반까지는 독도 영유권을 확립했다'는 일본정부의 주장은 허구가 되는데 어떻게 생각하는지 ▲1905년 일본각의의 독도 시마네현 편입 결정문서는 태정관 지령문을 변경시키는 문서임에도 불구하고 태정관 지령문을 검토한 흔적이 전혀 없는데 이것이 의도적인 행위였는지, 등이었다.

질의서에는 일본 국립공문서관에 보관돼 있는 태정관 지령문 복사본(B4 용지 14쪽)을 첨부했으며 각 정당에는 태정관 지령문 내용에 대해 국회에서 정부에 질의해 줄 것을 요청했다.

이 같은 질의에 대해 일본 외무성은 수차례나 "검토 중이니 조금 기다려 달라"고 계속 답변을 회피하거나 시간을 끌다가 질의서를 보낸 지 60여 일 만인 11월13일 ▲"태정관 지령문의 존재는 알고 있다" ▲"그 역사적 사실 등에 대해서는 지금 조사, 분석 중이어서 현 시점에서는 일본 정부 입장에서 코멘트 할 수 없다"는 내용의 답변을 보내왔다.

일본정부가 태정관 지령문의 존재 사실을 공식 인정하고 이에 대해 입장을 밝힌 것은 이번이 처음이다. 한일 양국은 1950년대 초 독도 영유권을 놓고 정부 차원에서 문서를 주고받으며 격렬한 논쟁을 벌였지만 태정관 지령문은 거론되지 않았다.

이에 앞서 자민당은 10월 18일 "자민당 차원에서 (태정관 지령문에 대해) 통일된 정식 견해가 없기 때문에 현 시점에서는 답변을 보류한다. 자민당 입장은 기본적으로 정부 견해에 준한다"는 답변을 보내왔다. 이와 관련해 자민당의 한 관계자는 태정관 지령문이 "일본 국내적으로 (독도는 일본 영토가 아니다 라고) 말했지 한국에 대해 그렇게 말한 것은 아니지 않느냐"고 말해 태정관 지령문을 심각하게 받아들이고 있음을 짐작케 했다. 공산당은 9월 30일 보내온 답변에서 "일본이 메이지 시대에 독도가 일본 영토와는 무관하다고 인정한 태정관 지령문의 존재를 알고 있다. 독도 문제에 대해서는 검토해야 할 자료가 많이 있으며 태정관 지령문도 그 중 하나라고 생각하고 있다"고 밝혔다. 공산당의 이 같은 답변은 일본의 독도 영유권 주장에 문제가 있음을 인정한 것이다. 민주, 사민, 공명당은 답변을 끝내 회피했다.

국내 학계는 일본 정부가 현재 국립공문서관에 엄연히 보관돼 있는 태정관 지령문에 대해 "조사, 분석 중이어서 현 시점에서는 답변할 수 없다"

고 밖에 답변하지 못한 것은 결국 태정관 문서가 일본의 독도 영유권 주장에 큰 타격이 된다는 점을 의식했기 때문인 것으로 받아들이고 있다. 한 독도문제 전문가는 "이미 1980년대 초 일본에서 존재가 알려진 태정관 지령문을 일본 정부가 '알고 있다'고 밝힌 것은 그동안 많은 조사가 이루어졌음을 의미한다."면서 "그런데도 외무성이 '조사 중'이라고 한 것은 태정관 문서가 한국에 결정적으로 유리하다는 판단 아래 애매모호한 일본식 언어 사용으로 답변을 의도적으로 회피한 것이나 마찬가지"라고 말했다.

외무성의 이 같은 답변은 그동안 일본 정부가 "일본이 독도를 실효적으로 지배해 영유권을 확립한 이전에 한국이 독도를 실효 지배했음을 나타내는 명확한 근거를 한국 측이 제출한 적이 없다"고 버젓이 공식 홈페이지를 통해 호언해온 것과는 대조적이다.

호사카 유지[保坂 祐二] 세종대 교수는 "일본 정부와 어용학자들은 그동안 태정관 문서의 존재를 의도적으로 은폐, 왜곡함으로써 국제사회는 물론 일본 국민까지 기만해 왔다"면서 "이 문서를 은폐해온 이유는 일본이 지금까지 주장해온 '독도 고유 영토설'이 무너지는 것을 우려했기 때문"이라고 지적했다.

호사카 교수는 "일본 정부는 문서 내용을 인정할 경우 1905년의 독도 편입이 태정관 문서를 무시한 채 자행된 제국주의적 약탈 행위로 원천적으로 무효임을 자인하는 결과가 되기 때문에 앞으로도 지령문 자체를 인정하거나 그렇다고 반론을 펴거나 하지는 못할 것"이라면서 "일본이 태정관 문서를 상쇄시킬 수 있는 기록을 억지로 들고 나오거나 관련 사실을 '날조'할 가능성도 있다"고 말했다.

이석우 인하대 교수(국제법)는 "한일 간의 독도 영유권 논쟁을 국제법상으로 봤을 때 한국은 1905년 일본이 독도를 편입했을 당시 독도가 한국 영토였음을 반드시 입증할 필요가 있다"면서 "태정관 지령문은 한국의 입장을 지지할 수 있는 결정적 문서이자 반대로 일본에게는 '아킬레스건' 같은 문서"라고 지적했다.

〈주요뉴스-2〉-'태정관 지령문'은 왜 중요한가-

(서울=연합뉴스) 김용수 편집위원 = 태정관 지령문은 1877년 일본 메이

지[明治] 정부가 독도는 일본과 관계가 없는 영토, 다시 말해 조선 영토라고 공식 인정한 문서다. 태정관 지령문이 나오게 된 경위는 다음과 같다.

◇ 태정관 지령문은 어떤 내용인가 = 일본 내무성은 1876년 전국의 지적(地籍)을 조사하고 지도를 만들기 위해 각 현에 조사를 지시했다. 그 해 10월 16일 시마네[島根] 현은 울릉도와 독도를 시마네 현의 지도와 지적 조사에 포함시킬 것인가를 내무성에 문의했다.

내무성은 17세기 말 조선과 주고받은 왕복 문서와 기록들을 모두 조사했다. 내무성은 5개월간의 조사 결과 이 문제는 이미 1699년에 끝난 문제로 울릉도와 독도는 조선영토이며 '우리나라는 관계가 없다'고 결론짓고 일본 지도와 지적 조사에서 제외하기로 결정했다.

하지만 내무성은 이 문제가 국가적으로 중요하다는 판단 아래 1877년 3월17일 당시 입법·행정·사법 3권을 장악하고 있던 메이지[明治] 정부의 최고 권력 기관이자 의사결정 기관인 태정관(다조칸·太政官)에 자문을 구했다. 이 때 내무성은 "다케시마 외일도[竹島外一島]는 1699년 조선과 구 일본정부 간에 왕래가 끝나 본방(本邦,일본)과 관계없는 것으로 알고 있으나 국가 판도(版圖)의 취함과 버림은 중대한 일이니 확인하고 싶다"고 조회를 요청했다. 여기서 '다케시마 외일도[竹島外一島]'는 울릉도와 독도를 말하는 것이다. 구체적으로 '다케시마'는 울릉도, '외일도'는 독도를 가리키는 것으로 당시 일본은 울릉도를 다케시마[竹島]로, 독도를 마쓰시마[松島]로 불렀다.

이에 대해 태정관은 자체 조사를 끝낸 후 울릉도와 독도는 '우리나라와는 관계가 없다'는 취지의 '일본해내 다케시마 외일도를 판도외(版圖外)로 정한다'는 공문서를 같은 해 3월 29일자로 내무성에 내려 보냈는데, 이것이 바로 '태정관 지령문'이다.

태정관 지령문에는 울릉도와 독도는 "일본과 관계가 없는 것으로 명심할 것"이라는 문구까지 나온다. 다시 말해 태정관은 울릉도와 독도는 구 일본정부(에도 막부) 때 끝난 문제로 일본영토가 아니라고 내무성에 강한 표현의 명령으로 시달한 것이다. 태정관의 이 지령은 1877년 4월 9일 시마네 현에도 하달됐다.

태정관은 1870년에도 '다케시마, 마쓰시마가 조선의 부속이 된 전말'을 외무성에 조사케 했다. 당시의 조사는 만족할 만한 수준이 아니었으나,

주목되는 부분은 태정관이 다케시마, 마쓰시마가 '조선의 부속'이라고 확실히 말했다는 부분이다. 따라서 같은 내용을 조사한 태정관이 1877년 '다케시마 외일도[竹島外一島]는 본방(일본)과 관계가 없다'고 밝힌 것은 문서의 맥락상 마쓰시마(독도)를 조선 영토로 확실하게 인정한 셈이다.

◇ 왜 중요한가 = 태정관 지령문이 한국에 소개된 것은 1980년대 말이다. 일본의 한 교수가 논문에 이 태정관 지령문의 내용을 언급한 것을 계기로 독도문제를 연구하는 일부 국내 학자와 전문가들이 이 지령문의 존재에 주목하기 시작했다.

하지만 이 무렵에는 태정관 지령문이 갖는 '중요성'이 그다지 부각되지 못했다. 일본의 관변 학자들이 지령문에 나오는 '다케시마 외일도[竹島外一島]' 중 '외일도'가 오늘날의 독도를 가리키는지 확실하지 않다거나 현재는 존재하지 않는 섬이라는 식의 궤변 등으로 왜곡하거나 은폐했기 때문이기도 했다. 그러나 '태정관 지령문'을 잘 읽어보면 '외일도'는 '마쓰시마[松島, 당시 독도의 일본 이름]'라고 기록되어 있고 위치, 크기, 특징 등이 정확하게 현재의 독도를 가리키고 있다.

태정관 지령문이 학계의 주목을 다시 받게 된 것은 일본이 1905년 독도를 자국영토로 강제 편입한 지 만 100년이 된 지난 해 3월, 시마네 현 의회가 '다케시마의 날'을 선포하면서 한일 양국 간에 독도 영유권 논쟁이 불붙으면서다.

일본정부가 전례 없이 독도 영유권 주장을 표면화, 노골화한 데 맞서 한국도 그간의 '무시 전략'에서 벗어나 일본의 영유권 공세에 정면 대응해야 한다는 지적이 제기되면서 국내 독도 문제 연구가들이 일본의 독도 영유권 주장이 허구임을 드러낸 '결정적 사료'로 태정관 지령문을 재조명하게 됐다.

일본이 국제법상의 '무주지(無主地) 선점'을 내세워 1905년 단행한 독도 시마네 현 편입은 당시 독도가 한국영토임을 익히 알고 있었던 일본 정부 요직의 관료들이 한 어업인을 사주해 꾸며낸 것이라는 사실이 최근 구체적으로 확인되고 있다. 이 과정에서 이들 관료가 독도를 시마네[島根] 현으로 억지 편입하는 '공작'을 벌일 수밖에 없었던 것은 독도를 조선 영토로 분명히 인정한 태정관 지령문이 있었기 때문이라고 할 수 있다.

◇ 일본 국민까지 속여 온 셈 = 태정관 지령문이 일본에게 얼마나 민감한 '사료'인가는 태정관 지령문의 존재와 내용을 알게 된 일본인들이면

누구나가 지금까지 일본정부가 주장해온 '독도 고유 영토론'이 "뭔가 이상하다"고 의문을 갖게 된다는 데서도 잘 알 수 있다. 상식을 가진 사람이라면 일본의 최고 국가기관이 '울릉도와 독도는 일본 영토가 아니니 명심하라'고 지시한 사실에 주목하지 않을 수 없기 때문이다.

한 예로 국내의 한 독도 문제 연구가가 이 태정관 지령문을 일본 정치인들에게 보여주고 내용을 설명했더니 한결같이 "이런 문서가 있었느냐"며 일본 정부의 영유권 주장에 문제가 있다는 반응을 보였다고 한다.

실제 연합뉴스가 이번에 태정관 지령문에 대해 질의하는 과정에서도 일본 정부 관계자들은 당혹감을 감추지 못했다. 자민당 관계자는 연합뉴스의 질의에 대해 "입장이 정리되지 않아 답변을 보류하겠다."면서도 "일본 정부가 회답을 할 테니 그것으로 대신하겠다."고 답변을 떠넘겼다. 반면 공산당 관계자는 한국 측의 지적에 분명한 이해를 표시했다. 이번 질의는 호사카 유지[保坂 祐二] 세종대 교수의 도움을 받아 이루어졌다.

일본 외무성은 수차례의 재촉에도 답변을 차일피일 미루다 "며칠 내로도 답변이 없으면 태정관 문서 내용을 인정한 것으로 간주하겠다."고 마지막으로 재촉하자 부랴부랴 "조사·분석 중"이라는 답변 아닌 답변을 내놓았다. 그만큼 일본 정부와 관변 학자들이 태정관 지령문의 존재를, 독도 영유권의 진실을 알면서도 지금까지 그 사실을 은폐, 왜곡해 왔다고 하지 않을 수 없는 대목이다.

국내 학계는 일본 독도 연구자들의 필독서인 '다케시마의 역사지리학적 연구'를 저술한 가와카미 겐죠[川上健三. 사망]가 저서에서 태정관 지령문을 완벽하게 은폐시켰다고 지적한다. 외무성 연구원으로 사실상 일본 정부의 독도 영유권 주장의 논리를 개발한 가와카미의 은폐 행위가 일본 정부의 주도였는지는 알 수 없으나 그 후 일본정부나 관변학자, 관변 사이트 모두 그의 수법대로 태정관 문서를 은폐, 왜곡시켜온 점은 부인하기 어렵다.

이런 점에서 일본 정부와 관변 학자들은 독도 영유권의 진실을 알 수 있는 결정적 사료를 은폐함으로써 일본 국민까지 속여 온 셈이다.

국내의 한 연구가는 "태정관 문서의 내용이 일본 국민들에게 널리 알려진다면 한일 독도영유권 논쟁의 양상이 아마 달라질 것"이라면서 "한국은 이 문서를 일본은 물론 전 세계에 알려야 한다"고 지적했다.

일본의 독도문제 전문가 나이토 세이츄[內藤正中] 시마네[島根]대 명예

교수는 최근 인터뷰에서 한국정부는 태정관 문서 등을 일본에 제시하고 적극적으로 따질 필요가 있다고 말했다.

〈주요뉴스-3〉〈태정관 지령문의 의미-전문가 견해〉 호사카 세종대 교수

▲ 태정관 지령문은 1877년 일본정부의 최고 권력기관이었던 태정관이 울릉도와 독도를 조선 영토로 인정한 결정적인 역사 문서다.

이 지령문은 독도 문제를 객관적으로 연구하는 일본 학자들이나 한국 학자들에 의해 그동안 몇 차례 그 중요성이 제기된 바 있다. 그러나 지령문 내용을 정확히 해독하는 부분에 문제가 있어 일본정부는 그 허점을 이용해 현재까지 태정관 지령문을 무시하다시피 해 왔다.

하지만 최근 한국 내에서도 새롭게 연구가 진척돼 일본정부가 태정관 문서를 무시할 수 없는 수준까지 연구 성과가 나왔다.

1877년의 태정관 결정을 무시한 채 이루어진 것이 1905년 일본정부의 독도 시마네 현 편입조치. 당시 일본정부는 이미 근대적 정부 기구를 갖추고 있었기 때문에 한번 내린 결정을 변경할 때에는 이전의 결정 사항을 충분히 검토했다는 증거가 있어야 한다.

그러나 일본정부는 패전 후 지금까지 60년 넘게 그런 증거를 제시하지 못하고 있다. 결국 1905년의 독도 편입이 영토 강탈의 야욕에서 나온 것이었다는 한국 측의 주장을 일본 스스로가 인정할 수밖에 없는 상황인 셈이다. 따라서 '폭력과 탐욕으로 약취한 모든 영토에서 일본이 축출돼야 한다.'는 카이로 선언(1943년)에 비추어 볼 때 1905년의 독도 편입은 원천적으로 무효라고 할 수 있다.

가와카미 겐죄[川上健三], 시모조 마사외[下條正男] 등 독도를 일본 땅이라고 주장하는 일본 학자들은 태정관 지령문을 아예 언급하지 않거나 왜곡시켜 지금까지 일본 국민을 속여 왔다. 어떤 면에서는 일본정부도 객관성이 결여된 이들 학자에게 속았다고도 할 수 있다. 하지만 이 문서의 존재를 알면서도 수십 년 간 모른 체함으로써 한일관계를 악화시켜온 책임은 면할 수 없다. 일본정부는 독도 영유권 문제에 대해 왜곡, 은폐를 일삼는 학자가 아니라 객관성을 갖춘 학자들의 의견을 귀담아 들을 필요가 있다고 본다.

일본 정부가 앞으로 태정관 지령문의 내용을 인정할 가능성은 없다고 본

다. 그렇게 할 경우 일본이 독도를 조선영토로 인정한 태정관 지령문을 무시하고 독도를 시마네 현으로 비밀리에 편입시킨 '절도 행위'를 자인하는 꼴이 되기 때문이다.

Ⅳ. 한국정부의 서투른 대응

사실 연합뉴스의 담당기자가 필자를 다른 건으로 인터뷰했을 때, 필자가 태정관 지령문의 복사본을 보여주면서 대 일본정부 질의라는 아이디어를 제안했다. 그것이 위와 같은 기사가 작성된 계기가 되었다.

연합뉴스의 기자는 처음에는 태정관 지령문의 효력을 믿지 않았다. 그는 "일본정부가 이 문서를 모를 리가 없는데 현재까지 아무 말도 없다는 것은 이미 모든 연구가 끝나 전혀 무서울 게 없는 문서라는 의미가 아니냐."고 하여 질의문 작성에 소극적이었다. 일본에 대해 과도하게 높은 평가를 내리고 있었던 것이다. 그러나 그는 취재과정과 대 일본정부·정당 질의서를 보낸 후의 일본 측 반응을 보면서 태정관 지령문의 효력을 직접 확인하기에 이르렀다.

그 결과 민간에서 주도한 것이기는 하나 위와 같은 역사적인 보도가 나온 것이다. 그런데 외통부 일각에서는 오히려 이 보도가 확산되기를 우려하여 불을 끄기 시작했다고 전해진다. 외통부 내에는 독도영유권문제를 둘러싼 각 부서의 대응방식에 차이가 있다. 일본외교관들과 직접 접하는 부서에선 되도록 표면적인 갈등이 일어나지 않도록 소극적인 태도를 취하는 경향이 있다고 한다.

현재 북핵문제로 일본과 보조를 맞춰야 하는 시점이므로 독도영유권문제로 인해 한국 국내가 시끄러워져 일본과의 협력에 금이 가지 않을까 우려한 사람들이 있다고 한다. 그들이 연합뉴스의 보도내용이 크게 번지지 않도록 언론사에 왜곡된 언급을 했다고 전해진다(이 부분은 현재도 조사

중임).

    필자가 이런 현상을 보면서 느낀 것은 아직도 한국정부 내에 '식민지사관의 잔재'가 남아 있다는 점이다. 여기서 말하는 '식민지사관의 잔재'란 일본을 필요 이상으로 강대한 나라로 보고 그런 일본과 되도록 충돌하지 않도록 하려는 한국인의 태도를 가리키는 말이다.

    한반도를 둘러싼 4강이라고 흔히 말하지만 그 4강중에 일본이 들어가 있다. 일본인들은 자신의 국가를 미들파워 세력으로 보고 있음에도 불구하고 한국은 일본을 슈퍼파워 중에 집어넣고 생각하는 경향이 강하다. 대다수의 한국인의 마음속에 이작 '일본은 대단한 나라'라는 의식이 자리 잡고 있는 것이다. 그러므로 일본을 있는 그대로 보지 못한 데서 오는 이런 태도가, 매우 중요할 때 제대로 자신의 입장을 표명할 수 없거나, 논리와 자료에 입각하지 않는 감정적인 대응을 하려는 경향으로 나타나는 것이 아닐까 우려된다.

    이번 연합뉴스의 보도에 대한 일부 인사들의 태도를 보아도 북핵문제와 독도영유권문제를 구별해 취급할 수 없다는 미숙함을 스스로 드러내고 있다. 오히려 일본인들은 모든 문제를 구별해서 다룰 줄 안다. 우리의 미숙한 태도는, 자신도 모르게 머릿속에 박힌 '식민지 사관'의 영향으로 일본과의 올바른 토론을 피하려는 심리를 낳고 있는 것이 아닌지, 자신의 마음을 다시 한 번 성찰해 보아야 할 것이다.

제77회 발표, 2006년 11월 30일

한일관계, 상호이해를 위한 미디어의 역할과 시민교류

|

아오키 다카나오(青木 隆直, 北海道신문 동경지국장겸 논설위원)

오늘, 역사를 자랑하는 귀 한일문화교류기금의 강연회에 초청을 해주셔서 대단히 감사합니다. 이와 같은 기회를 주신 이상우이사장님을 비롯한 관계자 여러분들께도 다시 한번 감사의 말씀을 드립니다. 저는 이 자리를 빌어 지금까지 한일 관계를 보아 온 신문기자의 입장에서, 또 일본 현지에서 한일교류에 관여했던 시민단체의 한 사람으로서 지금까지의 경험 등을 토대로, 지금 일본에서 일어나고 있는 일들을 소개하면서 '한일 양국간의 상호 이해를 위한 미디어의 역할과 시민 교류'라는 제목으로 몇 말씀 드릴까 합니다.

저는 1992년부터 1995년까지 북해도신문 서울지국의 지국장을 지냈습니다. 그 전에 1년간 연세대학교 어학당에서 한국어를 배웠기에 합계 4년간을 서울에서 살았습니다. 노태우정권부터 김영삼 문민정권으로 옮아갔던 시기입니다. 김영삼 정권이 대담한 개혁을 단행하고, 북한의 김일성주석이 사망, 그리고 북한의 제 1차 핵개발 의혹이 일어난 시기입니다. 그야말로 격동의 시기였죠. 한일 관계도 종군위안부 문제나 독도문제로 동요하였으며 김영삼 대통령이 일본에 대해 '버르장머리' 발언도 했습니다. 저에게는 아주 자극적인 4년간이었습니다.

하여간 한국은 전반적으로 정력적이고 사람들도 정직하고, 정도 많고 희로애락에 관한 표현도 격정적이지만 그것이 또한 저에게는 매력적으로 느껴집니다. 이후 1995년 봄에 귀국하여 13년이 지났지만 지금도 자주 한국의 하늘을 느끼고 싶어 1년에 한두 번 꼴로 취재 혹은 사적인 이유로 한국을 방문하고 있습니다. 그렇게 하지 않으면 한국의 변화를 따라갈 수 없습니다. 그 덕택으로(?) 최근에는 다른 나라에 갈 시간적 여유도 자금적 여유도 없습니다. 그것이 유감이라고 하면 유감입니다만 …

막상, 제 특파원 시절의 한국과 현재의 한일 관계를 비교해 보면 그야 말로 '격세지감'이 있습니다. 최근 몇 년간 일본사람들의 한국관은 확실히 변하고 있기 때문입니다. 다시 말하자면 일본사람들이 한국을 등신대(等身大)로 보기 시작하였다는 것이죠. 이것을 우선 이 자리에서 여러분들께 말씀 드리고 싶었습니다.

Ⅰ. 망원경의 관계

해방 후의 한일 관계에 대해서 어떤 일본사람이 '한일 양국은 1개의 망원경을 양측에서 엿보고 있는 관계다'라고 지적한 일이 있습니다. 한국이 망원경을 바로 본다면 일본은 망원경을 반대방향에서 보고 있다는 것입니다. 망원경을 바로 보면 상대가 실물 보다 크고 가깝게 보이지만 반대방향에서 보면 상대는 실물 보다 작고 멀리 보인다는 것이죠. 즉, 한국에서는 일본이 실제보다 가깝게 보이지만 일본에서 보이는 한국은 멀고 작게 보인다는 것입니다. 그리고 이러한 관계가 길게 지속되어 온 것은 아닌가 하는 것입니다. 전후의 한일 관계를 정확하게 표현한 비유라고 생각합니다.

제2차 세계대전이 끝나고 나서 오랫동안 많은 일본사람들은 한국에 대하여 관심이 없었다고 해도 좋을 것입니다. 오직 일본사람들의 눈은 미국을 향해 있었고 정치, 경제, 사회의 온갖 것들이 미국과 결부되고 있었습니다. 일본사람들의 시야에 한국이 들어올 여지는 없었습니다. 또 일본의 미디어가 전하는 한국의 이미지는 '반일감정이 강한 나라'이고 저 자신도 예전에 한국이라고 하면 군사독재국가이며, '어쩐지 무서운 나라'라는 정도의 감각이었습니다.

지금 생각하면 제 자신의 지식 부족, 공부 부족이겠습니다만 우리들(일본)의 이웃나라에 우리와 같은 사람들이 살아가고 있다는 실감이 전혀 없었습니다. 그리고 일본의 나이든 분들에게는 한반도에 대한 뿌리 깊은 차별 의식이나 우월감이 남아 있었던 것도 부정할 수 없는 사실이었습니다.

이러한 경험들 때문에 특파원 시절은 물론 귀국하고 나서도 얼마간은 '한국과 일본은 진정한 이웃으로서 사이좋게 나갈 수 있을 것인가?'하는 생각을 항상 가지고 있었습니다. 즉, 한국에서는 반일감정만이 아니라, 사람들과 대화하는 가운데 '저런! 이렇게 일본에 관심이 있구나!'라고 느낀 적도 적지 않았습니다. 다만, 일본인의 반응은 달랐습니다. 친구나 아는 사람에게서 '한국은 반일감정이 강하다고 하는데 괜찮습니까?'라는 질문을 자주 받았습니다. 무엇보다 제 주변만을 봐도 많은 일본사람들이 대부분 한국에 대하여 관심이 없었습니다. 1995년 봄에 귀국한 후 고향에서 일반시민을 대상으로 몇 번인가 강연도 했지만 이렇게 지리적으로 가까운 곳에 있으면서도 '한국에 대하여 모르는' 일본사람이 어찌나 많은지 놀란 기억이 있습니다. 한국은 그야말로 '가까우면서 먼 나라'였습니다.

21세기의 동아시아 정세를 생각해 볼 때 한일양국이 서로 협력하여 나가야함은 당연한 일이라 생각합니다. 한일양국은 민주주의, 인권의식, 시장경제, 미국과의 동맹관계 등의 공통점을 가지고 있습니다. 그러나 한일 간에 역사인식에 있어서는 엄연한 갭이 있습니다. '역사인식에 민감한 한국'이라고 한다면 '역사인식에 둔감한 일본'이라는 것을 저는 직접 체험하였기 때문입니다. 저는 이 갭이 메워지지 않는 한 양국민의 관계는 개선되기 힘들지 않을까 생각합니다.

II. 변하는 일본사람들의 대한(對韓) 의식

그것이 2002년의 '월드컵 한일 공동개최'였고, 2003년부터의 '겨울연가'로 대표되는 '한류'붐이었으며, 제 생각도 조금씩 변하였습니다. 지금 이런 식으로 잘 나아가면 양국민이 상호이해를 할 수 있지 않을까? 하고 생각하게끔 되었습니다.

'W·CUP공동개최'와 '한류붐'으로 많은 일본사람들이 한반도로 향하게 되었고, 1998년 10월의 한일 정상회담에서는 김대중 대통령과 오부치게이조 수상이 '한일 파트너쉽 선언'에서명하면서 한국이 일본의 대중문화에 대해 단계적 개방으로 전환하는 계기가 되었습니다. 즉, 일반적인 일본사람들의 한국에 대한 의식이 크게 변하기 시작되었습니다.

한국영화는 일본의 극장가에서도 자주 상영되고 있고 비디오 대여점에 가면 한국 드라마의 코너가 가장 인기가 좋습니다. 한국 요리도 일본사람들의 식생활에 뿌리를 내려 김치는 물론 지금은 비빔밥 체인점도 있고, 파전이나 빈대떡, 제육볶음과 두부김치는 선술집 메뉴에 꼭 등장하게 되었습니다. 최근에는 막걸리가 젊은 여성에게 인기 있으며 도쿄의 신주쿠에는 백 집 이상의 한국식당이 있습니다. 지방에서도 한국요리점은 점차 늘고 있습니다.

한국어를 배우는 사람들도 늘고 있습니다. 한국을 여행하는 관광객도 중년남성보다 중년여성이나 젊은 여성으로 바뀌고 있습니다. 그들의 여행 목적 또한 이전과 같은 면세점만이 아니라 영화나 드라마의 로케이션 장소나 명소 유적 등으로 양국 시민이 서로 교류하는 기회도 많아져 서로를 피부로 느끼기 시작하고 있습니다. 국교 정상화 당시 연간 1만 명이었던 양국의 왕래객수가 지금은 1일 1만 명을 넘는다고 합니다. 연간 500만명 가까운 사람들이 양국을 오가고 있습니다.

일본사람들의 한국에 대한 감각이 변하고 있는 것을 나타내는 자료로서 일본내각부(內閣府)의 여론 조사를 소개하면, 1999년부터 '한국에 친밀감을 느낀다'고 대답한 사람이 '친밀감을 느끼지 않는다'고 대답한 사람보다 많아졌습니다. 특히 작년에는 '한국에 친밀감을 느끼는 사람'이 55% '친밀감을 느끼지 않는 사람'이 43%로 한국에 대하여 우호적인 사람이 10포인트 이상 많아졌습니다.

놀라운 것은 독도문제나 고이즈미 수상의 야스쿠니 신사참배 때문에 한국에서 반일운동이 활발하였던 2005년에도 이 숫자는 역전되지 않았습니다.

2005년 10월의 조사에서는 51%와 44%, 2006년 10월에도 48.5%와 47.1%였습니다. 조사에는 오차도 있고 실시하는 기관에 따라 차이는 있겠지만 어찌되었건 이러한 결과는 한일관계를 여러 해 동안 보아 온 입장에서 믿어지지 않는 상황입니다.

덧붙여서 이 조사는 1978년부터 행해지고 있는데 당시까지는 20년간 일관하여 '한국에 친밀감을 느끼지 않는다'고 대답하는 일본인이 압도적으로 많았습니다. 유일한 예외는 88올림픽 때만이었습니다. 다시 말하자면 한국을 보는 일본사람의 시선이 확실히 변해 오고 있다는 것을 한국 분들에게 알리고 싶습니다.

III. 한류붐과 월드컵 공동개최의 영향

그러면 '월드컵 공동개최'와 '한류붐'이 일본사람의 의식에 어떤 변화를 가져온 것인가.

무엇보다도 '월드컵'이라고 하는 세계 최대의 스포츠의 제전을 한일양국이 협조하여 성공시킨 것을 계기로 일본사람들 사이에 한국과의 동료 의식이 커졌습니다. 한국팀이 3위가 되었을 때 일본의 젊은이들은 진심으로 박수를 보냈습니다. 도쿄·신주쿠에서 한국전의 실황 중계를 텔레비전으로 보면서 한국과 일본의 젊은이들이 서로 어깨동무를 하고 '대한민국 차찻차찻차'를 외쳤습니다.

이전이라면 전혀 상상할 수도 없는 광경이었습니다. 이렇게 함께 응원을 하면서 일본의 젊은이들은 '이웃나라에도 우리와 같이 축구를 사랑하는 동료들이 있고, 사귀어 보면 좋은 사람들 아니냐'라는 것을 피부로 느낀 것입니다.

'한류붐'에 열중했던 일본의 여성들도 같은 감각이라고 들었습니다. 한국의 영화나 드라마를 보면서 '우리들과 마찬가지로 사랑을 하고 고민하고 자식을 키우며 기뻐하고 있다. 그런 사람들이 가까운 이웃에 있었던 것이다. 얼굴도 닮고 어쩐지 감각도 맞을 것 같은' 매우 당연한 일을 깨닫게 된 것입니다. 즉, 일본에서는 잊혀져 가고 있던 '부모님에 대한 효도'와 '부모님의 깊은 정'을 생각하게 된 것입니다. 여기서 일본인들은 처음으로 한국 사람들을 등신대로 보기 시작했습니다.

왜 그런 평범한 것을 지금까지 몰랐는지? 앞에서도 말씀 드린 바와 마찬가지로 '일본사람의 시야에 한국이 오랫동안 들어오지 않았다' 즉, '한국을 거의 몰랐다', '한국 사람들의 본 모습에 접할 기회가 없었다'는 것 등 때문이었습니다.

그것이 지금 한국을 가깝게 느낌으로써 상대가 보이기 시작한 것입니다. 상대를 알면 서로의 다른 점도 보이며, 언젠가는 식민지 지배를 경험한 한국의 아픔도 이해하게 될 것입니다. 또한 몰랐던 한일간의 역사에도 눈뜨게 될 것이며, 그로부터 상호 이해도 할 수 있는 것이 아닐까요? 이러한 변화를 더욱 살려 가고 싶다고 생각합니다.

한국 분들도 머리로만 생각하고 있었던 일본이 아닌, 실제로 살아있는 진정한 의미의 일본사람이 보이게 된다는 의미는 크겠지요. 그리고 거기에서 지금까지와는 또 다른 새로운 대일 감정이 자라게 되는 것이 아닐까요.

IV. 수학여행

그러기 위해서도 다음세대를 책임질 젊은이들의 교류를 자꾸자꾸 늘려나가야 한다고 생각합니다. 1998년의 한일 정상회담에서 10년간 만 명의 교류로 합의했지만 그 중에서도 특히 중학교, 고등학교 학생들의 수학여행을 중시하고 싶습니다. 양국의 젊은이가 직접 접촉하고 친구가 되는 것은 매우 큰 의미가 있다고 생각됩니다.

그것만이 아닙니다. 기대하지도 않았던 일들도 일어났습니다. 일본의 젊은이들이 한국에서 '살아 있는 역사를 공부하고 돌아간다'는 것입니다. 한국에 가서 처음으로 들어 본 '한일 간의 역사' 중, 식민지 지배나 임진왜란 등에 대해 '뭐? 그런 일이 있었는가? 몰랐다'는 점을 새삼 깨닫게 된 것입니다. 귀국하고 나서 한일 간의 역사를 알아보거나 공부를 다시 하는 젊은이도 적지 않다고 들었습니다.

양국 간의 역사를 이해함으로써 한국이 일본수상의 야스쿠니 신사 참배를 문제시 한다든지, 왜 한국은 역사 인식 문제에 대해 일본을 비판하는지 그 의미를 알게 된 것입니다. 이러한 내용은 그들이 쓴 여행 후의 감상문에서 느낄 수 있습니다. 바로 '백문이 불여일견'이라는 것입니다.

양국의 수뇌들도 미래 지향적인 한일 관계를 유지하여야 한다는데 의견을 일치하고 있습니다. 그러나, 현실이 꼭 그런 방향으로 흐르면서 진전되고 있다고는 말할 수 없습니다. 미래지향적인 관계는 양국간의 신뢰가 양성되어야 비로소 가능합니다. 다음세대를 책임질 젊은이들이 서로 신뢰관계를 구축해 나가기 위해서도 우선 상대의 입장을 아는 것이 필요하다고 생각합니다. 특히 일본의 젊은이들이 과거 양국간에 있었던 일들을 확실히 인식해야만 할 것 입니다. 수학여행은 이점에서도 그러한 환경을 만들어주는 기회가 아닐까요?

한국의 학생들에게도 수학여행은 과거 일본과 현재 일본은 다르다는 점에 대해 알 수 있는 좋은 기회입니다. 양국은 적극적으로 수학여행 학생들을 수용할 태세를 충실히 해야 할 것입니다.

수학여행에서 한일 간의 역사에 접한다는 것은 거꾸로 말하면 일본측에서 확실하게 가르치지 않고 있다는 것을 의미합니다. 이만큼 가까운 이웃 나라 사이이기 때문에 '한일 관계사'를 양국의 고등학교나 중학교의 수업시간에 확실히 가르쳐야 할 것입니다. 다행이 한일 양국의 연구자들이 십 수 년에 걸쳐서 편집한 '한일 교류의 역사'라는 훌륭한 교재가 있습니다. 이 교재는 작년 한일양국에서 출판 되었으며, 이 교재를 어떤 형태로든 이용할 수 있지 않을까 생각합니다.

한국과 일본이 진정한 의미의 화해를 하려면 역시 '역사인식'의 해결부터 하여야 합니다.

일본이 '과거'를 직시하고 징용이나 식민지 지배로 피해를 입은 한국인에 대해 개인 보상 하여야 합니다. 무엇보다 정치 지도자들이 정확한 역사인식을 가져야 하는 것은 당연한 일입니다. 물론 시간은 걸리겠지만 상호이해와 신뢰 구축을 위해 필요한 것입니다.

재작년 동경에서 일본과 한국의 기자들이 서로 만나 의논하는 기회가 있었습니다. 그 회합에서 한국 기자들로부터 '역사인식에 관한 일본 정치가의 망언을 중지시킬 수 없을 것인가? 한일관계가 좋아져도 저런 발언이 나오면 관계는 다시 나빠진다'는 발언이 있었습니다.

그러나 일부 정치가의 역사 인식은 유감스럽게 앞으로도 변하지 않을 것입니다. 그러한 발언을 허용하는 풍조가 일본에는 아직도 있습니다. 일본의 인터넷을 보면 한국에 대한 비방증상이 어지럽게 나돌고 있습니다. 수년 전에는 '혐한류'라고 하는 한국을 비방하는 만화책이 판매부수 30만 부를 넘는 베스트셀러가 되었습니다. 신문사에도 종군위안부나 강제연행 등의 기사가 게재될 때마다 맹렬한 비판의 소리가 들립니다.

Ⅴ. 시민의 힘으로 변화시키자!

그들은 확신범입니다. 상황은 앞으로도 변치 않을 것입니다. 때문에 그들의 주장이 받아들여지지 않는 분위기를 만들어 가야 하겠지요. 그러기 위해서 한일 간에 점점 확대되고 있는 시민교류를 더욱 축척해 나가야 하며, 국민적 차원에서 결속력을 강하게 하여야 합니다. 신뢰관계로 구축된 '시민의 힘'으로 양국 간의 반한, 반일 움직임을 포용해 나갈 수는 없을까요?

정치인도 주위의 공기가 바뀌면 이상한 발언을 삼가 하지 않을까요? 이전에는 비현실적인 제안이었을지도 모르지만 일본인의 감정이 변한 최근의 상황을 보면 그다지 어렵다고는 생각되지 않습니다. 한일간의 역사에 관한 마찰이 전혀 없어지지는 않겠지만 마찰의 정도를 희석하는 것은 충분히 가능하리라 생각됩니다.

전후 보상에 관해서는 일본변호사협회 소속 변호사들이 '전후 보상법'의 원안을 만들었으며, 또한 전후 보상기금의 설립을 주장하는 사람들도 있습니다. 전후 처리재판에서 이러한 사람들을 구제하기 위한 의원입법을 만들어야 한다는 의견을 첨부한 재판소도 있습니다. 이러한 문제는 어느 것이나 정치적 결단이 필요하며 간단히 해결할 수 있는 문제는 아니지만 국민들의 정서변화가 정치를 움직일 수 있지 않을까요.

지금 일본 전국에서는 양국 간 시민차원의 교류를 하고 있는 그룹이 많습니다. 말하자면 '풀뿌리 교류'이며, 그 범위가 점점 넓어지고 있습니다.

2005년 독도문제나 고이즈미 수상의 야스쿠니 신사 참배 등으로 한국 국내에 반일 감정이 격화되어 지자체 레벨에서도 여러 가지 교류가 중지되었지만 지방차원에서는 아직도 상당한 숫자의 교류가 계속되고 있습니다.

당시 홋카이도 신문에 게재된 기사를 보아도 '한일 간에 문제가 있어도 우리들의 교류와는 별개 입니다'고 하며 일본을 찾은 한국인 그룹과 반대로 한국을 방문하여 환영받은 일본인 그룹도 여러 건 소개되고 있습니다. 얼마 전만하더라도 그런 일들은 있을 수 없었지만 시대는 확실히 변하고 있습니다.

VI. 한국을 이해하는 모임

사실은 저도 일본으로 귀국한지 얼마 되지 않아 친한 사람들과 '한국을 이해하는 모임'이라는 시민그룹을 삿뽀로에서 만들었습니다. '이렇게 가까운 이웃나라인데 우리들이 한국을 어느 정도 알고 있을까? 조금씩 배워보지 않겠습니까!'하는 발상에서였습니다.

일반 시민을 대상으로 매월 한차례 공부모임을 시작했습니다. 한국인 대학교수나 재일 한국인, 일본인 전문가들을 강사로 모셔 사회, 문화, 역사, 정치, 경제 등의 폭넓은 테마를 가지고 모임을 이끌어 왔습니다. 모임이 발족할 당시에는 많은 사람들이 모이지 않았지만 '월드컵 공동개최'와 '한류 붐' 등으로 시민들의 관심이 증대하였습니다. 테마를 정해서 일년에 한 번 '한국여행'도 다녀왔으며, 관광이나 노는 것이 아닌 '실지(實地) 공부'였습니다. 지금 회원은 80명 정도인데 '한국에 관심을 가진 일본인도 적지 않으며, 지금까지는 한국을 알 기회가 없었을 뿐'이라고 통감하고 있습니다. 모임이 발족하여 11년이 되는데 지금까지의 공부로 기반은 갖추었다고 생각되므로 다음은 한국과의 구체적인 교류도 시야에 넣으려고 생각하고 있습니다.

VII. 미디어의 역할

'풀뿌리 교류'로 반한, 반일 감정을 좁히는 데는 미디어의 역할을 빼놓을 수가 없습니다. 무엇보다 내셔널리즘을 선동하는 보도는 삼가야 합니다. 가능한 한 냉정하면서 감정적이 되지 않는 것입니다. 한일양국에서 일어나고 있는 것을 정확하게 전하는 것이 필요합니다.

한국에서는 '일본은 우익화 하고 있고 다시 군국주의의 길을 걸어가고 있다'고 생각하는 사람이 많다고 들었습니다. 확실히 고이즈미나 아베 정권하의 움직임을 보면 그렇게 생각되는 상황이 계속되었습니다. 고이즈미 수상의 야스쿠니 신사 참배, 역사 교과서 문제, 이라크에의 자위대 파병, 평화 헌법 개정 움직임과 애국심 교육 등 2005년에는 시마네현 의회가 다케시마 조례를 제정하고, 한국을 자극했습니다.

그러나 이러한 움직임에 반대하는 일본인이 적지 않다는 것도 한국측은 알아주시길 바랍니다. 전쟁 포기를 정한 헌법9조를 지키려는 시민 단체 '9조의 회'가 전국에 7,000개 가까이 있습니다. 지역이나 직장, 학교, 노동조합 등으로 이 운동이 번져가고 있습니다. 지난번 참의원선거에서 아베 정권이 참패한 요인 중의 하나는 아베 정권에 대해 많은 국민이 위태로움을 느낀 것입니다. 자위대의 해외 파견도 극히 일부 신문을 제외하고는 신중하고 소극적입니다. 홋카이도 신문은 명확하게 반대 입장을 취하고 있습니다.

한국에서도 반발하고 있는 '새로운 역사 교과서를 만드는 회'가 집필한 중학교의 역사 교과서도 2005년의 채택율은 0.04% 라는 결과로 끝났습니다. 이것도 반대 여론이 높아진 결과입니다. '일본은 우익화하고 있고 다시 군국주의의 길을 걷고 있다'고 단정하여 한국민에게 잘못된 메세지를 보낼 수도 있으므로 서로 주의하여야 할 문제라고 생각됩니다.

2005년의 독도 문제에 대해서는, 일본이 지금 곧 독도를 탈환할 듯한 그런 분위기의 보도도 있었던 것으로 생각납니다. 독도문제로 한국과 일본이 전쟁을 하면 어떻게 될 것인가? 라는 흥미 위주의 기사를 본 기억도 있습니다. 영토문제는 미묘합니다. 내셔널리즘을 선동할 우려도 있으므로 가능한 한 냉정한 보도에 신경을 써야 합니다.

일본의 미디어도 반성하여야 합니다. 한국 내에서의 반일 데모에 관해서도 왜 한국이 독도문제로 반발하는 것인지 일본측 주장뿐만 아니라 한국의 입장이나 주장도 정확히 지면으로 전하려는 노력도 필요합니다.

그 당시 중앙일보에 게재되었던 '한일 간의 민간 교류는 계속되어야 한다'라는 기사가 인상적이었습니다. '영토 문제와 민간 교류는 별개다. 화가 난다고 해서 민간이 앞서버리면 양국관계의 개선 여지는 소멸한다. 발상의 역전이 필요하다. 좀더 민간 교류를 활발히 하여 보다 많은 일본사람을 우리나라의 편으로 만들어야 한다'는 내용이었습니다.

한일양국에 있어서 이러한 냉정한 시점이 중요하다고 생각합니다.

Ⅷ. 홋카이도신문과 동아일보의 공동취재

한일 양국간의 신문이 공통의 테마를 취재하고 기사를 게재하는 것도 좋다고 생각합니다. 하나의 예로 홋카이도신문사와 동아일보사가 1998년에 취재한 사할린 잔류 한국인 문제 의 공동취재입니다.

사할린에는 전전(戰前)부터 전쟁 중에 걸쳐 많은 한국인들이 돈 벌러 건너갔으며, 징용으로 연행되어 탄광이나 군사기지 건설 현장에서 일하였으나 일본정부는 전후 그들의 조국 귀환에 힘쓰지 않았습니다. 결국은 대부분의 사람들이 거기에 남겨져 버렸습니다. 일본의 전후 책임도 바로 그것입니다. 이 문제를 1988년에 홋카이도 신문이 일본의 신문사로서는 처음으로 체계적으로 취급하였습니다.

저는 특별 취재반의 팀장으로서 사할린의 한국인과 그들의 한국 가족들을 취재하여 72회에 걸쳐 신문에 연재했습니다. 우호관계에 있었던 동아일보가 그 기획 기사의 태반을 전재하여 한국 내에서도 큰 반향을 불러일으켰습니다. 그리고 4년 후에 한일 양국 정부가 노력을 하여 잔류한국인1세들의 한국영주귀국이 시작되었습니다.

10년 후 이 문제가 어떻게 마무리 되었는지를 검증하는 장기 연재를 하였는데 이번에는 동아일보와 합동취재를 시도하였습니다. 홋카이도신문과 동아일보의 기자 4사람으로 합동취재반을 편성하고 우리들이 10년 전에 취재하였던 같은 사람들을 함께 취재하여 각각의 신문에 보도했습니다. 일본인만의 시점으로 접근하는 것이 아니고 한국인의 시점에서도 분석하여 일본의 독자들에게 전달하고자 생각하였던 것입니다. 그때까지 한일 신문계에서는 신문사가 합동으로 한 여론 조사 등은 있었지만 장기간에 걸친 뉴스 기획 취재로는 처음이었습니다.

한일 양국 간의 미디어가 이러한 기획을 금후에도 여러 가지 테마를 가지고 시도해 나갈 가치는 충분히 있다고 생각합니다. 유감스럽게도 동아일보와의 공동취재는 이것뿐이었지만 예를 들어 독도문제나 어업 문제 등 하려고 하면 가능한 테마는 적지 않다고 봅니다.

IX. 텔레비전 드라마와 식민지지배

TV드라마에서 한일 양국의 배우가 출연 하는 케이스도 최근 드물지 않습니다. 그런데 금년에 접어들어 사랑 이야기가 아닌 식민지 지배를 다룬 2편의 작품이 상영되었습니다.

하나는 NHK의 '해협'이라고 하는 드라마입니다. 식민지 시대에 부산에 살았던 일본인 여성과 조선인 남성의 해방 전후 시기의 사랑 이야기를 그리고 있습니다. 일본의 식민지 지배와 당시의 조선인을 정확히 그리고 있습니다. 3회 분량의 작품이지만 이것이 호평을 받으면서 재방송까지 하였습니다. 또 3월에는 민방에서 '동경대공습'이라고 하는 드라마가 방영되었는데 여기에서도 일본에 강제 연행 되어 온 조선인 남성과 일본인 간호사 사이의 사랑이 그려져 있었습니다.

이러한 식민지 지배에 얽힌 테마의 작품을 일본의 텔레비전이 가장 시청률이 높은 밤 7시나 8시부터 시작하는 골든 아워에 내보낸 경우는 지금까지의 제 기억에는 별로 없습니다.

한국 사람의 입장에서 보면 '겨우 이제 와서'라는 생각이 들겠지만 저의 입장에서는 지금이라도 이렇게 다루는 것 자체에서 일본사회의 변화를 느낍니다.

시간은 걸렸지만 그래도 다루게 된 사실만은 알아 주셨으면 합니다.

X. 결론

'한일 양국간의 상호 이해를 위하여'라는 테마에서, 시민교류의 축척을 통하여 반한이나 반일의 움직임을 포용해나가면 어떨까 하는 저의 제안은 '너무 낙관적이다'라고 할지 모르겠습니다. 한일 관계의 방향성에 관하여서도 지금까지 강연회 등 여러 기회를 통하여 수없이 반복되어 온 것으로 압니다. 그리고 대다수의 결론이 우선 일본이 역사 문제를 확실히 해결하는 것이 선결이라고 생각하며 그것이 자연스럽게 진행된다면 더 말할 것이 없습니다. 그러나 현실은 그렇지 않으며 앞에서도 지적한 바와 같이 지금 일본의 정치 상황에서 볼 때 이른바 '역사문제'에서 일본 정부가 간단히 양보하는 것은 어렵습니다. 그렇다고 해서 저는 굳이 '이렇게 해야만 된다'고는 언급하지 않았습니다. 기본은 기본으로서 추구하면서 한편으로는 조금씩이라도 사태를 긍정적으로 움직여 나가는 방법을 모색해 나가고 싶었던 것입니다.

일반적인 일본사람들의 한국관은 변하고 있습니다. 2차 세계대전 이후 처음으로 찾아온 기회인 것 같습니다. 이런 흐름을 여하히 살려나가야 할지 지혜를 모아야 한다고 생각합니다.

2010년은 한일합병으로부터 100년이 되는 해입니다. 양국의 내셔널리즘이 다시 고양될 것으로 예상됩니다. 방향을 잘못 틀면 2005년과 같은 상황이 반복될 수도 있습니다. 그렇게 되지 않기 위해서 우리들에게 무엇이 가능할지 생각하려 합니다.

제82회 발표, 2008년 4월 18일

야마자 엔지로(山座 圓次郎)와 독도

|

예영준(중앙일보 기자)

Ⅰ. 들어가는 말

　일본이 지금까지 독도 영유권을 주장하고 있는 최대의 근거는 1905년
의 영토편입 조치에 있다. 독도를 일본식 이름 다케시매[竹島]라고 명명하
면서 시마네[島根]현에 속하는 영토로 편입했으며, 그 조치가 지금까지 유
효하다는 논리다. 당시 일본의 메이지[明治]정부는 내각의 최고 의사결정
기구인 각의(閣議)의 의결과 시마네 현 고시라는 정당한 행정 절차를 거
쳤고, 그런 사실이 기록으로도 전해져 내려온다.

　1905년 영토 편입은 독도 영유권 문제를 둘러싼 여러 가지 쟁점 가운데
가장 첨예한 쟁점이라 할 수 있다. 일본이 국제사법재판소(ICJ) 소송을 통
해 영유권 문제를 해결하자고 주장하는 근거도 따지고 보면 바로 이 1905
년 영토 편입에 있다.

　한국과 일본은 1905년 영토편입의 정당성과 합법성을 놓고 첨예하게
대립하고 있다. 한국은 러일전쟁 기간 중인 1905년 2월에 이뤄진 독도 영
토편입을, 을사조약(1905년 11월)과 강제병합(1910년 8월)으로 이어지는
한반도 침탈 과정의 시발점으로 본다. 그 이전까지 명백하게 한국의 주권

이 미치는 한국 영토이던 독도를 한반도 침략의 과정에서 강탈했으며, 따라서 1945년 8월 15일 일본의 패망과 함께 독도는 나머지 한반도 영토와 마찬가지로 한국으로의 반환 대상에 포함되었다는 것이 한국의 입장이다. 이는 역사학계의 해석일 뿐 아니라 정부가 인용하고 있는 견해이기도 하다. 대통령, 외교장관 및 책임 있는 정부 당국자의 공식, 비공식 발언 중에도 종종 이와 같은 입장을 담고 있는 발언이 발견된다.

반면 일본은 나카이 요자부뢰[中井養三郎,1964~1934]라는 어민의 민원을 계기로 정당한 법적, 행정적 절차를 밟아 독도를 일본 영토로 편입했기 때문에 한반도 침략과는 무관하며, 따라서 한국의 나머지 영토와 달리 2차 대전 종결 이후 반환 대상에서 제외되었다는 입장이다. 일본 정부가 끊임없이 ICJ 제소를 통한 해결을 주장하는 것도 이런 입장에서 비롯된 것이다.

1905년 당시 일본이 영토 편입을 의결한 각의 결정문을 보면 일본은 '무주지 선점'(無主地 先占)이란 당시의 국제법적 이론을 원용했음을 알 수 있다. 무주지 선점이란 일정한 조건 하에서 주인 없는 땅을 점유한 사람이 소유권을 취득하는 민법 원리의 연장선에 있는 논리로, 제국주의 시대에는 유럽 열강이 아프리카나 아메리카 대륙의 미개척지를 식민지로 획득하는 과정에서 이 같은 논리가 동원되었다. 다시 말해 그 때까지 한국 땅도 아니고 일본 땅도 아닌, 주인 없는 땅이던 독도를 일본이 먼저 선수를 쳐 자국 영토로 편입했다는 것이다.

언제부터인가 일본의 이 같은 입장에 변화가 생겨났다. 현재 일본 정부의 공식 입장은 "다케시마는 역사적으로 일본의 고유영토이다."라는 것이다. 다시 말해 1905년 이전부터 일본의 영토였다는 것으로 '무주지 선점'과는 배치된다. 원래 일본 땅이었다면 굳이 영토편입이란 조치를 할 필요가 없기 때문이다. 이를 한국 뿐 아니라 일본의 몇몇 학자들이 지적하자 일본 정부는 "1905년 영토 편입은 다케시마에 대한 영유 의사를 국제법적 논리에 따라 재확인한 것"이라는 입장을 내세우고 있다. 일본의 고유 영토임에는 변함이 없으나, 근대 국제법적 논리에 비춰 문제가 없도록 새삼스레 영토 편입 절차를 거쳤다는 설명이다.

만일 1905년 영토 편입과정이 실제로 어떤 과정을 거쳐 어떻게 이뤄졌는지, 당시 일본 정부가 표면적으로 내건 이유 뿐 아니라 내면적인 목적은 무엇이었는지의 논의 과정 등을 자세히 검증해 보면 한일 양국 가운데 어느 쪽의 입장이 옳은 지에 대한 결론을 내릴 수 있을 것이다. 하지만 불행하게도 영토편입이 당시 어떤 정치적 목적 하에서 이뤄졌는지 그 이면을 들여다 볼 수 있는 기록은 남아 있는 것이 없다. 현재까지 전해져 내려오는 일본 정부의 기록은 전형적인 관공서의 공문서들 밖에 없어 이를 바탕으로 영토편입의 내막을 들여다보기는 힘들다. 최초의 문제 제기자였던 나카이 요자부로의 회고담이 몇 가지 남아 있어 영토편입의 내막을 얼마간이나마 짐작할 수 있게 해주고는 있지만 이 역시 결정적 증거자료에는 미치지 못하는 게 사실이다.

바로 이 지점에서 필자는 한 사람의 외교관에 주목했다. 직접적인 증거자료가 될 수 있는 기록이나 사료가 부족하기 때문에, 1905년 영토 편입과정에 결정적인 역할을 한 인물을 찾아내고, 그 인물의 행적을 추적함으로써 간접적으로나마 영토 편입이 이뤄지기까지의 배경과 맥락을 파악해 보자는 의도였다. 이러한 작업을 택하게 된 것은 필자의 직업적 방법론과 관련이 있다. 직접적인 증언 및 기록이 남아 있지 않거나 사장되어 있어 어떤 사건의 내막을 알기 힘든 경우 그 사건의 당사자나 관련자의 행적 추적을 통해 맥락을 더듬어 보는 작업은 언론의 취재 보도 과정에서 흔히 사용하는 기법이다. 정치적 행위나 행정 조치를 포함한 모든 사건의 배경에는 텍스트와는 별도의 컨텍스트가 존재하기 마련이다. 텍스트를 통해 사건의 전모를 그려 낼 수 없을 때에는 컨텍스트를 통해 사건의 본질에 근접하는 것이 차선의 방법이다. 이러한 문제의식을 갖고 추적한 인물이 바로 1901년부터 1908년까지 일본 외무성의 정무국장을 지낸 야마자 엔지로[山座圓次郎, 1866~1914]이다.

II. 운명의 만남 : 나카이와 야마자

모든 일은 나카이 요자부로라는 한 어부에게서 비롯됐다. 100년이 넘도록 한국과 일본 간 외교 갈등의 화근이 되고 있는 독도 문제가 어장을 독점하려는 일본 어부의 과욕에서 비롯됐다는 사실은 역사의 아이러니가 아닐 수 없다.

나카이는 요즘 표현을 동원하자면 '벤처 수산업자'라고 부르는 게 알맞을 듯하다. 그는 당시로선 첨단 어업기술을 남보다 먼저 도입하고 시장을 개척하는 비즈니스 마인드를 갖추고 있었다. 소형 어선 한 척을 자산으로 가족 단위의 노동력으로 물고기를 잡는 영세 어민이라기보다는 수산업 분야의 기업가라고 하는 편이 더 정확한 표현일 것이다.

러시아 블라디보스톡 연해에까지 나가 어업을 하던 그는 1893년 무렵부터 한반도 연해로 활동무대를 옮겼다. 그의 시마네 현 오키[隱岐]섬에 근거지를 두고, 한반도를 오가며 충청도, 전라도, 경상도 등의 어장에서 고기를 잡았다. 그런 과정에서 독도가 강치의 황금어장이란 사실을 알게 된 것으로 보인다. 오키 섬에서 한반도를 오가는 항로상에 있는 울릉도와 독도 주변을 지나다 강치 무리를 발견한 것이다. 그는 강치 잡이가 새로운 사업으로 전망이 아주 밝다고 판단했다. 나카이는 "울릉도를 오가던 길에 우연히 이 섬에 들러 셀 수도 없이 많은 강치가 서식하고 있음을 보고 이 섬을 방치하고 있는 것이 유감스러워 견딜 수가 없었다."라고 기록한 바 있다.

나카이는 독도에 무리지어 서식하는 강치야말로 노다지에 다름 아니라고 판단했다. 러일전쟁이 임박했다는 소문이 무성하던 때여서 가죽 값, 기름 값이 급등하고 있었다. 나카이 요자부로는 1903년에 이어 1904년 여름에도 독도에 나가 강치잡이를 했다. 그런데 문제가 발생했다. 바로 경쟁 어민들의 출현이었다. 나카이는 생각했던 만큼 짭짤한 수입을 올리지 못했던 듯하다. 어기(漁期)가 끝나 오키로 돌아온 나카이는 한 가지 결심을 했다. 독도의 강치 어장을 대하(貸下) 받아 독점하겠다는 구상이었다. 실현만 된다면 그것은 노다지 광산을 수중에 넣는 것이나 마찬가지였다.

1904년 9월 나카이는 도쿄[東京]로 향했다. 그가 가장 먼저 찾아간 사람은 농상무성 수산국장 마키 나오마새[牧朴眞], 일명 마키 보쿠신]였다. 마키 수산국장은 독도를 대하 받으려는 나카이의 뜻에 찬성을 표시했다. 그러면서 해군성 수로부를 통해 독도의 소속이 어디인지를 다시 한 번 확인해 보자고 제의했다.

이때까지만 해도 나카이는 독도가 조선의 영토에 해당한다는 인식을 갖고 있었던 듯하다. 하지만 "수산국장 마키 씨의 주의(注意)로 말미암아 반드시 한국령에 속하는 것은 아닐지도 모른다는 의심이 생겨"해군성의 기모쓰키 가네유키[肝付兼行] 수로부장을 찾아갔다. 측량 전문가인 기모쓰키 수로부장은 섬의 소속에 대해서는 확고한 징증(徵證)이 없으며 조선인이 종래 이 섬의 경영에 관여한 형적이 없음에 반해, 일본인은 이미 이 섬의 경영에 종사한 일이 있는 이상, 당연히 일본 영토에 편입해야 한다고 말했다. 나카이는 이 말을 듣고 '랴코도 영토편입 및 대하원'을 내무, 외무, 농상무성의 세 대신에 제출하기에 이르렀다. 1904년 9월 29일의 일이었다. 애초에는 한국 정부에 대하청원을 내는 문제를 상의하기 위해 도쿄로 갔던 계획이 일본 정부에 영토편입원을 내는 것으로 둔갑한 것이다.

나카이의 영토편입원이 통과되기까지는 여러 차례 우여곡절을 거쳐야 했다. 영토편입원을 제출한 나카이가 가장 먼저 출두한 곳은 일본 내무성 지방국이었다. 그는 영토편입이 필요한 이유를 설명했지만 이노우에[井上] 서기관이 난색을 표시했다. 그는 "지금 일본과 러시아 양국이 전쟁 중에 있는데 외교상 영토편입을 할 시기가 아니다"는 이유를 들며 영토편입 청원을 각하할 수밖에 없다고 통보했다.

이런 시국에 한국 영토라는 의심이 있는 황량한 일개 불모의 암초를 차지하면, (일본의 동태를) 환시(環視)하고 있는 제외국(諸外國)으로 하여

금 우리나라가 한국을 병합하려는 야심을 갖고 있다는 의심을 키우게 된다. (영토편입으로 얻는) 이익은 극히 작은데 반해 (벌어질) 사태는 결코 용이하지 않을 것이다.

나카이는 다시 마키 수산국장을 찾아갔다. 자초지종을 듣고 난 마키도 "외교상의 일이라면 도리가 없는 일"이라고 답했다. 하지만 나카이는 집요했다. 그가 마지막으로 찾아간 사람이 바로 외무성 정무국장 야마자 엔지로[山座圓次郞]였다. 외교상의 이유로 영토편입원 각하 통보를 받았으니 직접 외무성 책임자를 찾아가서 상황을 설명하고 이해를 구하기 위함이었다. 외무성 정무국장은 외상, 외무차관 바로 아래의 직위로 야마자는 외무성의 실세였다. 당시 외무성의 국장은 정무국장과 통상국장 단 두 자리뿐이었다. 나카이의 설명을 들은 야마자의 반응은 이러했다.

　시국이야말로 영토편입을 급요(急要)로 하며 망루를 세워 무선 또는 해저전신을 설치하면 적함 감시에 대단히 요긴하게 되지 않을까. 특히 외교상(의 문제)에 대해서는 내무성과 같은 고려를 할 필요가 없으니, 반드시 서둘러 청원서를 외무성에 회부하라고 하면서 의기양양하게 말했다.

이와 같은 야마자 정무국장의 발언 내용은 영토 편입이 이뤄지고 합법적으로 강치 잡이를 할 수 있게 된 나카이가 훗날 기록한 문서인 '사업경영개요'에 나오는 말이다. 이 간략한 기록은 일본 정부가 어떤 의도에서 독도를 자국 영토로 편입했는지를 알 수 있게 해 주는 유일한 단서다. 야마자가 말한 '시국'이란 무엇인지, '망루', '무선', '해저전신'은 또 무슨 말인지, 외교관 야마자가 왜 '적함감시'를 언급했는지에 대해서는 더 이상의 설명이 없다. 따라서 야마자의 행적을 추적함으로써 그 의미를 밝혀 낼 필요성이 여기서 제기되는 것이다.

아무튼 야마자 정무국장과의 만남에서 나카이를 가로막고 있던 모든 장애가 없어지고 말았다. 내무성이 영토편입에 난색을 보인 이유는 외교적 문제를 일으킬 수 없다는 뜻에서였는데 정작 외교 업무 당사자인 외무성의 실력자가 오히려 적극적인 의사를 표시했으니 일은 다 성사된 것이나 마찬가지였다. 내무성 당국자의 반대로 휴지조각이 될 뻔 했던 영토편입원을 야마자 정무국장이 되살린 것이다. 그런 의미에서 외무성 정무국장 야마자 엔지로와 시마네 어부 나카이 요자부로의 만남이야말로 독도 영토편입을 결정지은 운명적 만남이라 할 수 있다. 만약 나카이 요자부로가 야마자를 찾아가지 않았더라면, 혹은 나카이를 만난 야마자가 내무성의 의견을 뒤엎지만 않았더라면 결과는 어떻게 되었을까. 그랬더라면 오늘날 독도 문제로 인한 한일 간의 갈등은 존재하지 않을지도 모른다. 어장을 독점하려던 어부 나카이의 과욕에서 비롯된 일은 이런 과정을 거치면서 일은 나카이 본인이 상상조차 못했던 방향으로 전개되어 갔다. 일본 외무성이 독도 영토편입에 적극 찬성한다는 입장을 보임에 따라 나카이가 낸 영토편입원은 일사천리로 진행됐다. 그 최종적인 결과가 바로 오늘날까지 한일 양국 갈등의 원천이 되고 있는 1905년 2월의 독도 영토편입이다.

III. 엽총을 들고 '동양평화'를 꿈꾼 외교관

1892년 10월 어느 날, 나가사키를 출발한 정기 여객선이 부산항에 입항했다. 꼬박 열다섯 시간의 뱃길을 따라 현해탄을 건너온 승객 가운데 26세의 일본 청년이 섞여 있었다. 부산 주재 일본 총영사관으로 발령을 받아 외교관으로서의 첫 발을 내디딘 야마자 엔지로였다. 초임 외교관인 야마자가 당시 부산 주재 일본 총영사 무로타 요시후미[室田義文]와 나눈 대화 가운데 이런 내용이 전해져 온다.

> 일본의 발전을 위해서는 조선의 독립이 필요합니다. 조선이 지금과 같이 중국의 앞잡이가 되어 일본의 안위를 위협한다면 동양 평화를 바랄 수

없습니다. 저 개인적으로도 그렇고, 공무원으로서도 그렇고 앞으로 이 문제에 전력을 기울여야 한다고 생각합니다. 한 가지 말씀드릴 게 있습니다. 조선을 개발하기 위해서는 반드시 부산에서 경성까지 철도를 놓아야만 합니다. 남의 나라인 만큼 쉬운 일은 아니지만, 가능한 한 조사라도 해두어야 하겠습니다. 이런 일을 위해 한 목숨 바칠 각오가 되어 있습니다.

야마자가 벌인 첫 작업은 그의 포부대로 서울과 부산을 잇는 경부선 철로의 측량작업이었다. 일찌감치 제국주의 침략의 인프라에 주목했던 셈이다. 당시 일본은 멀지 않은 장래에 한반도에서 청의 세력을 배제하기 위한 전쟁이 불가피하다고 보고 있었고, 전쟁이 일어날 경우 병력과 군수품 수송을 위해서는 철도 건설이 필수적이었다.

하지만 사정은 만만치 않았다. 조선 정부로부터 측량 허락을 받아내는 게 쉽지 않았기 때문이다. 청년 외교관 야마자의 꾀가 번득였다. '조선의 새를 사냥한다는 명분으로 조선 정부에 허락을 받자'는 내용이었다. 일종의 사술(詐術)이었다.

야마자의 꾀대로 일이 진행됐다. 일본 총영사관은 조선 정부에 "엽총으로 새를 사냥할 계획인데 구경꾼이 몰려들면 위험할 수도 있으니 붉은 깃발을 친 곳 안으로는 사람들이 접근치 못하게 해 달라"고 요구했다. 일본의 속셈을 알 길이 없는 조선 정부 관리는 친절하게도 조선 백성들의 접근을 금지하는 지시문을 하달해 줬다. 남의 나라 땅에서 전쟁을 일으키기 위한 준비 단계로 측량을 하려는 속임수에 오히려 협조를 해 준 격이 되었다.

야마자는 엽총을 들고 사냥을 하는 시늉을 벌였다. 그 사이 일본에서 불러들인 측량기사가 부산~서울간의 철로 부지를 샅샅이 측량했다. 이렇게 해서 완성한 측량지도는 바로 2년 뒤인 1894년 청일 전쟁 당시 군사 용도로 활용됐다. 실제 로 일본이 간 경부선 철도가 개통된 것은 그 보다 10여년이 더 지난 1905년의 일이었다.

10여년 뒤 독도 영토 편입을 주도하게 된 외교관 야마자의 첫 작업은 이처럼 범상하지 않았다. 초임 외교관이 말한 '조선 독립'이란 조선에 대한 청의 영향력을 배제하는 것을 의미했다. 청의 영향력이 사라진 공백을 일본이 메워 동북아 지역에서 새로운 질서를 구축하는 일, 그것이 야마자가 말한 '동양 평화'였다.

Ⅳ. 야마자 앞에 야마자 없고, 야마자 뒤에 야마자 없다

중앙일보 호남판 9월11일자에 이런 기사가 실렸다.

1895년 명성황후 시해사건의 배후인물로 지목돼 체포된 일본인 가운데 다케다 한시[武田範之·1863~1911]란 사람이 있었다. 그는 시해사건의 책임자인 일본 공사 미우라 고로[三浦梧郎]의 핵심 참모였다. 10여 년 뒤 다케다는 이토 히로부미[伊藤博文]가 한국통감으로 부임할 때 다시 한국에 건너와 친일단체 일진회를 통한 한국 병합공작을 주도했다.

특이하게도 다케다는 당시 일본 불교의 최대 종단인 조동종(曹洞宗) 소속의 승려였다. 다케다를 비롯한 조동종 승려들은 불교 포교란 구실로 절을 세우고 한민족의 황민화 등 한반도 지배정책의 일익을 담당했다. 1945년 일제 패망 당시에는 한국에 160여 개의 사원과 포교소를 거느릴 정도로 규모가 컸다.

그랬던 조동종이 과거 행적을 참회하는 비석을 전북 군산시 금광동 동국사에 세운다. 조동종 스님 10여 명은 16일 오전 10시 '동국사 창건 제104주년 다례제'에 참석해 참회법회를 할 예정이다.

법회에서는 '참사(懺謝·참회와 사과의 줄임말) 비문 제막식'도 함께 거행된다. 비문에는 '해외 포교를 핑계로 일제가 자행한 야욕에 수많은 아시아인이 인권 침해, 문화 멸시를 당했다. 이는 불교적 교의에 어긋나는 행위다. 석가세존과 역대 조사(祖師)의 이름으로 행했던 일은 참으로 부끄러운 행위다. 진심으로 사죄하며 참회한다'는 내용이 새겨진다. '명성황후 시해라는 폭거를 범했으며 조선을 종속시키려 했고… 우리 종문(宗門)은 그 첨병이 되어 한민족의 일본 동화를 획책하고 황민화 정책을 추진하는 담당자가 되었다'는 표현도 있다.

동국사의 주지 종명 스님은 "법회 당일 일본 스님들이 와서 일제 강점기 한국인들이 겪은 고초와 고통에 대해 사과 발언을 할 것"이라며 "독도 문제 등으로 한·일 관계가 악화돼 있는 민감한 시점에서 과거사에 대한 참회는 양국 관계 복원과 발전을 도모하는 새로운 계기가 될 것"이라고 말했다.

동국사에 있을 때 이 작업을 주도했던 군산 성불사의 종걸 스님은 "참사비 는 20여 년 전 일본 조동종에서 발표한 '참사문'을 새긴 것으로, 양심적인 일본 승려들이 자발적으로 추진했다"고 말했다. 전북 익산에서 나는 화강 암을 사용해 만든 비석의 제작 비용 등도 모두 조동종 측이 부담했다.

군산 동국사는 일제의 강제병합 직전인 1909년 조동종 승려에 의해 창건 된 절이다. 경내에 소조 석가여래 삼존상·복장 유물·대웅전 등 보물과 문화재를 소장하고 있다.

일본 불교의 최대 종단 중 하나인 조동종이 100여 년 전 한반도에서의 침략 행위에 대한 행적을 참회하는 비석을 전북 군산에 세우기로 했다는 내용의 기사다. 얼핏 보면 이번 문화강좌의 주제 〈야마자 엔지로와 독도〉 와는 아무런 관련이 없어 보이지만 실은 그렇지가 않다. 명성황후 시해사 건에 관여했고, 일진회를 배후 조종하여 한일 강제병합에도 관여했으며, 병합 후에는 한국 불교를 통째로 삼키려한 조동종 승려 다케다 한시[武田 範之·1863~1911]와 야마자 엔지로와의 관계 때문이다.

야마자가 부산에서 외교관으로서의 첫발을 내디딜 당시의 일본은 야심 만만한 젊은 나라였다. 메이지 유신에 성공한 뒤 서양의 문물을 빨리 받아 들였고 일본을 근대적인 사회로 변모시키는 젊은 에너지가 있었다. 그런 충만한 에너지를 바탕으로 밖으로 눈을 돌리기 시작했다. 바야흐로 세계 는 제국주의의 경연장이었고 일본은 뒤늦게 나마 이 경연장에 끼어들기 위해 노력했다.

그래서 일본의 야심만만한 젊은이들에게 '대륙', '아시아'는 피를 끓게 하는 키워드들이었고 일종의 '로망'이었다. 오랫동안 아시아의 변방이었던 일본이 오히려 아시아의 주인으로 우뚝 설 수 있는 기회가 왔다고 생각한 것이다. 그런 야심으로 무장하고 실제로 '대륙'을 지향하여 한국이나 중국에 '진출'하여 각종 합법, 비합법적인 활동을 한 사람들을 '대륙 낭인'이라 일컫는다.

더욱이 지리적으로 인접한 한반도, 섬나라 일본이 대륙으로 뻗어나가기 위해 반드시 거쳐야 할 발판인 한반도는 제국주의의 야심을 실현할 절호의 대상이었다. 야마자가 근무할 당시의 부산은 그런 대륙 낭인들의 근거지였다. 당시 부산의 일본 거류지 안에 '오자키 법률사무소'란 곳이 있었는데 낭인들은 이곳을 아지트로 삼았다. 그래서 '부산 양산박(梁山泊)'이란 별칭으로 불리게 됐다. 조선 낭인들은 이곳을 거점으로 삼아 경향 각지를 돌아다니며 민심 동향을 파악하고 한국 내정과 정세 변화에 대한 정보를 수집한 뒤 서로 이를 교환하고 향후 행동 방침을 토론하곤 했다. 젊은 날의 초년 외교관 야마자 엔지로는 부산에 모인 대륙낭인들의 아지트 격인 양산박에 자주 출입했다. 낭인들이 수집한 정보를 외무성 본성으로 보고하는 역할도 했을 것이고, 일본 정부의 동향을 낭인들에게 전해 주고 활동의 편의를 제공해 주는 역할도 했다. 부산 양산박의 낭인들 중에는 야마자와 동향인 후쿠오카 출신이 많아 서로 격의 없이 어울릴 수 있는 분위기였다. 사람의 젊은 시절 교우관계는 나머지 생애에 적지 않은 영향을 미치는 법이다. 학업을 마치고 첫 해외 임지에 부임한 20대 중반의 외교관 야마자는 대륙 낭인들과 깊은 교류관계를 맺고 서로 큰 영향을 주고받았을 것이다. 야마자와 대륙 낭인들은 말하자면 동지적 관계에 있었다. 앞서 말한 승려 다케다 한시는 이 시절부터 야마자의 '동지'였다.

1894년 동학 농민봉기가 일어나자 양산박의 낭인들은 반일친청(反日親淸) 노선의 민씨 정권을 뒤엎고 친일 정권을 수립해 한반도에서 일본의 우위를 확보할 수 있는 기회로 보고 발 빠르게 움직였다. 동학 농민군을 지원하기 위해 일본에서 동지들을 규합하고 무기를 확보하려 했다. 실제로 그렇게 해서 일종의 소규모 무장 특공대를 조직하였으니 그것이 바로

'천우협'(天佑俠)이다. 다케다 한시와 훗날 '흑룡회'의 회장이 되는 우치다 료헤이 등 훗날 일본의 한반도 침략과정에서 큰 역할을 하게 되는 이들이 젊은 시절 천우협의 멤버였다. 그 배후 지도자는 현양사 지도자 도야마 미쓰루[頭山滿]였다. 천우협은 창원의 한 광산을 털어 다이너마이트와 화약, 뇌관을 탈취해 일본 영사경찰의 추적을 받게 됐고, 실제로 요시쿠라 오세이는 부산 영사관에 구속되었다. 이 때 천우협을 구한 인물이 부산 영사관의 야마자 엔지로였다. 그는 구속된 요시쿠라가 석방되도록 했고, 우치다 료헤이 등이 관헌의 추적을 피해 일본으로 귀국할 수 있도록 도와주었다. 조선 정부는 천우협 단원들을 체포하도록 부산 영사관에 요구하였으나 야마자는 이를 거부하였다. 이 무렵 생사를 같이 한 천우협 단원들은 훗날 일본 우익의 원류라 일컬어지는 '흑룡회'를 조직하게 된다. 야마자 엔지로는 일생 동안 이들과 동지적 관계를 맺고 있었다.

야마자는 1901년부터 1908년까지 일본 외무성 정무국장으로 재직했다. 앞서 말했듯 통상 업무를 제외한 모든 일본의 대외 관계 업무를 지휘하는 실세 자리였다.

야마자가 이 자리에 있는 동안 일본은 그의 바람대로 서구 열강과 어깨를 나란히 하는 위치에까지 올라섰다. 한반도와 만주를 무대로 벌인 러일전쟁에서 러시아를 굴복시킨 덕택이었다.

야마자가 펼친 외교업무의 핵심도 이 러일전쟁에 집중되었다. 당시 일본 정계의 중심 인물은 메이지 유신의 이토 히로부미[伊藤博文]이었다. 하지만 이토는 가급적 러시아와의 전쟁을 피하고 협상을 중시하는 인물이었다. 만한(滿韓)교환론이란 것이 한동안 일본에서 제기되었는데, 이는 만주의 이권은 러시아가 갖고, 한반도에서의 영향력은 일본이 차지하는 것으로 러시아와의 합의를 추진한다는 정책이었다.

이런 외교노선에 극렬 반대한 세력이 일본 군부와 대륙팽창론자, 소위 '대륙 낭인'들이었다. 대륙팽창주의자 야마자 엔지로 역시 대러 주전론(主戰論)의 입장에 섰다. 그는 이른바 '호월회'(湖月會)란 모임을 결성했다.

이는 외무성과 육,해군의 중견 간부들로 정부 정책에서 러시아와의 개전이 불가피하다는 자신들의 주장을 관철시키기 위해 정보를 교환하고 협력하기 위한 모임이었다. 야마자는 그런 모임의 자리에서 "러시아와 전쟁을 하기 위해서는 개전에 반대하는 이토 히로부미를 죽이는 수 밖에 없다"고 발언할 정도로 강경 개전론자였다. 이 때문에 훗날 이토가 안중근 의사의 총탄에 맞아 숨졌을 때 그 배후 인물로 한때 야마자를 지목하는 사람도 있었다. 야마자는 한편으로는 군부의 소장 장교들과 연대하고, 한편으로는 '흑룡회' 등 우익 단체들과 제휴하면서 대러 협상론을 뒤엎고 대러 개전론을 전파하는 데 주력하였다. 최종적으로 일본 정부가 대러 개전을 결의한 뒤 러시아와의 선전 포고문을 쓴 사람도 야마자 엔지로였다.

러일 전쟁이 끝난 뒤인 1925년에 펴낸 ≪기밀일로전사 (機密日露戰史)≫는 호월회의 활동을 이렇게 평가하고 있다. "정부 당국, 특히 원로 및 거물급 인사들은 결단력이 부족했다. 소장파들이 명석한 두뇌를 갖고 장래를 내다보고 건의했지만 이를 듣지 않았다. 육군 당국과 소장 그룹이 거물들을 이끌고 끊임없이 정부 당국을 편달하여 충분하지는 못하지만 목적을 달성할 수 있었다." 여기서 말하는 소장파 그룹이란 '호월회'를 가리키는 것이다.

야마자는 러일전쟁에 관련한 업무 이외에도 8년간 정무국장 자리를 지키면서 실로 수많은 일을 했다. "야마자 전에 야마자 없고 야마자 후에도 야마자 없다", 즉 전무후무의 걸출한 능력을 갖춘 인물이란 평이 외무성에 전해져 내려올 정도였다.

그가 한 일 가운데에는 한반도의 운명에 관련된 일도 많았다. 러일전쟁 때 한국을 병참기지로 쓸 수 있게 한 한일의정서 체결에서, 사실상의 주권을 상실하고 일본의 보호국으로 전락하게 된 을사늑약 체결, 1907년 헤이그 만국평화회의 사건을 빌미로 한 고종 퇴위 등이 모두 야마자의 손을 거쳐 이뤄진 일이다.

그럼에도 불구하고 야마자 엔지로란 이름은 우리에게 그다지 알려져 있지 않다. 그런 사정은 일본에서도 마찬가지다. 그 이유는 야마자가 외무성 정무국장과 중국주재 전권공사, 즉 오늘날의 주중 대사직을 정점으로 생을 마감했기 때문이다. 만약 그가 훗날 일본의 외상이 되었더라면 그의 이름은 지금쯤 보다 많은 사람이 기억하고 있을 것임에 틀림없다. 걸출한 외교관으로 명성이 자자하던 야마자가 40대의 나이에 중국 땅에서 갑작스레 병사하여 그 뜻을 끝까지 펼치지 못한 것은 당시의 제국주의 일본으로선 불행한 일이라 할 것이다.

V. 맺음말: 야마자가 말한 '시국'의 의미

이제 다시 이 글의 주제인 야마자 엔지로와 독도의 관계로 돌아가 보자. 강치 잡이 어부 나카이 요자부로가 외무성 정무국장 야마자 엔지로를 찾아간 것은 1904년 9월말에서 10월 초 사이의 어느 날이었다. 이때에는 초기 전황에서 불리하던 러시아가 발틱 함대를 한반도 해역을 향해 출항시킴에 따라 러일전쟁이 새로운 국면으로 접어들고 있던 시점이었다. 여순 함락이 기약 없이 미뤄지고 있던 판국에 발틱 함대까지 극동으로 다가오고 있다는 소식이 전해지자 일본은 초긴장 상태에 들어갔다. 더구나 동해를 휘젓고 다니던 블라디보스톡 함대가 울산 해전에서 받은 손상을 회복한 뒤 9월 21일 다시 동해를 향해 출항했다는 정보까지 들어와 있었다. 이런 긴박한 시기에 나카이와 야마자의 만남이 이뤄진 것이다.

이런 전황을 감안하면 야마자의 짧은 발언 속에 담긴 진의가 무엇인지 더욱 분명하게 인식할 수 있다. 1904년 9월의 시점에서 야마자가 말한 '시국'이란 러일전쟁, 특히 발틱 함대의 동진을 가리키는 말이었다고 볼 수 있다. 그렇다면 야마자는 왜 망루를 세우고 무선 또는 해저전신을 설치하는 게 대단히 요긴한 일이라고 언급했을까. 예나 지금이나 해전에서의 승패를 가르는 중요한 요인 중에 하나는 적함을 빨리 발견해 그로부터 펼쳐질 공격에 대비하고 적함보다 먼저 선제공격을 하는 것이다. 해군 함정들이 비용을 아끼지 않고 레이더를 비롯, 첨단기술로 만든 관측 장비나 탐지 장비를 갖추는 것은 그런 이유에서다. 하지만 러일전쟁이 벌어졌던 1904년에서 1905년까지의 시기는 레이더는커녕 항공기조차 없었던 시절이다. 적함의 발견은 쌍안경에 의지할 수밖에 없었다. 따라서 적함의 위치를 알아내는 최선의 수단은 적함이 다닐 만한 항로상의 요충지에 관측 기지를 세우고 24시간 감시를 하거나, 고속 함정을 이용해 이동하면서 적함의 동향을 파악하는 방법이었다. 적함이 이동하는 경로에 망루를 세우는 작업은 그런 의미에서 당시의 해군에겐 매우 긴요한 일이었다. 관측한 사실을 신속하게 전달하는 통신망의 확충 또한 그에 못지않게 중요한 일이었다. 이 경우 적에게 감청당할 우려가 있는 무선통신보다는 유선통신이 보안의 측면에서 훨씬 안전한 방법이었다.

야마자는 외무성 소속의 외교관이었지만 러일전쟁의 전황과 육해군의 동향에도 정통했다. 야마자는 외무성 정무국장으로서의 업무 수행을 위해 러일전쟁의 총지휘부인 대본영과 긴밀히 연락을 하는 과정에서 취득한 정보를 갖고 있었다. 뿐만 아니라 호월회(湖月會) 인맥을 통해서도 군부 내의 사정을 빠르고 정확하게 파악하고 있었다.

개전 직후의 호월회 회합에서 한 장교가 야마자에게 "전쟁이 어디까지 가면 정리될 것이라고 생각하나"라고 묻자 "하얼빈까지만 밀고 올라가면 러시아는 두 손 들 것"이라고 말해 장교들이 야마자의 전황 분석과 전략적 안목에 감탄했다는 일화도 전해져 온다. 이런 사정들을 감안할 때 야마자가 나카이에게 망루와 해저통신이 중요하다고 말한 것은 정확한 정보를 갖고 전황을 꿰뚫고 있었기 때문에 나온 생각임을 알 수 있다.

실제로 일본은 러일전쟁 개전과 동시에 한반도 동해안의 죽변과 울산, 남해의 거문도와 제주도 등 전략적 거점에 망루를 세우고 그 지점들을 해저전선으로 연결하는 공사를 진행했다. 일본이 대한제국을 강제병합하기 이전인 1904년에 한반도 곳곳에서 군사시설물을 설치할 수 있었던 근거는 러일전쟁 개전 직후 한국 정부에 압력을 넣어 체결한 한일의정서 조항이었다. 이 한일의정서 조항 역시 외무성 정무국장 야마자의 손을 거쳐 이뤄진 작품이었다.

그 후 일본은 실제로 독도에 망루를 세우고 해저전선을 연결했다. 1905년 6월 한 차례 더 정밀조사를 벌여 설치 장소를 결정한 다음 공사에 들어가 8월에 완공했다. 11월에는 울릉도의 망루에서 독도를 거쳐 일본 본토인 시마네현 마쓰에[松江]로 해저전신이 연결되었다.

자칫 각하될 뻔한 영토편입원을 되살린 장본인 야마자가 어부 나카이에게 "망루와 해저전신을 설치하면 대단히 요긴하다"고 한 말은 일본 해군에 의해 그대로 실현되었다.

이것이 과연 우연의 일치였을까. 야마자는 러일전쟁 개전을 누구보다 강력히 주장했고 개전 이후에는 일본의 전승을 위해 노력을 아끼지 않았으며, 마지막 단계에서는 강화 협상을 일본에 유리하게 이끌기 위해 진력한 인물이었다. 그런 인물이 독도 영토편입이란 호재를 놓칠 리 없었다.

나카이의 영토편입원을 일본 정부가 접수한 뒤 이를 통과시키기까지의 4개월 사이에 일본 군부는 독도에 군사시설물을 설치하는 계획을 실제로 추진했다. 또한 영토편입원 제출과 망루 설치 계획, 이 두 가지 사안의 연관성을 꿰뚫어 본 인물이 외무성의 요직에 있었으며, 해군 수로부장이 이 두 가지 사안에 모두 개입했다는 점을 간과해서는 안 된다.

이런 점을 고려할 때 나카이의 영토편입 청원과 해군의 군사시설물 설치는 전혀 별개의 사안으로 처리된 게 아니었다는 결론을 이끌어 낼 수 있다. 독도가 갖는 군사 전략적 가치는 일본정부가 영토편입을 최종 결정하는 과정에서 중요한 고려 사항이 되었을 것이다. 1905년의 독도 영토편입이 일본 정부의 주장처럼 결코 한 수산업자의 민원을 해결해주는 차원에서 이뤄진 것이 아니라고 판단하는 이유는 바로 여기에 있다.

제94회 발표, 2012년 10월 5일

메세나와 봉사

하정웅 컬렉션의 의미

|

하정웅(수림문화재단 이사장)

I. 머리말

　전남 영암(靈巖)은 부모님의 고향이다. 어머니는 2년 전 90세로, 아버지는 39년 전 64세로 세상을 떠나셨다. 1926년 아버지가 16세 때 일본으로 건너가서 나는 1939년 히가시오사카[東大阪]시에서 태어났다. 우리 집 재일(在日)의 역사는 현재 손주까지 4대 87년이 되었다. 내가 태어난 1939년은 제2차 세계대전이 발발(勃發)하여 창씨개명(創氏改名)을 강요받고 강제연행이 법적으로 강행된 역사적인 해이다. 나는 전쟁과 식민지 정책의 고난 속에서 태어나 조국의 운명에 휘둘리면서 재일의 74년간 그 역사와 기억을 평생 잊지 못하고, 평화를 갈구하면서 살아나왔다. 이것이 나의 인생이다.

II. 미술과의 인연

미술과의 인연을 맺은 기억은 아키타[秋田]현 오보나이[生保內]소학교 2학년 때이다. 소학생시절에 오보나이의 풍경이랑 본텐사이[梵天祭], 운동회, 학예회, 봉오도리[盆踊り], 모심기 등의 행사나 풍속 등을 자주 그렸다. 어렸을 무렵이 몹시 그리우며, 꿈이 있고 즐거웠던 시절이 아닐까 하고 지금 간절히 느끼고 있다.

중학교에 입학하면서 회화부에 들어가서 다구치[田口資生]선생님의 지도를 받았다. 도화지나 미술연필, 그림물감 등을 그냥 주시고 자택으로 불러서 맛있는 식사까지 챙겨 주셨다. 마음에 드는 대로 자유롭게 그리라고 칭찬도 하시면서 정성껏 지도해주셨다. 나의 인격형성에 크나큰 영향을 준 존경하는 선생님이다. 선생님의 지도 덕분에 센보쿠[仙北]군의 사생대회에서 매년 입상 할 수 있었다.

미술의 의미와 살아간다는 것의 자각을 굳건히 한 것이 중학시절이다. 인간을 만드는 교육의 의미가 이런데 있다고 생각한다.

아키타[秋田]공업학교에 입학 후 회화부를 창설했다. 질실강건(質實剛健)이라는 교풍 때문에 회화부 창설 시에는 이와 맞지 않는다고 놀림을 받았으나 금방 30여명이 부원으로 모여 들었고, 문화부를 활성화 시킨 것은 나의 자랑거리이다.

아키타시내 고교회화연맹의 회장직을 맡아 현전(縣展)에서 고교생으로는 처음으로 수상하였으며, 졸업 때는 학생회 공로상을 받았다. 고교시절에는 기개에 넘쳐 공부하고, 청춘을 불살랐다. 다감한 유소년기, 청년기에 좋은 선생님과 만난 일, 환경이 좋은 학교에서 수학한데 대한 행복감을 지금 음미해보고 있다.

Ⅲ. 좌절

한국에서, 어린 시절 조선인(朝鮮人)이라는 사실 때문에 왕따 당하고 많은 차별을 받았을 것이라며 동정 섞인 질문을 자주 받았다. 나에게는 정면으로 그러한 기억이나 경험, 감정은 없었다. 내가 솔직하게 이야기하면 질문자는 납득할 수 없다는 표정을 짓는다. 나는 조선인으로가 아니고 인간으로 살아간다면 인정받을 수 있는 것이 세상이라는 것을 아키타에서 배웠다고 자신 있게 말할 수 있다.

고교졸업 후 화가가 되려고 도쿄[東京]로 갔다. 그리고 재일조선인 문예예술동맹(在日朝鮮人文化芸術同盟)미술부에 들어가 재일작가 조양규(曺良奎), 전화황(全和凰), 송영옥(宋英玉), 김창덕(金昌德)등과 만났다. 그들과 함께 일본 앙데팡당(Indépendants) 전에 출전(出展)하기로 했으나 어머니의 반대가 완강해서 화가가 되려는 꿈은 포기하지 않을 수 없었다. 화가는 머리가 좀 이상한 사람이 하는 직업으로 생활이 안 되므로 밥도 못 먹는다. 하가(河家)의 장남이 화가라는 것은 당치도 않다고 하셨다. 어머니는 냉철하게 나의 진로를 막았던 것인데 행인지 불행인지 지금 상태를 생각한다면 다행이었다고 어머니에게 감사할 따름이다.

Ⅳ. 문화유산

24살이 되어 사업을 시작하면서 능숙히 궤도에 올려놓을 수 있었다. 그 돈으로 미술품 컬렉션을 시작했다. 어느 땐가 내가 좋아하는 무카이 준키치[向井潤吉]의 그림 옆에 전화황의 「미륵보살(弥勒菩薩)」의 그림이 있었던 것이 재일작가들의 작품을 컬렉션하는 계기가 되었다. 전화황의 그림을 통해 재일동포작가들과의 감동적이면서 동시에 나의 인생을 결정지어준 만남이 이루어졌다.

당시 재일작가는 일본, 한국 미술세계에 있어서 존재인지나 평가를 받지 못한 블랙홀이었다. 그래서 재일작가의 작품을 컬렉션 한다는 것은 가치 없으며 돈도 되지 않는, 끝내는 쓰레기 공해라고도 했었다. 나는 재일작품이 우리 민족과 한일 역사의 기록, 증언 자료가 될 수 있는 귀중한 예술 작품이라고 확고한 신념을 가지고 컬렉션을 시작했던 것이다. 언젠가 우리나라가 통일이 되면 나라나 민족의 보물, 문화재가 될 것이라는 신념에서다. 그 당시 나의 감성은 시각과 시점에서 인생의 광맥을 찾았다고도 말할 수 있다. 유네스코의 기록 유산, 기억유산, 인류의 문화유산이 될 수 있는 가치를 발견했던 것이다.

나는 1982년에 전화황의 화업(畵業) 50년 전을 도쿄, 교토, 서울, 대구, 광주에서 한일 순회전으로 열었다. 화집을 발행하고 처음으로 내외에 재일작가의 존재를 어필했다. 한일 미술계에 재일이라는 문화를 짊어질 화가들의 존재가 있었다는 것을 인식시킨 역사적 전람회였다고 내외로부터 평가를 받았던 것은 물론이다. 재일문화가 있다는 것을 인식시킨 문화적 사건이었다고 할 수 있다.

V. 컬렉션의 동기

재일동포의 작품들을 컬렉션 하는 또 하나의 동기가 있다. 전전(戰前) 내가 잘 아는 아키타현의 다자와호수[田澤湖] 주변에서는 국가정책으로 댐 건설, 수력발전소 건설이 시작되었다. 그 공사판에서 일하기 위해 나는 부모와 함께 아키타에서 살게 되었던 것이다. 전세가 악화되자 일본은 한반도로부터 노동자들을 강제 연행하여 이 공사에 동원하였다. 그 수는 다자와호 주변에서 2,000명이나 된다고 한다. 한냉지(寒冷地)에다 위험을 수반하는 돌관(突貫)공사, 그리고 식량부족으로 인한 영양실조 등으로 희생자가 많이 나왔다. 나는 그 희생자를 위령하기 위한 「기원(祈願)의 미술관

(祈りの美術館)」을 건립하려는 계획을 세웠다. 그 계획을 다자와호수 마을 측과 상담하니, 마을측은 관광을 위해서도 의미가 있는 일이라고 찬성하였다. 미술관 계획을 추진하고 나서 몇 년 후 한일 간의 외교문제로서 위안부, 정신대(挺身隊), 강제연행 등 전후보상 문제가 클로즈업되어 한일관계가 삐걱거리면서 원만치 못하게 되었다. 따라서 다자와호수 마을은 예산문제를 이유로 미술관 계획을 철회했다. 꼭 그 무렵 1992년에 광주시립미술관이 창설되었다.

VI. 시각장애인과의 만남

광주와의 인연은 1981년부터 시작한다. 재일1세 전화황 화백의 화업 50년전 개최준비를 위해 광주를 찾았다. 광주사건 다음해로서 시내는 참담한 상황이었으며 일본에서 사건의 경과를 TV나 신문을 통해 알고 마음이 아팠다. 그때 시민들의 마음은 황폐한 상태에 있었으며, 미술이나 예술에 관심을 보일 상황이 아니었다.

과로 때문에 드러눕게 되어, 일주일정도 마사지를 받고 일본에 돌아오는 날 마사지사에게 "한국에는 시각장애인이 2,500명 정도 있습니다. 그러나 자립한 사람은 몇 사람에 불과하다. 우리들 시각장애인의 자립을 위한 협회, 그리고 회관이 필요합니다만 시나 도에 부탁을 해도 성사되지 않았다. 토지 30평, 건물 30평으로 족하니까 좀 건립해 주면 좋겠습니다." 라는 부탁을 받았다.

당시 마사지 요금은 5,000원이었다. 1,000원을 기부하여 6,000원을 지불하고 "당신들 마사지사도 지금부터는 요금으로 4,000원만 받고, 1,000원을 기부하여 적립하시오. 200백만 원이 모이면 연락하세요. 당신들이 스스로 자립하겠다는 성의가 보인다면 협력하겠습니다."고 약속하였다.

그러자 1년도 지나지 않아 "200만원이 모였습니다."라는 연락이 왔습니

다. 나는 도청과 시청, 그리고 시민들, 화가들에게 작품을 기증받아서 자
선미술전을 개최하고, 일본인과 동포들에게 호소하여 모금활동을 하였다.
1988년 광주시내에 164평의 토지, 124평의 회관을 지어 광주시에 기증하
였다.

사회복지라는 것은 지역주민들이 서로 도우면서 키워나가지 않으면 안
되는 것으로서 개인이 지탱하는 것은 아니며 대중사회 운동이기 때문에
시간이 걸리며, 고생도 많다. 시민과 일본인, 재일동포의 힘으로 세운 회
관은 한국에서 처음으로 복지회관의 모델이 되었다.

Ⅶ. 광주시립미술관과의 만남

나는 1993년, 광주시각장애인을 지원하기 위해 광주에 들러 우인(友人)
오승윤(吳承潤)화백과 만났다. 그 때 "작년 광주에 시립미술관이 만들어졌
는데 놀러갑시다."고 권유를 받았다. 그리고 "한 가지 부탁이 있다. 방문
기념으로 1~2점, 당신이 가지고 있는 미술작품을 기증해 줄 수 없겠는가?"
라는 청을 받았다. 차종갑(車鍾甲)미술관장을 만나보니, "당신이 2~3점 기
증해 주신다고 하지요."라고 묻지 않는가. 그러는 사이 미술관 2층의 제4
전시실로 안내를 받아 "이 방을 당신의 기념실로 하고 싶은데, 당신의 컬
렉션을 기증해주시 바랍니다."라는 부탁을 받았다. 그리고 "오픈 할 때까
지 2년간 미술관에 수장품이 없으므로 전남이나 국내의 화가들에게 작품
기증을 의뢰했으나 모인 것은 100수십 점입니다. 이래서는 미술관의 기능
이나 운영을 할 수가 없습니다. 도와서 키워주십시오. 광주의 문화발전에
힘이 되어 주십시오. 그리고 광주를 사랑해주세요."라는 말을 들었다.

나는 차관장의 이 말을 듣고 인생의 큰 결단을 하게 되었다. 나는 소년
시절, 청년시절, 사회봉사하고 공익에 기여한다는 철학과 사명을 가졌다.
그리고 이 사명에 사는 자신의 존재를 광주에 걸기로 하였다. 그것은 인생

의 의미, 진로의 커다란 선택이었다. 나는 나의 생애에 걸친 컬렉션을 광주시립미술관에 기증하기로 결의하였던 것이다. "당신에게 부탁하고 싶습니다. 도와주십시오."라는 부탁을 받았는데, 여러분들께서 이 말이 공익에 기여한다는 것의 의미를 생각해주신다면 나의 보람을 알게 될 것이다.

1993년, 광주시립미술관에 212점의 재일작가미술작품을 기증하는 것을 시작으로, 현재까지 포항, 부산, 대전시립, 전라북도립, 영암군립, 조선대학교미술관, 고궁(古宮)박물관, 숙명여자대학교에 1만여 점의 미술품, 역사자료를 기증하였다. 25세부터 컬렉션을 시작한지 49년간의 성과이다.

VIII. 메세나에 대하여

내가 메세나에 대해서 광주에서 처음 이야기한 것은 1982년이다. 그때 메세나란 무엇인가 하는 신문기자의 질문에 설명한 적이 있다. 메세나란 프랑스어로 '문화의 옹호'를 의미한다. 메세나 활동이란 기업이 사회로부터 얻은 이익의 일부를 문화예술 활동에 보답 없이 지원, 원조하여 윤택한 문화사회를 만드는 활동인 것이다.

나는 개인이라도 메세나 활동을 하여 사회에 공헌하는 것이 좋다는 생각을 피력하였다. 모교에 도서와 조각 모뉴멘트 기증, 재일동포에 대한 문화예술 활동 지원 등 내 나름대로의 메세나로 한국의 시각장애인의 사회복지 향상, 문화진흥 향상에 기여해 왔다는 자부심을 가지고 있다.

IX. 공공에 기여하다

과거에 제1차, 제2차로 기증한 미술품의 가치가 얼마인지 수량과 금액이 화제가 되었다. 또 이들 가치는 쓰레기 같은 것이라고 신경을 거슬리게 하는 사람까지도 나타났다. 저명한 광주의 원로 작가는 "쓰레기라도 이만큼 모였으면 훌륭한 보물이다."라고 말했다. 양 극단적인 가치평가도 심했지만 쓰레기인지, 보물인지, 기증을 받은 광주시민의 영지와 견식을 가늠하는 문제라고 생각한다.

　예술작품은 사회가 소유하는 것으로 자기 소유, 애완물은 아니다. 미술품은 공적의미를 가진다는 이념을 알게 되면 이해할 수 있을 것이다. 또한 이만큼의 수량과 가치가 있는 작품을 기증함에 있어서 섭섭하고 아깝지 않았는가라는 질문을 받은 적이 있다. 가령 하나라도 아깝다는 기분을 가져서는 아무것도 할 수 없다는 사실을 사람들은 잘 모른다. "도와서 키워 주십시오. 광주의 문화발전에 힘이 되어 주십시오. 그리고 광주를 사랑해 주세요."라는 부탁을 받은 인간의 자부, 재일의 존재를 지키기 위해 순수하고 성실한 마음으로 묵묵히 기증해 온 20년간, 시각장애인의 사회복지 향상을 위해 30년간 지원해온 일, 공공에 기여한 흔들림 없는 신념에서다.

X. 좋은 미술관

　각 미술관이 좋은 미술관이 되기 위해서는 충실한 컬렉션을 보유해야만 한다. 컬렉션을 충실히 하기 위한 노력(구입 등)을 하지 않으면 안 된다. 방향성을 가진 작품수집이야 말로 미술관의 견식과 질을 결정한다. 개인적인 전람회는 방향성을 가진 컬렉션을 중심으로 한 독자적인 기획으로 추진하는 것이 바람직하다. 이러한 것들을 어떻게 결합시켜서 보다 멋지게 보여줄까 하는 연구가 중요하다. 현대의 아티스트에게 있어서는, 기획의 테마가 유념할 관심사의 하나다. 이 테마를 기초로 과거와 현대의 작품속에서 구성한 기획, 다른 모델이나 모방이 아니고 어느 도시에서도 빼놓을 수 없게 된 존재라는 것이 필요하다.

　하정웅 컬렉션은 각 미술관에서의 상설에 그치지 않고, 광범위하게 국내외의 특별 프로그램으로서 순회하여 많은 사람들에게 이 컬렉션의 의의를 전하고 이를 서로 나누어 가지려는 의향을 가지고 있다. 컬렉션의 순회에 따라서 타 미술관과도 제휴하는 다양한 방법을 고려하고 있다. 서로의 발전을 위해서 장기적인 협력관계를 어떻게 구축해 가느냐 하는 중요한 과제인 것이다. 활용과 전람, 이것은 각 미술관에 부여된 의무의 하나라고 생각한다. 또한 폭넓은 하정웅 컬렉션을 하나로 종합하는 가운데 탐구하고, 체험하는 멋진 경험을 관객들에게 보증할 책임이 있다고 생각한다.

한국은 아직 제대로 된 미술의 형태[美術の形]가 확립되어있지 않다고 해서 구미(歐米)식을 맹종할 필요는 없다. 미술관 독자적인 스텐스를 명확히 하여 미술뿐만 아니고, 모든 문화현상이 보존 연구의 대상이 되도록 한다는 의식과 시스템을 구비하는 미술관을 만들면 그것으로 족하다. 개인 작가의 충실한 컬렉션을 기본으로 한 미술관, 평가가 일정치 않은 숨은 작가의 발굴 등 테마적인 것을 목표로 한 양질의 컬렉션을 확보하여 기획전이나 상설전이라는 이분법적이 아닌 당당한 컬렉션만으로 성립된 미술관 만들기가 맞다고 생각한다. 그리고 미술관끼리 효과적으로 기능하는 네트워크를 구축함으로써 더욱 질이 높은 전람회나 상설전시회가 가능하다.

20세기에 일어난 기세와 바이탈리티, 양질을 어떻게 21세기의 프로그램에서 살려 낼까 하는 과제와 우수한 기획스텝, 헌신적인 행정 멤버들의 엑사이팅 그리고 정확한 문제제기에 따라 광주시립미술관은 그 존재와 진가를 평가받지 않으면 안 된다. 호감을 가지는 도시, 행복한 도시, 존재감 있는 도시에 각 미술관이 빛나길 바란다.

XI. 씨를 뿌리다

씨를 뿌리고, 나무를 심는 일은 쉽지만, 이를 키워 꽃을 피게 하고, 열매를 맺게 하기까지에는 시간과 끊임없는 노력, 그리고 애정, 정신력이 필요하다. 특히 문화, 예술에 있어서는 두 말할 필요가 없다. 한사람의 인간이 40년에 걸쳐서 수집하고, 미술을 사랑하며, 미술에 전 인생을 건 컬렉션, 그 모든 것이 광주시민, 아니 한국민의 컬렉션이라는 진실이 모든 것을 웅변한다.

하정웅 컬렉션의 의미에 대해서 여러분이 생각해 주시기 바란다. 나의 컬렉션의 컨셉은 '기원[祈り]'이다. 평화에 대한 기원, 마음의 평안에 대한 기원이다. 사랑과 자비심이 넘치는 기원, 희생된 사람들이나 학대받은 사람들, 사회적 약자, 역사 속에서 이름 없이 수난을 당한 사람들에 대한 인간의 고통에 대한 기원이다. 한일 간의 아픈 역사 속에서 재일동포로 태어나서 살아온 나의 마음, 자세, 정신의 산물임을 나의 컬렉션이 확인해준다고 생각한다.

20년에 걸쳐서 광주시립미술관에 컬렉션을, 그리고 한국 내 미술관에 작품을 기증했던 것은 젊은 시절 화가의 꿈을 포기한 때문만은 아니다. 그 꿈의 실현을 위해 하정웅의 생애를 말해주는 하나의 작품으로 그려나간다는 기분에서 컬렉션을 기증했던 것이다.

각 미술관에는 '기원[祈り]'이란 컨셉의 하정웅 작품이 상설되어 있다고 기억해주신다면 다행이다. 나는 각 미술관에 기증된 컬렉션과 자료 1만여 점의 작품 한 장 한 장, 한 점 한 점이 꽃이라고 여기고 있다. 이 꽃이 피어 평화에 대한 기원, 행복에 대한 기원을 나와 함께 할 수 있다면 그 이상의 기쁨이 없겠다. 여러분들도 하정웅 컬렉션과 함께 사회에 공익을 위해서 피는 한 묶음의 꽃이 되어 각지에 있는 미술관을 도와주고 우리나라의 문화 행정이 하루 빨리 선진국 수준에 도달하도록 지원해 주시길 기원하고 있다.

XII. 순회전

2013년 4월 30일 서울시립미술관을 시작으로 2015년 봄까지 한국내의 8개 미술관을 순회하는 하정웅 컬렉션 특선 전국 순회 「기원의 미술전(祈りの美術展)」을 개최한다.

이 전람회가 끝나면 일본 순회전, 그 다음 뉴욕의 UN본부에서의 전람회를 꿈꾸고 있다. 세계의 디아스포라를 공유하는 가치 있는 미술 컬렉션이라고 자부하기 때문이다. 기대하고 지원해 주시기 바랍니다.

특히 광주는 예향, 의향(義鄕), 미향(味鄕)의 도시로서 내외에 인식되게 되었다. 나는 여기에 덧붙여서 1980년대에 받은 수난의 아픔을 치유할 컨셉을 가진 도시, 평화와 인간, 약자의 따뜻한 인간적인 「기원」을 테마로 세계에 메시지를 발신하는 정신성 풍부한 도시가 되기를 바란다.

「인간에게 다정한 도시 광주」의 창조는 세계로부터 공감을 받고, 불변의 가치를 인지하는 것이라고 믿는다. 광주시민이 어려웠을 때 나의 마음이 도움이 되었던 일, 시민으로부터 환영 받았던 일, 보답 없는 사랑이 통했던 일은 인생 최대의 기쁨이다. 문화 국가로서의 우리나라의 무궁한 발전과 한국민의 평안과 행복을 진심으로 빈다.

제96회 발표, 2013년 5월 8일

한일음악교류와 '동요(童謠)'

민경찬(한국예술종합학교 음악원 교수)

Ⅰ. 한일 동요의 탄생

'동요(童謠)'란 사전적 의미로는 어린이들의 생활 감정이나 심리상태 등을 아동문학 용어로 표현한 정형적인 시요(詩謠)또는 그 시요에 곡을 붙인 노래로 정의된다. 그런데 서양에는 동요에 해당하는 용어로 'Children's Song'이란 것이 있지만 이것은 단순히 어린이들의 노래를 의미한다. 외국의 어린이 노래는 민요와 그 맥을 같이 하고 있으며 양식화되어 있지 않은 데 비해, 한국과 일본의 동요는 민요와는 직접적인 관계없이 외래음악에 뿌리를 둔 양악의 일종으로 발생되었고 또 양식화되었다는 특징을 가지고 있다.[1] 즉 '동요'라는 장르는 전 세계에서 한국과 일본밖에 없는 특수한 음악장르인 것이다.

일본의 경우, 동요라고 불리는 새로운 장르의 노래는 1918년 7월에 스즈키 미에키치[鈴木三重吉]가 창간한 월간 어린이 잡지인『아카이 토리』[赤い鳥]에 의해 탄생이 되었다. 처음에는 창가(唱歌)를 비판하는 문학운동으로 시작하였으나 1919년부터 음악운동의 성격을 띠게 되었다. 창가의

---

1 이강숙 · 김춘미 · 민경찬,『우리 양악 100년』, 현암사, 2001년, 118쪽.

비판은 주로 가사에 집중되었는데 가사가 저급하다는 점, 문어체(文語體)로 난해하게 되어있다는 점, 도덕적 교화를 목적으로 하고 있는 점 등이 그것이다.[2] 음악적인 면에서는 창가와 구분이 되는 것도 있고 안 되는 것도 있는데 일반적으로 학교교육의 교재용으로 사용된 노래나 교육용 목적으로 만들어진 노래를 '창가'라 하였고, 어린이의 정서 함양을 목적으로 만든 노래를 '동요'라고 하여 이 둘을 구분하여 부르기도 하였다. 다시 말해 일본에서는 학교 안에서 불린 노래를 창가, 학교 밖에서 불린 노래를 동요라 하였고, 동요 중에서도 학교 교육용으로 채택이 되면 창가라고 불렀다. 동요와 창가의 구분은 양식적인 분류가 아니라 그 곡의 쓰임새적인 측면인 기능적 측면에서의 분류라는 성격이 강하기 때문에 음악적인 구분이 어렵지만 일반적으로 창가보다 동요가 예술적이고, 보다 어린이의 생활감정에 밀접한 어린이를 위한 어린이의 노래라는 인식을 가지고 있으며 창가에 비해 보다 자유롭고 다양하다는 것이 특징이라면 특징이다.[3] 그리고 창가는 국가와 관(官)이 주도하여 위촉 및 보급한 제도권의 노래인데 비해 동요는 예술가들이 자율적으로 만들고 보급한 비제도권의 노래라는 성격이 강하다. 그런 한편 문부성에서는 한때 관제(官制)음악인 창가를 보호하고 예술음악인 동요의 발전을 억제시키기 위하여 어린이들이 동요를 부르는 것을 금지시키기도 하였다.

한국에서의 '동요'란 용어는 일본어인 童謠(どうよう `도-요-)에서 유래된 것이며, '동요운동' 또한 일본의 영향으로 시작되었다. 일본에서 창가를 비판하고 반대하는 성격을 띤 동요운동이 전개되자 이에 영향을 받아 방정환 등 동경유학생은 "조선이야말로 동요가 필요하다"고 생각하고 '색동회'를 조직하였다. 색동회는 1923년 3월 동경에서 아동문학가와 동요작곡가가 중심이 되어 만든 단체이며, 창립동인은 방정환, 손진태, 윤극영, 정순철 등이었고, 뒤에 마해송, 정인섭, 이헌구, 윤석중 등이 가입하였다. 이

---

2 藤田圭雄, 『日本童謠史I』, 株式會社あかね書房, 1984년, 178쪽.
3 이강숙·김춘미·민경찬, 『우리 양악 100년』, 118쪽.

후 색동회는 본격적으로 동요운동을 전개하였다.

당시 조선은 일제강점기라는 암울한 시기였고, 학교에서는 일본창가만을 가르쳤고, 학교 밖에서는 일본의 유행가와 기생들이 부르는 노래가 범람하였다. 따라서 조선의 어린이들이 부를만한 마땅한 노래가 절대적으로 부족하였다. 이에 색동회 회원들이 중심이 되어, "조선 어린이의 심성에 맞는 새로운 노래를 창작 보급하여, 자라나는 어린이들에게 교양을 심어 주고 정서를 함양시켜 주는 동시에 노래를 통해 애국정신을 고취시키고 민족혼을 심어 주자"는데 의견을 같이하였고 또 그것을 실천으로 옮겼다. 즉, 우리나라의 동요는 일제치하라는 암울한 시기에 민간인이 주도한 자생적 민족 문화 운동의 일환으로 발생이 되었고 또 전개가 된 것이다.

참고적으로 우리나라에서는 동요라는 장르가 탄생되기 이전까지만 하더라도 서양의 노래 또는 서양식의 노래 모두를 지칭하는 포괄적인 의미로 '창가'라는 용어를 사용하였다. 그리고 동요라는 장르가 탄생되고 부터는 일본과 마찬가지로 학교교육의 교재용으로 사용된 노래나 교육용 목적으로 만들어진 노래를 '창가', 어린이의 정서 함양을 목적으로 만든 노래를 '동요'라고 하였다. 그러나 경우에 따라서는 이 둘을 구분하지 않고 사용하기도 했는데, 구분하는 경우 '창가'는 학교에서 배우는 일본의 신식노래 또는 일본식의 신식노래라는 뜻이 강한데 비해 '동요'는 조선의 어린이를 위해 조선 어린이의 심성에 맞게 조선 사람이 만든 신식노래라는 뜻이 강하다. 즉, 학교 밖에서 부르는 조선 어린이의 신식노래라는 뜻이다.[4]

그런 한편, 최근에 우리나라에서는 동요를 '창작동요', '전래동요', '국악동요' 등으로 구분하기도 한다. '창작동요'란 일반적 의미에서의 동요를 가리키며, '전래동요'란 과거에는 전통음악인 민요의 범주에 속했지만 '동요'라는 용어가 일반화되자 그에 영향을 받아 "옛날부터 구전(口傳)되어 온 어린이의 노래"라는 의미의 신조어이며, '국악동요'란 '전래동요'의 음악어

---

4 이강숙 · 김춘미 · 민경찬, 『우리 양악 100년』, 119쪽.

법을 바탕으로 작곡가가 새롭게 창작한 것을 의미하는 신조어이다. '창작동요'에 해당하는 용어로 일본에서는 우리와 마찬가지로 '創作童謠' 또는 '童謠'라는 용어를 사용하고 있으며, '전래동요'에 해당하는 용어로는 '와라베우타'(わらべうた)라는 용어를 사용하고 있고, '국악동요'에 해당하는 용어는 별도로 없으며 그냥 '童謠'라 하고 있다.

II. 한국과 일본의 최초의 동요

일본에서는 일본 최초의 동요를 〈카나리아〉(かなりあ)로 보고 있다. 사이조 야소[西條八十] 작사, 나리타 타메조[成田爲三] 작곡의 이곡은 어린이 잡지 『아카이 토리』 1919년 5월호를 통해 발표 되었다.[5] 그리고 같은 해 6월 제국극장에서 개최된 〈赤い鳥音樂會〉에서 초연이 되어 많은 사람들의 주목을 받았으며, 다음 해인 1920년 레코드로 발매된 것을 계기로 일본 전역에서 애창이 되었다.[6] 그 가사를 소개하면 다음과 같다.

〈かなりあ〉
唄を忘れた　かなりやは
後の山に　棄てましょか
いえ　いえ　それはなりませぬ

唄を忘れた　かなりやは
背戸の小藪に　埋けましょか
いえ　いえ　それはなりませぬ

5　藤田圭雄, 『日本童謠史I』, 146쪽.
　　민경찬 외, 『동아시아와 서양음악의 수용』, 음악세계, 2008년, 210쪽.
6　上笙一郎, 『日本童謠事典』, 東京堂出版, 2005년, 102쪽.

唄を忘れた　かなりやは
柳の鞭で　ぶちましょか
いえ　いえ　それはかわいそう

唄を忘れた　かなりやは
象牙の船に　銀の櫂
月夜の海に　浮べれば
忘れた唄を　おもいだす

　이 노래는 일제강점기 우리나라에도 유입되어 우리말 가사로 번역되어
불리기도 하였다. 그 가사를 소개하면 다음과 같다.7 7·5조를 기조로 하
여 만든 원 가사의 음수율에 맞게 번역한 것을 알 수 있다.

　〈카나리야〉
　노래를 이저바린 카나리야를,
　뒷동산 언덕우에 내다 버릴가,
　아서라 그것은 안될말이다.

　노래를 이저바린 카나리야를,
　뒷문박 수풀속에 무더버릴가,
　아서라 그것도 안될말이다.

　노래를 이저바린 카나리야를,
　가는버들 가지로 째려나볼가.
　아서라 그것도 애처럽고나.

　노래를 이저바린 카나리야를,
　상아로 지은배에 은노를져,
　달밝은 바다우에 씌여노으면,

7　庚錫祚(편),『少年少女敎育流行唱歌集』, 以文堂, 1927, 28~29쪽.

이 든 노래를 깨다르리라.

한국 최초의 동요는 〈반달〉이다. 1924년 색동회의 주요 인물이었던 윤극영이 방정환 편찬의 『어린이』라는 잡지를 통하여 발표를 하였으며, 일본과는 불과 5년밖에 차이가 나지 않는다. "돛대도 아니 달고 삿대도 없이…"라는 내용의 나라 잃고 방황하는 민족적 비운과 "서쪽나라로"라는 미래에 대한 희망을 그린 이 노래는 잡지와 유인물을 통해 전국에 보급이 되었고, 마치 나라를 잃은 사람들의 마음을 위로하듯이 순식간에 전국 방방곡곡에서 애창이 되었다. 〈반달〉은 한국 국민이 가장 좋아하는 동요 및 한국창작동요의 모델로써의 역할을 하였다는 역사성과 상징성 그리고 중요성을 가지고 있다. 이러한 이유 등으로 말미암아 이에 앞서 몇몇 동요가 발표되었지만 동요계에서는 〈반달〉을 한국최초의 창작동요 그리고 이 곡이 발표된 1924년을 창작동요 원년으로 삼고 있다. 그러니까 올해는 창작동요 90주년이 되는 해이기도 하다.

〈카나리아〉와 〈반달〉은 둘 다 느린 템포의 서정적인 곡으로 잃어버린 그 무엇인가를 노래하고 있다. 그리고 원형 회복에 대한 바람을 노래하고 있고, 가사는 모두 7·5조를 기조로 하고 있다는 공통점을 가지고 있다. 음악적으로는 두 곡 다 서양의 장음계를 사용하고 있으며, 기존의 창가와 마찬가지로 음계의 4번째 음인 '파'와 7번째 음인 '시'가 생략된 음을 사용하고 있지만, 〈카나리아〉의 경우는 클라이맥스에서 '파'를 사용하는 파격(?)을 보여주고 있다. 이 점이 당시의 사람들에게는 신선하게 들렸을 것이다.[8] 그리고 곡 중간에 박자가 바뀌는 등 기존의 창가와 차별을 보이고 있다. 〈반달〉 역시 느린 템포의 6박자를 사용하여 서정적인 분위기를 자아내개 하는 등 기존의 창가와는 차별을 보이고 있다.

---

8 재미있는 사실은, 이 곡이 조선에 소개될 때 클라이맥스 부분을 생략하였다. 이 부분이 당시 조선 사람들에게는 매우 낯설게 들렸을 것이다.

Ⅲ. 일본 동요의 변천

『아카이 토리』라는 문학잡지에서 시작한 일본의 동요운동은 차츰 확대가 되어 다른 잡지들도 앞 다투어 이와 비슷한 노래를 수록하기 시작하였다. 그런 가운데 '동요'라는 새로운 장르가 정착을 하게 되었다. 일본 동요의 개척기에 해당하는 1920년대 초 아동문학잡지를 통해 발표된 대표적인 동요로는 〈유리카고노 우타〉(搖籃のうた)와 〈아메후리〉(アメフリ) 등이 있다.

동요는 앞에서 설명한 바와 같이 창가의 대립적인 성격을 띠고 탄생하였다. 따라서 20년대 초까지만 해도 동요와 창가는 서로 대항을 하였다. 그렇지만 동요가 대유행을 하자 이에 반대했던 시인과 작곡가들도 20년대 중반에 이르자 대거 동요에 발을 들여 놓았으며, 동요가 아니면 아동 노래가 아니라는 생각을 하게 되었다.[9] 20년대 중반의 대표적인 곡으로는 〈아카톤보〉(赤とんぼ)를 들 수 있다.

그와 함께 라디오 방송의 등장으로 말미암아 동요는 새로운 양상을 띠게 되었다. 일본의 라디오 방송은 1925년 3월 임시 방송을 거쳐 7월부터 본 방송을 시작하였다. 방송에서는 본격적으로 동요를 보급하기 시작하였는데 이로 말미암아 동요를 전문으로 하는 동요 가수가 등장하게 되었다. 그리고 동요 레코드의 발매를 촉진시켜 동요의 제작 및 보급의 중심을 잡지와 음악회로부터 라디오와 레코드로 옮겨 놓았다.[10]

그렇지만 보수적이었던 교육계에서는 여전히 동요에 대해 비판적이었다. 동요를 음악교과서에 수록하는 것을 여전히 반대하였고, 그 대신 동요 풍의 신작 창가를 몇 편 교과서에 수록하는 선에서 그쳤다. 그런데 이는 결과적으로 동요와 창가의 경계를 애매하게 하는 역할을 하게 된다.

발전에 발전을 거듭해 왔던 동요는 30년대 후반부터 서서히 위기를 맞

---

9 靑柳善吾, 『本邦音樂敎育史(改訂新版)』, 284~285쪽.
10 민경찬 외, 『동아시아와 서양음악의 수용』, 음악세계, 215쪽.

기 시작하였다. 특히 태평양전쟁이 발발하자 전쟁에 부적합한 노래는 모
조리 금지시킨 국가의 정책에 따라 평화를 노래하거나, 아름다움을 노래
하거나, 사랑을 노래하거나, 슬픔을 노래하거나, 서정적이고 감상적인 분
위기의 동요는 자취를 감추게 되었다. 그 대신 학교의 음악교육은 전쟁수
행의 도구로써 전락을 하였고, 학교뿐만 아니라 사회 전반에 걸쳐 전시가
요(戰時歌謠)와 군가 등 전쟁과 관련된 노래만을 부르도록 강요되었다. 동
요 방송도 군가 방송으로 대체가 되었고, 음반 발매도 전시가요 일색이었
다.

　그런데 일본의 패전은 동요의 입장에서 보면 해방과 같은 것이었다. 아
이러니컬하게도 전후(前後) 동요부흥에 앞장을 선 곳은 전 시대까지만 해
도 동요를 탄압했던 문부성이었다. 전쟁이 끝나자 문부성은 음악교재의
선택 방침으로, 군국주의적인 것과 초국가주의적인 것과 신도(神道)와 관
계가 있는 것을 배제하도록 하였다. 그 대신 과거의 문부성창가 중에서 우
수한 것, 와라베우타 중에서 우수한 것, 동요 중에서 우수한 것, 새로 창작
한 동요를 음악교과서에 수록하도록 하였다. 따라서 전 시대에 만들어졌
던 동요는 물론이고 신작 동요도 대폭 교과서에 수록이 되었다. 신작 창가
는 더 이상 만들어지지 않았고, 과거의 창가 중에서 동요와 유사한 곡들은
동요에 편입이 되는 등 동요는 명실상부 일본 어린이들의 대표적인 노래
로 자리를 잡게 되었다. 과거의 창가 중 동요로 편입된 대표적인 곡으로는
1910년에 발표된 〈하루가 키타〉(春が來た)와 1914년에 발표된 〈후루사
토〉(ふるさと)가 있다.

　문부성과 함께 전후 신작 동요의 산실과 보급의 또 다른 중심지는 NHK
라디오 방송국이었다. NHK라디오 방송국은 1949년 8월 1일부터 「歌のお
ばさん」이라는 동요 방송을 시작하였는데 이 프로를 통하여 새로운 동요
가 많이 발표되었다. 여기서 발표된 동요 중 상당수가 폭발적인 인기를 얻
게 되었으며, 그 중 대표적인 것으로는 〈카와이이카쿠렌보〉(かわいいかく
れんぼう)가 있다.

「歌のおばさん」의 성공과 함께 동요부흥운동이 일어났다. 이 동요부흥 운동 역시 NHK가 주도를 하였으며, 많은 시인과 작곡가들이 참여하였고 교육계를 비롯해 일반 사회에서도 적극 호응을 하였다. 라디오 동요 방송 프로그램도 많이 생겼고 이와 비례하여 수많은 신작동요가 등장하였다. 이때 등장한 동요는 전시대의 감상적인이고 서정적인 분위기에서 벗어나 명랑하고 밝은 것이 특징이다.

이어 NHK에서 텔레비전 방송을 시작하면서 역시 다양한 동요 프로그램을 만들었다. 그리고 민간텔레비전 방송에서도 동요를 방송하기 시작하였다. 이를 계기로 동요의 주도권은 텔레비전 방송으로 옮아갔다. 텔레비전 방송 동요는 전통적인 스타일의 동요에서부터 팝음악풍의 동요, 춤과 함께하는 동요 등에 이르기까지 매우 다양한 것이 특징이다.

이때 NHK라디오와 텔레비전을 통해 발표된 동요 중 상당수가 음악교과서에 수록이 되어 전 국민이 애창하는 노래가 되었다. 그 대표적인 것으로는 〈조상〉(ぞうさん), 〈오모챠노 차차차〉(おもちゃのチャチャチャ), 〈아이스쿠리무노 우타〉(アイスクリームの歌), 〈아이아이〉(アイアイ) 등이 있다.

이후 애니메이션 음악이 등장하고 다양한 어른들의 음악이 어린이들에게 영향을 주자 동요는 또 다시 위기를 맡게 된다. 동요는 단지 학교에서 배우는 노래로 전락해 버린 것이다. 가정과 사회에서 동요를 부르는 횟수가 현저히 줄어들었고, 동요 음반의 발매를 비롯하여 동요음악회, 동요 방송도 점차 줄어들었다.

그러다가 2000년을 전후로 동요의 가치가 재평가되었고, 이를 계기로 새로운 형태로 부활을 하기 시작하였다. 그 안에는 현대 일본인이 잃어버린 아름다운 서정과 정서가 있고, 사라져 버린 고운 일본어가 있고, 그리운 추억이 있고, 정서적 고향이 있고, 따뜻한 인간미가 있고, 나와 가족과 이웃이 있기 때문이었다. 동요와 관련된 서적과 논문이 대폭 증가하였고, 음악회 레퍼토리로도 자주 등장하고 있으며, 동요 복각 음반도 앞 다투어

발매가 되고 있고, 동요 방송도 증가하고 있다는 점 등이 그것을 반증하고
있다. 그렇지만 무엇보다도 일상에서 동요를 점점 많이 접할 수 있게 되었
다는 점이 동요의 부활을 알리는 가장 큰 상징적인 변화일 것이다.

Ⅳ. 한국 동요의 변천

〈반달〉의 뒤를 이어 동요 개척기인 20년대에 "뜸북 뜸북 뜸북새 논에
서 울고…"로 시작하는 〈오빠생각〉, "나의 살던 고향은…"으로 시작하는
〈고향의 봄〉, "낮에 나온 반달은 하얀 반달은…"으로 시작하는 〈낮에 나
온 반달〉 등이 등장하였다. 20년대의 동요는 민족의 비애(悲哀)를 담은
서정적인 동시에 감상적 분위기의 곡이 많은 것이 특징이며, 한국동요의
정형으로써의 역할을 하였다는 중요성을 가지고 있다.

30년대에는, "가을이라 가을 바람 솔솔 불어오니…"로 시작하는 〈가
을〉, "해는 저서 어두운데 찾아오는 사람 없어…"로 시작하는 〈고향생각〉,
"따르릉 따르릉 비켜나세요…"로 시작하는 〈자전거〉(목일신 작사), "서산
넘어 햇님이 숨바꼭질 할 때면…"으로 시작하는 〈아기별〉, "넓고 넓은 밤
하늘엔 누가 누가 잠자나…"로 시작하는 〈누가 누가 잠자나〉, "산 위에서
부는 바람 서늘한 바람…"으로 시작하는 〈산바람 강바람〉, "산토끼 토끼
야 어디로 가느냐…"로 시작하는 〈산토끼〉 등 주옥같은 명작 동요들이 대
거 출현하였다.

30년대에는 창작뿐만 아니라 보급면에 있어서도 획기적인 전환점을 맞
이하게 되었다. 학교에서는 일본창가만 가르쳤지만 교회가 중심이 되어
동요 보급에 앞장을 섰고, 방송에서도 동요를 보급하기 시작하여 많은 사
람들이 접할 수 있게 되었기 때문이다. 당시 음악가들은 거의 기독교 교인
이었으며, 교회는 중요한 음악 활동의 장으로서의 역할을 하였다. 교회의
주일학교에서는 학교의 음악교육 기능까지 담당을 하였는데 학교에서는

동요를 금지시켰지만 교회에서는 동요를 가르치고 불렀고 또 어린이 성가대를 조직하여 보급하였다. 동요 작곡가들의 상당수가 주일학교와 어린이 성가대에서 활동을 했고 또 이 곳 출신이었다는 점으로 미루어 보아 그 영향력이 얼마나 컸는지 짐작할 수 있을 것이다. 또한 1927년부터 이 땅에 처음으로 전파를 발사하기 시작한 경성방송국은 1933년부터 창작 동요를 방송하기 시작하였고 얼마 후 평양방송국에서도 동요를 방송하기 시작하였다. 그리고 동요 음반도 발매되어 동요의 발전에 기여를 하였다.[11]

그러나 30년대 후반부터는 일제의 문화 말살 정책으로 말미암아 수난을 맞게 된다. 특히 1941년 태평양전쟁이 발발하자 일본과 마찬가지로 학교의 음악교육은 전쟁수행의 도구로 전락을 하였고, 학교뿐만 아니라 사회 전반에 걸쳐 전시가요와 군가 등 전쟁과 관련된 노래만을 부르도록 강요되었다. 더 이상 새로운 동요가 창작되지 못했고, 기존에 만들어진 동요들도 부를 수가 없게 되었다. 말 그대로 '암흑기'나 다름없었다. 그렇지만 뿌리 채 잘린 것이 아니라 지하에서나마 동면(冬眠)의 상태로 새로운 시대를 대비한 새로운 싹을 준비하고 있었다.[12]

광복이 되자 동요 또한 오랜 동면에서 깨어나 새롭게 개척이 되기 시작하였다. 광복 후 처음 등장한 동요는 "새 나라의 어린이는 일찍 일어 납니다 …"로 시작하는 〈새 나라의 어린이〉인데, 이 노래가 상징해 주듯이 "새 나라의 새 주인은 우리 어린이", "어린이는 나라의 일꾼 부지런히 배우고 공부하여 새 나라의 역군이 되자"라는 내용의 '해방 동요', '애국 동요'가 속속 창작되었다.

일제하에서의 동요와 광복 직후에 창작된 동요는 그 성격이 달랐다. 우울하고 어둡고 그늘진 심성(心性)을 노래했던 동요가 이제 밝고 씩씩한 건설적인 노래로 바뀐 것이다. 그렇지만 가장 큰 변화는 초등학교 음악교육의 중심 교재가 '일본창가'에서 '한국동요'로 바뀌었다는 점이다. 초등교

---

11 이강숙 · 김춘미 · 민경찬, 『우리 양악 100년』, 126~127쪽.
12 이강숙 · 김춘미 · 민경찬, 『우리 양악 100년』, 128쪽.

육은 의무교육이고 교과서는 국정(國定)이기 때문에 초등학교 음악교과서에 수록된 곡은 음악적 모국어를 형성하는데 있어 절대적인 영향을 끼치게 되는데 비로소 우리의 동요가 그 역할을 하게 된 것이다.

이런 와중에서 1947년에는 남북분단을 예고라도 한 듯이 〈우리의 소원〉이 발표되었다. 그리고 한국전쟁 기간 중에는 이른바 '전시동요'(戰時童謠)가 유행을 하였다.

전쟁이 끝난 후 새로운 시대를 맞이하자 새로운 동요를 만들어 보급하자는 움직임이 여기저기서 일어났다. 예술가와 KBS와 문교부가 삼위일체가 되어 이를 주도하였는데 시인과 음악가는 곡을 만들고 KBS는 보급을 하고 문교부는 그중 우수한 곡을 선택하여 교과서에 수록하는 작업을 하였다. 이때 만들어진 동요 중 상당수가 음악교과서에 수록이 되었고 또 오늘날까지도 널리 애창이 되고 있다. 그 대표적인 것을 살펴보면, 〈나뭇잎배〉, 〈노래는 즐겁다〉, 〈메아리〉, 〈종소리〉, 〈초록바다〉, 〈화음삼형제〉, 〈파란마음 하얀마음〉, 〈푸른잔디〉, 〈고향땅〉, 〈섬집 아기〉 등이 있다. 이때 등장한 동요는 20년대 개척한 한국동요의 맥을 잇는 것으로 서정성이 풍부하고 아름답고 예술성이 풍부한 것이 특징이며, 한국동요의 수준을 한 차원 높였다는데 그 의미가 있다.

우리의 창작 동요는 많은 역할을 하였지만 급변하는 사회 환경에 적응하지 못하고 또 어린이들이 다양한 욕구를 담기에는 역부족인 면도 있었다. 이에 동요계에서는 시대적 정서에 맞는 새로운 동요 창작을 위해 부심하였고 그 노력의 결과로 나타난 것 중의 하나가 'MBC 창작동요제'이다. 1983년부터 시작한 'MBC 창작동요제'는 초기에는 일선학교 교사들이 창작한 동요를 대상으로 하였는데 비록 이들은 전문작곡가들은 아니었지만 누구보다 어린이들의 정서와 음악적 욕구를 잘 알고 있다는 장점을 가지고 있었다. 여기서 발표된 동요 중 상당수가 현재 어린이들 사이에서 널리 애창이 되고 있으며, 또 많은 곡들이 음악교과서에 수록이 되어 한국동요의 주류로서의 역할을 하고 있다. 그 대표적인 것으로는 〈새싹들이다〉,

〈노을〉, 〈즐거운 소풍길〉, 〈종이접기〉, 〈고향길〉, 〈이슬〉, 〈연날리기〉, 〈하늘나라 동화〉 등이 있다.

한국의 창작동요는 비록 외래문화의 형식을 빌려 왔지만 그 심층에는 한국 민족의 원형적 음악 감각이 자리 잡고 있다. 그리고 일제(日帝)에 의해 강요당한 학교의 창가와는 달리 어린이에게 교양을 심어주고 정서를 함양시켜 주자는 자생적 민족 문화 운동의 일환으로 발생 되었고 또 전개되었다. 그와 동시에 자라나는 어린이들에게 애국정신을 고취시키고 민족혼을 심어 주어야 한다는 사회적인 요구와 당시의 시대적 정서가 맞물려 차츰 일반화 되고 어린이의 노래로서 뿐만 아니라 어른들의 마음 속 깊이에도 뿌리를 내리게 되는 등 저변이 확대되었다. 그리고 광복 후에는 초등학교 음악교육의 중심교재가 되어 한국민의 음악적 모국어 형성에 결정적인 역할을 하였고, 이제는 '어린이의 노래'로서 뿐만 아니라 한국민의 '노래의 고향'로서의 기능도 하고 있다.[13]

V. 한일 동요의 공통점과 차이점

한국과 일본의 동요는 놀랄 만큼 유사점이 많다. 첫째 전 세계에서 한국과 일본밖에 없는 독자적인 음악장르라는 점, 둘째 거의 같은 시기에 탄생을 하였다는 점, 셋째 만국공동어라고 일컬어지고 있는 조성음악(調性音樂)이라는 국제 음악 언어를 사용하고 있다는 점, 넷째 관제음악이고 식민음악이었던 창가(唱歌)를 반대하는 성격을 띠고 등장하였다는 점, 다섯째 1945년 이전까지만 해도 많은 제재를 받았고 경우에 따라서는 금지가 되었던 노래라는 점, 여섯째 예술가들에 의해 자율적이고 자생적으로 만들어졌다는 점, 일곱째 정서함양과 예술성을 중시하였다는 점, 여덟째 아

---

13 이강숙 · 김춘미 · 민경찬, 『우리 양악 100년』, 128쪽.

동잡지에서 시작하여, 라디오 방송, 음반, 교과서, 텔레비전 방송으로 이어
지는 과정이 유사하다는 점, 아홉째 1945년 이후 초등학교 음악교과의 중
심 교재가 되어 각국의 음악적 모국어 형성에 결정적으로 기여를 했다는
점, 그리고 열째 음악적 정서가 비슷하다는 점 등이 그것이다.

이에 비해 차이점으로는 첫째 당연한 말이지만 일본동요는 일본어를 가
사로 하고 있고 한국동요는 한국어를 가사로 하고 있다는 점, 둘째 몇몇
곡은 자국의 민요어법을 바탕으로 하고 있다는 점, 셋째 한국동요는 식민
지라는 조건 아래에서 민족문화예술운동의 성격을 띠고 있었고, 일본동요
는 순수예술운동의 성격을 띠고 있었다는 점, 그리고 넷째 일본의 동요문
화는 종교와 무관하지만, 한국의 동요문화는 기독교와 천도교와 깊은 관
계를 가지고 형성되었다는 점 등을 들 수 있다.

한국과 일본의 동요는 몇몇 곡을 제외하고는 거의 같은 음악언어를 사
용하고 있기 때문에 가사를 생략하고 연주하거나 가사를 각국의 말로 번
역하여 연주를 하면 어느 나라 동요인지 구별하기 어려울 정도로 친밀도
가 높다. 또한 한국어와 일본어는 전 세계 언어 중 가장 유사하기 때문에
가사를 자국어로 번역하여 부르기가 용이하다. 그런 한편 한국과 일본 양
국의 동요는 국제 음악 언어를 사용하고 있기 때문에 세계적으로도 통할
수 있다는 장점을 가지고 있다.

VI. K & J Kids의 경우

여기서 필자의 경험을 한 가지 소개하고 싶다. 필자는 지난 2001년 한
국의 어린이 4명과 일본의 어린이 4명으로 구성된 K & J Kids라는 그룹을
만들어 한일 월드컵이 개최된 2002년까지 기획자로 활동한 적이 있다.

"한국과 일본의 어린이들이 어려서부터 같이 부를 수 있는 노래가 있다
면 얼마나 좋을까. 그런 노래가 많으면 많을수록 두 나라 사이는 더욱 더

가까워질 것인데…"라는 소박한 생각으로 출발하였고, 주된 활동은 한국과 일본의 대표적인 동요 음반을 한일 공동으로 제작하고, 또 한국과 일본을 오가면서 상대국의 동요를 소개하는 음악회를 개최하는 것이었다.

우선 한일 양국의 명작 동요 10곡을 선정하였고, 여기에 한일 양국의 신작 동요 한곡씩을 더 해 음반으로 제작을 하였다.

한국동요로는 〈새야 새야〉를 비롯하여, 〈반달〉, 〈고향의 봄〉, 〈섬집아기〉, 〈파란마음 하얀마음〉, 〈김대현 자장가〉, 〈앞으로〉, 〈새싹들이다〉, 〈노을〉, 〈꿈〉 등과 함께 〈Together!〉라는 신작 동요을 포함해 11곡을 선정하였고, 일본의 동요는 〈赤とんぼ〉를 비롯하여, 〈おもちゃチャチャチャ〉, 〈春が來た〉, 〈ゆりかごの歌〉, 〈あめふり〉, 〈ぞうさん〉, 〈アイスクリームの歌〉, 〈かわいいかくれんぼう〉, 〈アイアイ〉, 〈ふるさと〉 등과 함께 〈U&I〉라는 신작 동요를 포함해 11곡을 선정하였다. 그리고 음반 제작 중 일본의 대표적인 작곡가인 미요시 아끼라(三善晃) 선생님이, 이 음반 제작의 뜻에 동참하여 〈おつかいのうた〉라는 곡을 만들어 주셔서 모두 23편이 되었다.

가사는 모두 자국어와 번역어로 부르게 했는데 일본어를 전혀 모르는 한국 학생이 일본어 가사를, 한국어를 전혀 모르는 일본 학생이 한국어 가사를 놀라울 정도로 잘 소화해 냈다.

이 음반의 제작 목적은 첫째 한국에 일본 동요를 일본에 한국 동요를 소개하는 것이었고, 둘째 2002년 한일 월드컵 개막식 때 한국과 일본의 어린이 2002명이 한일 동요를 불러 전 세계에 양국의 동요를 알리는 것이었고, 셋째 일본의 음악 교과서에 한국동요를 수록하는 것이었다.

많은 우여곡절이 있었으며 제작 목적을 달성한 것도 있고 그렇지 못한 것도 있었다. 그 중 몇 가지 사례를 소개하도록 하겠다. 먼저 월드컵 개막식 때의 공연은 성사가 되지 못했다. 당시 한국 동요 한 곡을 한국 어린이가 등장하여 무반주로 부르고 일본 동요 한 곡을 일본 어린이가 등장하여 무반주로 부른 다음 한일 어린이 2002명이 등장하여 한일 합작의 신곡 동요 부르는 것을 월드컵 개막식 실무진 차원에서 검토 및 결정을 하였다. 그런데 뜻하지 않게 역사 교과서와 독도 문제가 터진 바람에 한일 관계가 급격히 냉각이 되었고, 아쉽게도 동요 부르는 행사는 취소되었다. 전 세계에 한일 동요를 소개하는 행사가 너무나 어처구니없게 물거품이 되어 버리고 만 것이다. 대신 개막식 다음 날 김대중 당시 대통령이 주관하는 '평화의 공' 전달식 행사 때 K & J Kids가 초청을 받아 한일 동요를 부르는 것으로 만족해야만 했다.

월드컵을 몇 달 앞두고 고이즈미 당시 일본 수상이 방한을 하여 한국의 고위 인사를 초청하여 리셉션을 할 때도 K & J Kids가 초청을 받아 한일 동요를 불렀다. 이때 고이즈미 수상이 신곡 〈Together!〉의 일부를 불러 화제가 되기도 하였다. 이후 고이즈미 수상은 K & J Kids의 팬이 되어 당시 내전 중에 있었던 동티모르를 방문하여 한국 군인들과 일본 자위대원들에게 한일 동요 음반을 선물로 전달하기도 하였다.

가장 의미가 있었던 것은, 이 음반 때문에 〈파란마음 하얀마음〉이 〈靑い心白い心〉란 제목으로 일본 초등학교 음악 교과서에 수록되었다는 점이다. 東京書籍에서 출간한 초등학교 6학년 음악 교과서인 『新しい音樂』에 수록된 것이 그것이며, 일본어 번역 가사와 함께 한국어 원 가사를 동시에 부르도록 하였다. 한국의 입장에서 보면 한국의 동요가 외국 교과서에 참고곡이 아니라 필수곡으로 수록된 첫 번째 예에 속한다.

예상치도 않은 성과도 있었다. 본 CD 위촉곡인 〈Together!〉의 합창 부분은 K & J Kids 이외에도, 서울일본인 학교에 재학 중인 일본의 어린이들, 동경한국인 학교에 재학 중인 한국의 어린이들 그리고 일본에 살고 있는 민단계열의 어린이들과 조총련계열의 어린이들이 참여를 하여 취입하였다. 그런데 민단계열의 어린이들과 조총련계열의 어린이들이 함께 음반을 취입한 일이 이것이 처음이라고 한다. 더구나 한국인이 작곡한 곡을 조총련 어린이들이 공식적인 석상에서 노래를 부르는 일도 처음이라고 한다. 또 다른 의미에서 'Together'를 느낄 수가 있었던 것이다. 이 모습은 당시 일본의 텔레비전에 생중계가 되어 소개되기도 하였다. 〈Together!〉는 그 후 조총련 어린이들의 운동회 때 운동가로 불리기도 하였다.

그 외에도 세종문화회관 대극장과 소극장을 비롯하여 한국과 일본 여기저기에서 음악회를 개최하기도 하였다. 그런 가운데 일본 동요를 좋아하는 한국 사람과 한국 동요를 좋아하는 일본 사람의 수가 늘어나는 것을 실감하였다.

새삼 느끼는 것이지만 한국에도 아름다운 동요가 많지만 일본에도 아름다운 동요가 많다. 그리고 한국과 일본 두 나라의 노래에는 공통점이 많고, 또 친숙해지거나 가까워질 있는 요소를 많이 가지고 있다. 그 때문에 일본의 재미있는 동요는 한국에서도 재미있게 불릴 것이고, 한국의 아름다운 노래는 일본에서도 아름다운 노래로 불릴 것이다. 그리고 그 노래가 양국에서 함께 불린다면 더욱 더 아름답고, 즐겁고 재미있는 노래가 될 것이며, 두 나라의 관계는 보다 가까운 사이로 발전을 할 것이라는 생각이 들었다.

Ⅶ. 일본의 대표 동요 소개

〈하루가 키타〉(春が來た)【岡野貞一 작곡·高野辰之 작사】

일본에는 우리와 마찬가지로 봄을 예찬한 노래가 상당히 많다. 그중 일본인이 가장 좋아하는 대표적인 봄노래가 〈하루가 키타〉이다. 노래의 가사가 처음부터 끝까지 5글자씩으로 되어 있고, 경쾌한 리듬이 새봄이 온 기쁨을 나타내고 있는 듯하다. 1910년에 출판된 『尋常小學讀本唱歌』라는 음악교과서에 수록된 이래 100여년이 지난 지금까지도 거의 빠지지 않고 음악교과서에 수록되었다. 일제강점기 우리나라 교과서에도 수록된 곡이다. 동요가 아니라 문부성창가(文部省唱歌)로 등장하였지만 지금은 동요라는 인식이 강하다.

〈후루사토〉(ふるさと)【岡野貞一 작곡·高野辰之 작사】

일본에서 가장 유명한 노래 중 하나이다. 어린 시절에 살았던 그리운 고향집에 가보고 싶은 심정을 노래하고 있다. 1914년부터 음악교과서에 수록되었으며 지금도 음악 교과서에 수록되어 있다. 일제강점기 우리나라 교과서에도 수록된 곡이다. 이 곡 역시 문부성창가로 등장하였지만 지금은 동요라는 인식이 강하다.

〈유리카고노 우타〉(ゆりかごの歌)【草川信 작곡·北原白秋 작사】

일본의 동요에는 카나리아라는 새가 자주 등장하는데 이 곡에도 카나리아가 등장한다. 카나리아는 원래 북아프리카 연해의 카나리아제도에 있는 새인데 일본에는 19세기 중반 경 나가사키(長崎)를 통해 들어왔고, 이 동요가 만들어질 무렵 점차 일반 가정에서도 기르기 시작하였다고 한다. 일종의 자장가로 1921년에 발표를 하였다. 가사를 쓴 키타하라 하쿠슈위北原白秋는 '동요'라는 새로운 어린이 노래의 아이디어를 낸 사람이기도 하다.

〈아메후리〉(あめふり)【中山晋平 작곡·北原白秋 작사】

초기의 일본 동요를 대표하는 곡 중의 하나. "비야 비야 오너라 엄마가 우산 들고 마중오니 나는 좋다"라는 내용의 밝고 경쾌한 노래이다. 1925년에 발표되었으며, 우리나라에도 『유희창가집』(1933년)을 통해 〈비야 오너라〉라는 제목으로 번역·소개된 적이 있다.

〈아카톤보〉(赤とんぼ)【山田耕筰 작곡·三木露風 작사】

일본 사람들이 가장 좋아하는 동요 중의 하나. 동요지만, 때로는 성인들이 부르는 독창곡으로, 때로는 합창곡으로, 때로는 무반주로 불리기도 한다. 저녁노을이 질 때 고추잠자리를 보며 시집간 누나를 그리워하는 슬픈 서정이 담겨져 있는 노래이다. 1927년에 작곡되었으며, 전후(戰後)인 1953

년부터 음악교과서에 수록되어 범국민적 애창곡이 되었다.

〈카와이이 카쿠렌보〉(かわいいかくれんぼう)【田中喜直 작곡·サトウハチロー 작사】

전후(戰後) 일본의 대표적인 동요 중 하나. 1951년 ＮＨＫ라디오의 「歌のおばさん」이라는 인기프로를 통해 발표되었다. 병아리들이 숨바꼭질하는 모습을 그린 귀여운 노래이다.

〈조-상〉(ぞうさん) 【團伊玖磨 작곡·まどみちお 작사】

전후(戰後) 일본의 대표적인 동요 중 하나. 1952년 ＮＨＫ의 유아 프로를 통하여 발표되었다. 주위에서 아기 코끼리에게 코가 길다고 놀리자, "내가 사랑하는 우리 엄마도 코가 길어"라고 답하는 재미있는 동요이다.

〈오모챠노 차차차〉(おもちゃのチャチャチャ)【越部信義 작곡·野坂昭如 작사】

일본에서는 1955년 무렵부터 맘보나 차차차와 같은 춤이 대유행을 하였다. 그리고 1961년부터는 차차차의 리듬이 동요에도 도입이 되기 시작하였다. 이 노래는 1962년 ＮＨＫ의 유아음악프로 「うたのえほん」을 통해 발표되었고 이듬해 레코드대상 동요상을 수상하였다. 기존 동요의 상식을 깨뜨린 것으로, "20세기의 동요"라는 칭송과 함께 어린이들에게 악영향을 끼치는 노래라는 비난을 받기도 하였다. 지금은 음악교과서에 수록될 만큼 일본 어린이들에게 많은 사랑을 받고 있다.

〈아이스쿠리무노 우타〉(アイスクリームの歌)【服部公一 작곡·佐藤義美 작사】

일본의 어린이들이 아이스크림을 자유롭게 먹기 시작한 것은 1960년대 무렵부터라고 한다. 왕도 먹기 어려웠던 아이스크림을 어린이들이 "잡수

실 수" 있게 된 모습을 재미있게 묘사한 노래이다. 1962년 NHK의 「みん
なのうた」라는 프로를 통해 발표가 되었으며, 미국 뮤지컬에 나오는 노래
처럼 경쾌하고 흥겨운 것이 특징이다.

〈アイアイ〉(아이아이)【宇野誠一郎 작곡 · 相田裕美 작사】

일본인의 마음속에는 남쪽 섬을 동경하는 심리가 자리를 잡고 있다고
한다. 그래서 그런지 일본의 노래에는 남쪽 섬을 동경하는 노래가 많은데
이 노래 역시 그 중 하나이다. 1962년에 작곡되었고 1967년에 NHK 유
아교육프로 「おかあさんといっしょ」라는 프로를 통해 발표되었는데 발표
와 동시에 폭발적인 인기를 얻었다. '아이 아이'는 인도양의 마다가스카르
섬에 사는 손발가락이 아주 긴 원숭이를 말하는데, 이 원숭이들은 "아이
아이"라는 소리를 내며 논다고 한다. 그 원숭이들의 노는 모습을 묘사한
재미있는 노래이다.

〈U & I〉 【若松 歡 작곡 · 若松 歡 · 양재선 공동 작사】

일본어와 한국어 가사에 멜로디를 붙인 노래. 2001년 한국과 일본의 어
린이들이 함께 부르는 동요 CD인 〈DREAM TOGETHER〉를 통해 발표되
었다. 두 나라 언어를 사용했는데도 불구하고 잘 어울리는데 그 이유는 일
본어와 한국어가 가깝기 때문일 것이다. 한일 어린이들의 우정과 함께 웃
음을 잃지 말고 희망을 갖자는 미래지향적인 메시지가 담겨져 있다. "U
& I"란 한국과 일본을 상징하는 것이지만, 넓게는 이 지구상의 모든 "당
신과 나"를 의미하기도 한다. 최근 일본의 음악교과서에 수록되었다.

Ⅷ. 한일 동요 교류를 기대하며

주지하다시피 예로부터 한국과 일본은 매우 밀접한 나라였다. 지리적으

로도 이웃나라이며, 정치·경제·문화·예술 등 어느 하나 가깝지 않은 분야가 없었다. 그렇지만 지난 20세기 100년간은 한일 관계 역사상 가장 불행했던 시대로 기록될 것이다.

이 불행했던 시대가 상징이라도 하듯이 20세기 전반기 한국의 학교에서는 일본의 노래만 가르치고 불러야만 했다. 조선의 교육권을 장악한 일본은 학교에서 조차 조선의 노래를 가르치는 것을 일체 불허하였고, 일본의 창가만 가르쳤기 때문이다. 그런 한편 광복 후에는 역으로 일본의 노래를 가르쳐서는 안 되었고, 불러서도 안 되었다. 식민 문화유산의 청산과 새로운 대한민국 음악 문화의 수립이라는 과제가 무엇보다도 중요하였기 때문이다. 그 결과 유감스럽게도 한국 사람들은 일본의 좋은 노래를 잘 모른다. 역으로 일본 사람들도 한국의 좋은 노래를 잘 안다고 말할 수 없을 것이다.

21세기에 살고 있는 우리에게는 새로운 과제가 직면해 있다. 그것은 다름 아닌 '불행했던 양국간의 관계를 청산하고 미래지향적인 바람직한 새로운 관계를 정립'하는 것이다. 이에 많은 사람들이 음악교류를 포함해 문화예술교류에 기대를 걸고 있다.

문화예술교류는 무엇보다도 '소통'과 '이해'라는 기능을 가지고 있다는 데 의의가 있다. 그 '소통'이란 언어적 소통이 아니라 마음과 마음의 소통을 말하며, 그 '이해'란 머리로 하는 것이 아니라 가슴으로 하는 것을 의미한다. 두 나라 사람이 마음으로 소통을 하고 서로가 서로를 가슴으로 이해한다면 불행했던 과거사를 비롯한 어떠한 어려움과 갈등도 극복해 낼 수 있는 힘이 생길 것이다. 또한 예술교류는 예술이라는 매체가 갖는 정서적인 힘 때문에 양 국민들의 삶을 풍요롭게 하는데 기여를 할 것이다. 그리고 문화적 다양성이란 선물도 제공해 줄 것이다.

그런데 여러 음악교류 가운데 동요교류가 갖는 의미와 효과는 실로 다대하다. 동요는 그 무구함으로 우리의 마음을 움직이는 힘을 가지고 있기 때문이다. 그리고 그 안에는 '사랑'이 있고, '신뢰'가 있고, '감동'이 있고,

가슴으로 하는 '이해'가 있기 때문이다. 경우에 따라서는 정치·외교적 노력으로는 수십 년이 걸릴지도 모르는 마음의 벽을 일순간에 허물어 버릴 수 있는 힘도 가지고 있다.

한일관계가 최근과 같이 힘들고 어려운 시기 더욱 더 동요 교류의 필요성이 절실하게 느껴진다. 아무쪼록 한일 동요교류가 활발히 이루어져 양국의 발전에 많은 기여를 하기를 기대한다. 그리고 21세기 동아시아 시대를 맞이하여 한국과 일본의 동요가 온 세상에 울려 퍼지기를 기대한다. 동요의 힘은 우리가 생각하고 있는 그 이상일지도 모른다.

제99회 발표, 2014년 3월 13일

한일문화강좌 개최일람

제71회 외교와 문화교류 : 2005.4.28
> (發表: 와세다대학정경학부 교수 히라노 겐이치로(平野 健一郎), 司會:서울대학교 국제대학원장 金容德)

제72회 "神國"사상, 군사주의, 그리고 히데요시의 조선침략) : 2005.6.28
> (發表:브리티시 콜럼비아대학교수 許南隣, 司會:청주대학교 교수 閔德基)

제73회 동아시아에서의 한일 고대도시의 전개 : 2005.10.7
> (發表: 동경대학대학원 교수 사토 마코토(佐藤 信), 司會:강원대학교교수 朴昔順)

제74회 한국과 일본의 전통주택 공간 : 2005.12.1
> (發表: 서울대학교 교수 金光鉉, 司會:중앙대학교 교수 全映勳)

제75회 조선 전기의 세계관과 일본인식 : 2006.4.14
> (發表: 전북대학교 교수 河宇鳳, 司會:강원대학교 교수 孫承喆)

제76회 일본농촌사회의 결혼난-'이에(家)'에서 '개인',그리고 '사회'로- : 2006.6.22
> (發表: 계명대학교 교수 黃達起, 司會: 계명대학교 강사 白雲龍)

제77회 독도문제와 한일관계 : 2006.11.30
> (發表: 세종대학교 교수 호사카 유우지(保坂 祐二) , 司會: 강원대학교 교수 孫承喆)

제78회 '일본 밖 일본': 회고록을 통해서 본 식민지 在朝일본인사회 : 2007.4.26

(發表: 서울대학교 교수 權肅寅 , 司會: 서울대학교국제대학원 교수 韓榮惠)

제79회 江戶(에도)시대부터 明治(메이지)期에 걸쳐 일본에서 사용된 한국어
학습서 : 2007.6.8

(發表: 한림대학교 교수 사이토 아케미(齊藤 明美), 司會:한림대학교강사
金基民)

제80회 對馬島로 떠나는 한국지명 여행 : 2007.9.21

(發表: 한림대학교 교수 沈保京, 司會: 강원대학교 교수 孫承喆)

제81회 근세 조·일 양국의 무기와 전술: 임진왜란을 중심으로 :
2007.12.7

(發表: 전쟁기념관 학예연구관 朴哲晄, 司會: 육군박물관 학예연구관 姜
信燁)

제82회 韓日關係 - 相互理解를 위한 미디어의 역할과 시민교류 - :
2008.4.18

(發表: 北海道신문동경지국장겸 논설위원 아오키 다카나오(靑木 隆直),
司會: 강원대학교 교수 孫承喆)

제83회 朝鮮時代 韓日 사신 접대음식 문화 : 2008.7.3

(發表: 대전보건대학 교수 金尙寶, 司會: 대전보건대학 교수 石大權)

제84회 日本文化를 이해하는 통로, 神道 : 2008.10.17

(發表: 성균관대 인문과학연구소 연구조교수 鄭惠善, 司會: 경기대 교수
李在範)

제85회 일본과 일본 사상 : 2009.3.12

(發表: 성균관대학교 교수 李基東, 司會: 성균관대학교 명예교수 李東俊)

제86회 일본의 전쟁 기념관과 기억의 정치 : 2009.6.23

(發表: 국가경영전략연구원 수석연구원 呂文煥, 司會: 동북아역사재단 연
구위원 金龍煥)

제87회 조선 백자와 일본 : 2009.12.3

(發表: 명지대학교 교수 尹龍二, 司會: 고려대학교 교수 方炳善)

제88회 명치유신과 일본의 근대화 : 2010.3.18

　　(發表: 서울대학교 교수 朴 薰, 司會: 동북아역사재단 연구위원 李元雨)

제89회 정체하는 일본 어디로 가는가? : 2010.9.28

　　(發表: 외교안보연구원 교수 尹德敏, 司會: 신아시아연구소 소장 李相禹)

제90회 도요토미 히데요시(豊臣 秀吉) 다시 보기 : 2011.4.14

　　(發表: 서울대학교 교수 朴秀哲, 司會: 상명대학교 교수 김문자)

제91회 왜구 - 약탈의 시대에서 공존의 시대로 - : 2011.6.21

　　(發表: 九州大學 강사 마쯔오 히로키(松尾　弘毅), 司會: 강원대학교 교수
　　孫承喆)

제92회 동일본 대지진 후의 일본정치 · 사회의 현상과 전망 : 2011.11.18

　　(發表: 아사히 신문 서울지국장 하코다 데쓰야(箱田 哲也), 司會: 중앙일
　　보 편집국 차장 芮榮俊)

제93회 대마도 조선어 통사가 본 조선 - 오다 이쿠고로(小田幾五郎)의 경우
　　- : 2012.3.27

　　(發表: 경희대학교 교수 미노와 요시쓰구(箕輪 吉次), 司會: 강원대학교
　　교수 孫承喆)

제94회 야마자 엔지로(山座 圓次郎)와 독도 : 2012.10.5

　　(發表: 중앙일보 기자 芮榮俊, 司會:강원대학교 교수 孫承喆)

제95회 일본의 문화교류정책과 대중문화 : 2012.12.11

　　(發表: 광운대학교 부교수 姜泰雄, 司會: 고려대학교 부교수 韓程善)

제96회 메세나와 봉사 : 2013.5.8

　　(發表: 수림문화재단 이사장 河正雄, 司會: ANC-KOREA TODAY 서울지
　　국장 盧治煥)

제97회 조선전기 일본인 왜구, 교류자와 위조(僞造)교류자에 대하여 :
　　2013.7.10

　　(發表: 동북아역사재단 초빙교수 케네스 로빈슨(Kenneth R. Robinson),
　　司會:강원대학교 교수 孫承喆)

제98회 나의 하이쿠(俳句) 기행 : 2013.10.10
　　　(發表: 전남대학교 일어일문학과 교수 金貞禮, 司會: 광주과학기술원 석
　　　좌교수 金容德)

제99회 한일음악교류와 '동요(童謠)' : 2014. 3. 13
　　　(發表: 한국예술종합학교 음악원 음악학과 교수 閔庚燦, 司會: 한국예술
　　　종합학교 예술경영전공 교수 홍승찬)

편집 후기

2005년, 한일문화교류기금 창립 20주년을 기념으로 문화강좌 시리즈 3권이 단행본으로 출간되었다. 당시 경인문화사의 한정희 사장과 한일관계사 분야의 전문학술서적 총서시리즈를 기획하던 중이었다. 한사장은 단행본 출간을 흔쾌히 수락하여, 〈제1권, 되돌아본 한일관계사〉〈제2권, 일본의 정치, 경제, 사회〉〈제3권, 한국사람 일본사람의 생각과 삶〉으로 출간되었고, 이번에 〈제4권, 한일관계, 과거와 현재〉〈제5권, 일본을 말하다〉을 냄으로써 한일문화교류기금 문화강좌 총서 5권 완성되었다. 그리고 경인한일관계총서도 현재 60여권을 넘어섰다. 그 결과 이제는 이 시리즈물이 한일관계사 분야의 독보적인 출판물로 자리매김도 했다.

이번의 2권은 문화강좌 100회를 기념하여 71회부터 100회까지를 2권의 단행본으로 출판한 것이다. 단 지금은 고인이 되었지만 세종대학교의 오성교수가 63회 때에 〈조선후기 한일관계와 인삼〉을 강연했는데, 나의 실수로 빠졌던 것을 추가로 삽입했다. 이 자리를 빌어 다시 한번 고인의 명복을 빌며, 그때 섭섭한 마음을 풀어졌으면 좋겠다.

1987년 제1회 한일문화교류기금의 문화강좌를 시작한 이래 올해로 27년이 되었고, 그간 100회의 문화강좌를 진행했다. 100회의 문화강좌 주제를 되짚어 보는 것만으로도 한일관계의 본질이 무엇인지, 그리고 현재 무엇이 문제인지, 그리고 앞으로의 방향은 어떻게 설정되어야 하는지가 그려질 것 같다. 아무쪼록 5권의 한일문화교류기금 강좌 총서를 통해 그 미션의 실마리가 풀려나갔으면 좋겠다. 100회의 문화강좌를 단행본 총서로 엮는 이유도 여기에 있다.

　책의 발간에 여러분의 도움을 받았다. 특히 강원대학교 황은영 강사, 박진이 대학원생이 수고했다. 편집·교정 등에 애를 써주었고, 김수웅 국장, 문진옥님도 수고가 많았다. 경인의 한정희 사장, 신학태 팀장, 문영주님께 감사드린다.

한일문화교류기금 운영위원, 강원대 교수

손승철

사토 마코토(佐藤 信, 동경대학대학원 교수)

김광현(서울대학교 교수)

박재광(전쟁기념관 학예연구관)

윤용이(명지대학교 교수)

오성(세종대학교 교수)

하우봉(전북대 사학과 교수)

사이토 아케미(齊藤 明美, 한림대학교 교수)

김상보(대전보건대학 교수)

마쓰오 히로키(松尾 弘毅, 九州大學 교수)

미노와 요시쓰구(箕輪 吉次, 경희대학교 일본어학과 교수)

케네스 로빈슨(Kenneth R. Robinson, 동북아역사재단 초빙교수)

히라노 겐이치로(平野 健一郎, 와세다대학 정경학부 교수)

호사카 유지(保坂 祐二, 세종대학교 교수)

아오키 다카나오(青木 隆直, 北海道신문 동경지국장겸 논설위원)

예영준(중앙일보 기자)

하정웅(수림문화재단 이사장)

민경찬(한국예술종합학교 음악원 교수)

한일관계, 과거와 현재

초판 인쇄 : 2014년 10월 17일
초판 발행 : 2014년 10월 24일

편 자 : 한일문화교류기금
펴낸이 : 한정희
펴낸곳 : 경인문화사
주 소 : 서울특별시 마포구 마포동 324-3
전 화 : 02-718-4831~2
팩 스 : 02-703-9711
이메일 : kyunginp@chol.com
홈페이지 : http://kyungin.mkstudy.com

값 25,000원
ISBN 978-89-499-1047-5 93910
ⓒ 2014, Kyung-in Publishing Co, Printed in Korea
* 파본 및 훼손된 책은 교환해 드립니다